Elogios a *La re... ; rojas*

«No conozco a Shane, pero luego de leer esto, deseo conocerlo... En lo que respecta a Tony Campolo, siempre me ha resultado embarazoso que un predicador resulte más radical que cualquier estrella de rock. No me encanta todo lo que he leído aquí... Una buena parte de ello me hace sentir incómodo. Creo que esa es la razón por la que lo escribieron».

—Bono

«Este libro, escrito por un cristiano de edad madura y otro joven, nos ayudará a definir la manera en que los cristianos podríamos cambiar el mundo si tomáramos literalmente y con seriedad las palabras de Jesús "escritas en rojo"».

—Presidente Jimmy Carter

«Jesús no medía sus palabras, y tampoco lo hacen Shane y Tony. La buena noticia que nos dan los evangelios es que Jesús nos guía a través de lecciones absolutamente claras; no hay ambigüedades, ni racionalizaciones acerca de lo que son la guerra, las opresiones, las riquezas, o las desgraciadas diferencias económicas que amenazan con consumirnos. En *La revolución de las letras rojas* a la verdad sin concesiones de las enseñanzas de Jesús les aportan su voz dos líderes cristianos de los tiempos modernos, que van más allá de predicar esas buenas nuevas. Ellos viven lo que predican y abren camino».

—Arzobispo Desmond Tutu

«Comencé a leer este libro y no pude parar. Ahora *La revolución de las letras rojas* va conmigo dondequiera yo vaya: Roma, Ucrania, Jordania, Líbano. Lo leo como un libro que provee guía espiritual; y aliento a los demás a hacer lo mismo. Gracias, Tony y Shane. Gracias por este libro. Que este movimiento se extienda por todo el mundo. Les agradezco por expresarse a través de perspectivas incluyentes de nuestro cristianismo sin hacer ningún tipo de concesiones con respecto al poder del mensaje del Señor».

—Albuna Elias Chacour, Obispo de la Iglesia Católica Melquita de Galilea

«Los diálogos entre Shane Claiborne y Tony Campolo, bien conocidos por su claro testimonio evangélico de primera línea en cuanto la pobreza, la justicia, la discriminación y la economía de Estados Unidos, constituyen una invitación generosa a que nosotros también nos unamos a esta conversación en la que ellos toman las palabras de Jesús literalmente, con seriedad y obediencia. *La revolución de las letras rojas* es un coloquio con un sabor profético que hace que se eleve la adrenalina».

—Eugene H. Peterson, profesor emérito de teología espiritual en el Regent College, y autor de la Biblia *The Message*

«No puedo enfatizar por demás ni exagerar en cuanto a la riqueza de este libro de coloquios. Entre ellos, Claiborne y Campolo nos han transmitidos algunos de los debates más sabios a los que jamás haya accedido sobre una cantidad de temas, en particular sobre la guerra, la violencia, el infierno, el islam y la liturgia, eso sin mencionar algunas de sus notables perspectivas acerca de la historia de muchos de los cambios que afectan al cristianismo occidental de hoy en día».

—**Phyllis Tickle,** autora de *Emergence Christianity*

«Nuestra capacidad para fallar continuamente en cuanto a la captación del mensaje de Jesús resulta más bien sorprendente. Pero lo peor es que históricamente lo hemos reemplazado por una religión cultural inofensiva que a menudo está reñida por completo con el asombroso cambio de perspectiva que Jesús les transmitió tanto a los individuos como a las instituciones. En este libro, valiente y bien escrito, tenemos un retorno al mensaje central del evangelio por parte de dos cristianos que primero intentaron vivirlo ellos mismos, y recién entonces hablaron».

—**Fr. Richard Rohr, O.F.M.,** Centro para la Acción y Contemplación

«Shane Claiborne y Tony Campolo son dos de las voces proféticas más significativas del mundo cristiano, y *La revolución de las letras rojas* es un libro tan magnífico y apasionante que debería ser leído por gente de todas las creencias, lo mismo que por los humanistas seculares. Su interpretación del mensaje de Jesús los alinea con los muchos judíos que ahora reivindican a nuestro profeta judío de Nazareth como uno de nuestros maestros inspiradores. Asegúrense de poner este libro en las manos de algunos de aquellos que desean restaurar el desastre económico y político de Estados Unidos: les proveerá un fundamento espiritual para traer la sanidad que necesitamos desesperadamente».

—**Rabino Michael Lerner,** editor de la revista *Tikkun Magazine* (tikkun.org)

«Los musulmanes reverencian a Jesús como un mensajero de Dios. En *La revolución de las letras rojas*, Shane Claiborne y Tony Campolo demuestran que las palabras y el ejemplo de Jesús se aplican a nuestro mundo quebrado de hoy. Claiborne y Campolo nos recuerdan que Jesús fue el abanderado de los pobres, los despreciados y los marginados, más que de los poderosos o de los ricos. Los musulmanes tenemos un profundo respeto por Jesús, y sabemos que el mundo sería un mejor lugar si los cristianos tomaran seriamente sus palabras. Este libro logra precisamente eso».

—**Sami Rasouli,** Equipos Musulmanes de Pacificación, Najaf, Irak

«¿Shane y Tony? ¿Hablando con libertad y sinceridad sobre, prácticamente cualquier cosa debajo del sol: contando historias, citando estadísticas, transmitiendo sus percepciones? ¿De verdad? Bueno, ese sí es un libro que les regalaría a mis amigos...».

—**Rob Bell,** autor de *Love Wins* y de *Una obra de arte original*

«Pocas personas han llegado a tocar la conciencia de la iglesia (o la mía y la de mi familia) como Tony Campolo y Shane Claiborne. Pero la pasión más importante que fluye a través de ellos es la pasión que mostró Jesús por aquellos que se encontraban marginados en la vida y fueron insistentemente amados por Aquel que (a pesar de ser rico) se hizo pobre por nuestro bien. Estoy agradecido por su obra, su pensamiento y sus vidas. Que las palabras de Jesús vuelvan a captar al mundo con la urgencia de la convicción de su amor impaciente».

—**John Ortberg,** pastor principal de la Iglesia Presbiteriana de Menlo Park, California, y autor de los best sellers *El ser que quiero ser* y *The Life You've Always Wanted*

«De una manera propia y única, Shane Claiborne y Tony Campolo han revitalizado los debates sobre la vida, la política y la teología. Este es un coloquio y una cooperación apasionante entre dos personas verdaderamente entregadas a vivir lo que Jesús enseña en las Escrituras, y en *La revolución de las letras rojas* nos desafían a hacer lo mismo. Tanto Tony como Shane son amigos a los que respeto y admiro profundamente. Este es un libro de lectura obligatoria para cualquiera que busque tomar con seriedad el llamado de Jesús en su vida».

—**Jim Wallis,** fundador y editor de la revista *Sojourners*

«Insto a cada seguidor de Cristo a que lea el nuevo libro de mis amigos Tony y Shane: *La revolución de las letras rojas.* Si consideran que son radicales en su manera de pensar acerca de las cuestiones más cruciales de nuestros días, esperen a saber de dónde han obtenido su inspiración: de las palabras del mismo Jesús de Nazaret que fueron escritas en rojo».

—**Noel Castellanos,** CEO. Asociación para el Desarrollo Comunitario Cristiano

¿Cuál es el movimiento más prometedor dentro del cristianismo evangélico? Deja que Shane Claiborne y Tony Campolo te introduzcan a él; lo harán a través de un coloquio sobre temas que realmente importan hoy, arraigados en la rica historia de la iglesia, tomando la Biblia con seriedad, y cautivados a cada paso por las palabras y maneras de Jesús. Si alguna vez has anhelado escuchar a hurtadillas una conversación entre dos de los cristianos más interesantes e inspiradores del mundo, solo tienes que ir a la página uno».

—**Brian C. McLaren,** autor y orador (www.brianmclaren.net)

«Radical, relevante y de suma importancia. Los buenos cristianos disputarán con respecto a esta o aquella aplicación concreta. Pero cada cristiano debería aceptar el llamado poderoso de *La revolución de las letras rojas* a vivir lo que Jesús enseñó».

—**Ronald J. Sider,** presidente de Evangélicos por la Acción Social y profesor de teología en el Seminario Palmer

«Qué excelente recordatorio de que los evangelios son radicales y subversivos, entre otras cosas: Jesús demanda que amemos a nuestro prójimo, y eso nos coloca en medio de la vida real. Shane Claiborne y Tony Campolo realizan una magnífica tarea al mostrar con claridad cómo debemos vivir para estar a la altura de esas demandas, no de una manera fácil, ¡pero sí gozosa!».

— **Bill Mckibben,** autor de *The Comforting Whirlwind: God, Job, and the Scale of Creation*

«Shane y Tony han interpretado bien lo que es en verdad el evangelio. Han mostrado sabiduría al elegir los veintiséis temas y hacer de cada uno de ellos algo personal. Su sentido del humor se deja ver en los coloquios. El libro resulta fácil de leer, ajustado a la realidad y sencillo, pero no muestra un tratamiento superficial de los temas importantes. Los autores se extienden hacia las profundidades y nos hacen desear ir más a fondo junto con ellos en esa búsqueda espiritual. Este libro ha realizado una tarea excepcional en cuanto a alertarnos sobre la importancia de abrirnos paso hacia la nueva sociedad de Cristo, aquella que vive con mayor fidelidad el verdadero evangelio. El tiempo para la aparición de esa nueva sociedad es ahora».

—**Reverendo N. Gordon Cosby,** cofundador de la iglesia Church of the Saviour, en Washington, D.C.

«Al registrar el diálogo del uno con el otro, Shane y Tony, le ofrecen a la iglesia una perspectiva nueva que necesitaba con urgencia sobre algunas de las cuestiones teológicas y sociopolíticas más pesadas en las que los cristianos se debaten, posicionándose dentro de un marco de claridad bíblica, simplicidad y pragmatismo. A los cristianos esto les abre una nueva forma de acceso a ciertas cuestiones espirituales "profundas" o "complicadas", sean estas antiguas y atemporales o exclusivamente modernas. Shane y Tony nos proporcionan algo que resulta aplicable dentro de cualquier contexto, penetrando hasta el mismo corazón de lo que en verdad Jesucristo hizo y dijo, de manera que nosotros podamos entender cómo emular a Cristo en nuestras propias vidas diarias. Lo hacen con destreza, con percepción y relevancia, y con una tremenda dosis de integridad. Esto muy bien puede proporcionarnos el empuje que muchos de los cristianos de hoy necesitamos para reavivar el fuego en nuestra relación personal y auténtica con la persona de Cristo».

—**Reverendo Luis Cortés, Jr.,** presidente de Esperanza

«Leer cómo dos de mis autores favoritos charlan animadamente sobre Jesús y sobre la vida diferente implicó para mí un desafío en el mejor de los sentidos. ¿Qué significa honrar el legado de Jesús en medio de la perversidad de las calles de este mundo? ¿Y cómo puedo ser yo tan encantador como Jesús? Este libro le pone el marco a un nuevo estilo de caminar demostrando nuestro cristianismo, y nos invita a ser diferentes».

—**Mary De Muth,** autora de *Everything: What You Gain and What You Give to Become Like Jesus*

LA REVOLUCIÓN
DE LAS
LETRAS ROJAS

¿QUÉ TAL SI JESÚS REALMENTE HUBIERA
QUERIDO DECIR LO QUE DIJO?

SHANE CLAIBORNE
y TONY CAMPOLO

GRUPO NELSON
Una división de Thomas Nelson Publishers
Desde 1798

NASHVILLE   MÉXICO DF.   RÍO DE JANEIRO

Editora en Jefe: *Graciela Lelli*
Traducción: *Silvia Palacio*
Edición: *Virginia Griffioen*
Adaptación del diseño al español: *Estudio L&Arte*

ISBN: 978-0-71802-391-1

Impreso en Estados Unidos de América
14 15 16 17 18 RRD 9 8 7 6 5 4 3 2 1

A todos nosotros, tanto jóvenes como ancianos, que deseamos un cristianismo que se parezca de nuevo a Jesús.

Índice

PARTE III: EL MUNDO DE LAS LETRAS ROJAS

INTRODUCCIÓN

¿Por qué este libro?

Dondequiera se utilice la palabra *evangélico*, un estereotipo se nos presenta en la mente. Se podría debatir si esa imagen está o no justificada, pero no hay mucha discusión en cuanto a que la palabra *evangélico* evoca la imagen de ciertos cristianos anti homosexuales, anti feministas y anti ecológicos, que están a favor de la guerra y de la pena de muerte, y que simpatizan con el Partido Republicano conservador. Sin embargo, muchos de nosotros, que somos evangélicos en cuanto a la teología, no coincidimos con esa imagen. Tratando de escapar a esa definición, un grupo de nosotros nos unimos para adoptar un nuevo nombre: Cristianos de las Letras Rojas.

A partir del año 1899 se han publicado Biblias que destacaban las palabras de Jesús escribiéndolas en rojo. Adoptamos el nombre de Cristianos de las Letras Rojas no solo para diferenciarnos de los valores sociales generalmente asociados con los evangélicos, sino también para enfatizar que somos cristianos que tomamos las enseñanzas radicales de Jesús en serio y que estamos empeñados en vivirlas en nuestra vida cotidiana.

No sabemos a ciencia cierta la extensión que ha adquirido este movimiento ni cuántos de los cristianos teológicamente evangélicos adoptarán este nuevo término para denominarse. Y aun entre aquellos que lo hagan, no tenemos forma de medir la seriedad con que vivirán las enseñanzas de Jesús como un estilo de vida contracultural. Pero tenemos grandes esperanzas.

Durante más de cuarenta años, Ron Sider, autor del libro *Rich Christians in an Age of Hunger*[1] [Cristianos ricos en una época de hambre] Jim Wallis, el fundador de la revista *Sojourners,* y yo mismo hemos tratado de dejar en claro que resulta imperativo que los seguidores de Jesús atiendan las necesidades de los pobres y de los oprimidos. Con todo, últimamente una nueva generación de líderes jóvenes ha tomado la posta que nosotros llevábamos y están ahora articulando los mismos temas de justicia social de maneras nuevas y pertinentes. Alguien que sobresale entre ellos es el coautor de este libro, Shane Claiborne. Su libro *Revolución irresistible*, su ministerio itinerante, y, por sobre todo, su vida que transcurre entre los pobres, lo han convertido en un ícono para aquellos cristianos jóvenes que ansían más que un sistema de creencias. Para aquellos que están buscando un modo de vida auténtico que encarne las enseñanzas de Jesús. Shane, en un tiempo fue uno de mis estudiantes en la universidad Eastern University, se ha convertido en un representante de Simple Way [Camino simple], una comunidad entregada al propósito de asumir su responsabilidad con respecto a las cuestiones medioambientales, y lo que es aun más importante, a poner en práctica las enseñanzas de Jesús en cuanto a lo que deberíamos hacer con el dinero que tenemos.

Shane y yo hemos mantenido largas conversaciones acerca de la manera de vivir esas letras rojas de la Biblia, y como nos separan cuatro décadas, hemos llevado a cabo las cosas de diferente manera. Somos conscientes de que en tanto estamos de acuerdo en la mayor parte de la teología y la ética social, el vivir lo que creemos ha tomado formas diversas en cada uno de nosotros.

A medida que Shane y yo analizábamos las cosas que tenemos en común y nuestras diferencias, llegamos a la conclusión de que a los demás podría resultarles de ayuda escuchar lo que cada uno de nosotros tiene para decirle al otro. Queremos transmitirles a ustedes la forma en que han ido evolucionando, a través de los años, esas diferentes expresiones como seguidores de Jesús.

Para dar un ejemplo, muchos de los que crecimos en las décadas de 1950 y 1960 ni siquiera pensábamos en vivir intencionalmente en comunidad. Durante esas décadas socialmente tumultuosas, el estilo de vida contracultural de aquellos denominados «hippies» se desarrollaba dentro de comunidades. Sin embargo, los aspectos positivos de esas comunidades a menudo se veían opacados por el excesivo uso de la marihuana y de drogas de efecto psicodélico. Más aún, la conducta sexual permisiva generalizada dentro de muchas comunidades hippies resultaba escandalosa para el público en general y era condenada como altamente inmoral por los cristianos evangélicos. Reacciones negativas como esas, nos impidieron prestarle una consideración seria al intento de vivir en ese tipo de comunidades.

La manera intencional de vivir en comunidades como lo hacen muchos de los jóvenes de los Cristianos de las Letras Rojas hoy es algo muy diferente. Los que están familiarizados con Shane y con aquellos que se han identificado con el estilo de vida abrazado por él, se habrán dado cuenta de que muchos en su generación buscan conformar estas comunidades como una manera de crear un tipo de comunión amorosa que procure imitar lo que describe el segundo capítulo de Los Hechos.

Hay muchas otras cosas en las que Shane y yo diferimos en cuanto a vivir esas letras rojas de la Biblia. Por ejemplo, ambos estamos empeñados en llevar a cabo acciones para detener las guerras, desafiar las estructuras políticas injustas que oprimen a los pobres, hablar por los oprimidos que no tienen voz, y nos esforzamos en general por transformar la sociedad en algo más parecido a lo que Dios desea que sea. Pero, en tanto que la generación de Shane no considera a la política como la principal manera de convertir la justicia en algo real, mi generación sí lo creía.

La revista *Sojourners*, de Jim Wallis, se ha mostrado política en forma abierta, y muchos declaran que el mismo Jim sostiene políticas de centro izquierda. Ron Sider es el fundador de Evangelicals for Social Actions, una organización que aboga por la justicia y organiza a los cristianos para presionar a favor de una legislación que aborde las preocupaciones de los pobres. En mi propio caso, fui candidato al congreso de Estados Unidos por el distrito quinto de Pennsylvania en 1976 para trabajar dentro del proceso de un cambio social cristiano.

Como descubrirán al leer el libro, Shane y su generación de Cristianos de las Letras Rojas radicales mayormente se han desentendido de los procesos políticos, prefiriendo en su lugar utilizar formas más directas de implementar los requisitos de justicia que plantea Jesús. Por ejemplo, cuando estalló la segunda guerra del Golfo, Shane y varios otros cristianos jóvenes volaron a Jordania, alquilaron furgonetas, y atravesaron el desierto hasta llegar a Irak. Querían estar en Bagdad para trabajar en los hospitales y ministrar a aquellos que fueran víctimas inocentes de los bombardeos norteamericanos que sabían que se iban a producir. Nosotros, los de la vieja guardia de los Cristianos de las Letras Rojas, en cambio, intentamos producir conciencia aquí en nuestro país acerca de la inmoralidad que supone una guerra, esperando que aquellos que están en los puestos de poder en Washington, D.C., detuvieran la guerra cuando sintieran la presión por lograr la paz que nosotros tratábamos de generar. Ambas generaciones de Cristianos de las Letras Rojas sosteníamos las mismas creencias acerca de la guerra, pero nuestros estilos de reaccionar ante ella eran muy diferentes.

En lo referido a la iglesia, tanto la generación de Shane como la mía reconocen los grandes cambios positivos que se han operado durante los últimos cuarenta años. Habiendo alcanzado la mayoría de edad antes del concilio Vaticano II (teniendo en cuenta la manera en que este concilio abrió al catolicismo de modo que se volviera más ecuménico y evangélico), nosotros, los evangélicos mayores, sostuvimos puntos de vista distorsionados y negativos sobre los católicos romanos. Estábamos seguros de que habían errado en cuanto a la doctrina de la justificación por la fe y que propagaban una «salvación por obras». Desde lo religioso, no queríamos tener nada que ver con los católicos romanos, y ellos tampoco querían tener nada que ver con nosotros. La idea de que hubiera alguna espiritualidad que nosotros pudiéramos aprender de los católicos era algo impensable, y cualquier sugerencia referida a que tratáramos de adorar junto con ellos se volvía en manera sospechosa.

La generación más joven de los Cristianos de las Letras Rojas no puede imaginar la hostilidad que existía entre los católicos y los protestantes en ese entonces, dado que las cosas son diferentes hoy. La generación de Shane de los Cristianos de las Letras Rojas no tiene dificultad en adorar junto con los católicos; de hecho, muchos de los Cristianos de las Letras Rojas son miembros de iglesias católicas. Aprecian la liturgia del culto católico y no les importa llamar eucaristía a la santa comunión, y muchos están ahondando en las disciplinas espirituales de los santos católicos antiguos. Todo eso es nuevo para algunos de nosotros.

Los Cristianos de las Letras Rojas de las generaciones más jóvenes nos están enseñando a los más antiguos, como yo, dimensiones completas de la fe cristiana que se remontan a cientos de años antes de la Reforma. Y parecería que está creciendo el número de jóvenes cristianos que, como Shane, se dan cuenta de que aunque Dios está haciendo algo nuevo, todavía podemos seguir las tremendas huellas dejadas por aquellos que abrieron una senda revolucionaria antes y nos prepararon el camino. Es por eso que este coloquio intergeneracional resulta tan importante. Nuestra meta no apunta a homogenizar nuestros sueños, sino más bien a armonizarlos. Como dicen las Escrituras: «Los hijos y las hijas de ustedes profetizarán, tendrán visiones los jóvenes y sueños los ancianos» (Hechos 2.17).

Por esa razón es que Shane y yo escribimos este libro en forma de diálogo. Queremos que ustedes capten la manera en la que cada uno de nosotros aprende del otro y analiza críticamente al otro en procura de ocuparnos de nuestra salvación (Filipenses 2.12) y vivir aquello que leemos en las letras rojas de la Biblia.

Nuestra esperanza es que este coloquio les provea perspectivas en su búsqueda de vivir las enseñanzas de Jesús. Los invitamos a unirse a nosotros en este diálogo a través de www.redletterchristians.org. Pero, aun más importante, los invitamos a unirse a la Revolución de las Letras Rojas.

—Tony Campolo

PARTE I

LA TEOLOGÍA DE LAS LETRAS ROJAS

Diálogo sobre la historia

*Ciertamente les aseguro que el que cree en mí
las obras que yo hago también él las hará, y aun
las hará mayores, porque yo vuelvo al Padre.*

JUAN 14.12

SHANE: Tony, ¿por qué piensas que necesitamos una nueva expresión como *Cristianismo de las Letras Rojas*? ¿Qué ha sucedido con los términos *fundamentalista* y *evangélico*?

TONY: Los cristianos que sustentan creencias ortodoxas han adoptado un par de nombres diferentes durante el siglo pasado y el anterior, para distinguirse de aquellos que consideran que se han alejado de las enseñanzas históricas de la iglesia.

Hacia finales de 1800, algunos eruditos alemanes originaron una crítica bíblica que realmente despedazó las creencias tradicionales de la Biblia. Plantearon preguntas con respecto a quiénes eran los autores de las Escrituras y sugirieron que gran parte de la Biblia era solo una nueva versión de algunos antiguos mitos y códigos morales babilónicos. Además de eso, salieron de Alemania ciertas teologías del tipo de las de Friedrich Schleiermacher, Albrecht Ritschl, Ernst Troeltsch y otros, que hacían surgir serias dudas con respecto a algunas doctrinas esenciales, tales como la divinidad de Cristo y su resurrección de los muertos.

Se produjo una reacción a todo este «modernismo» (nombre dado a esta remodelación de las enseñanzas cristianas que constituía un intento de volverlas relevantes para una época racional y científica), y una cantidad de eruditos de Estados Unidos e Inglaterra se unieron y publicaron una serie de doce libros denominados Fundamentos de la fe cristiana. Esos libros conformaban una defensa inteligente de las doctrinas tradicionales que encontramos bosquejadas en el Credo de los apóstoles.

Reaccionando a estos libros, Harry Emerson Fosdick, un prominente predicador liberal de la ciudad de Nueva York, dio un sermón titulado «¿Ganarán los fundamentalistas?», que luego se imprimió y circuló por todo el país. Así nació el término *fundamentalismo*.

La etiqueta *fundamentalismo* nos sirvió bien hasta 1928 o 1929. A partir de esa fecha, y en especial después del famoso caso Scopes en el que William Jennings Bryan argumentó en contra de la teoría de la evolución de Darwin, el fundamentalismo comenzó a ser considerado por muchos como anti intelectual e ingenuo. Añadida a esta imagen de anti intelectualismo, hizo su aparición una insidiosa tendencia al enjuiciamiento entre los fundamentalistas, por la que no solo condenaban a aquellos que se habían desviado de la doctrina cristiana ortodoxa, sino también a todos los que no adhirieran a su estilo de vida legalista, marcado por la condena a cosas tales como bailar, fumar y consumir alcohol.

Ya en la década del cincuenta, la palabra *fundamentalista* arrastraba todo un bagaje negativo, y muchos se preguntaban si es que se podría seguir usando la palabra con un sentido positivo. Alrededor de ese tiempo, Billy Graham y Carl Henry, el entonces editor de la revista *Christianity Today*, comenzaron a utilizar un nuevo nombre: *evangélico*. Otra vez los cristianos ortodoxos tuvimos una palabra que nos servía, y fue así hasta mediados de la década del noventa. Para ese entonces, la palabra *evangélico* ya había perdido su imagen positiva entre el público en general. A los evangélicos, en gran medida, se los consideraba como casados con la derecha religiosa, y hasta con el ala de derecha del Partido Republicano.

Cuando algunos predicadores como usted o yo vamos a hablar en lugares como Harvard, Duke o Stanford, y se los anuncia como evangélicos, la gente despliega banderas rojas y dice: «¡Ah, ustedes son esos cristianos reaccionarios! Los que están en contra de las mujeres y de los gays; los que están en contra del cuidado del medio ambiente, a favor de la guerra y en contra de la inmigración. Y todos apoyan el uso de las armas». Para defendernos solemos decir: «¡Un momento! ¡Así no somos nosotros!». Creo que el evangelicalismo ha sido también víctima de los medios seculares, ellos son los mayores responsables de crear esa imagen al equiparar al evangelicalismo con la derecha religiosa del partido republicano, como si fueran sinónimos.

Fue dentro de este contexto que un grupo de nosotros, a los que a veces se nos mencionaba como «los evangélicos progresistas», nos reunimos e intentamos resolver la cuestión de encontrar un nuevo nombre que indicara quiénes y cómo éramos. Barajamos varios nombres y finalmente aparecimos con el nombre Cristianos de las Letras Rojas. Queríamos que la gente supiera que nosotros somos los cristianos que declaran la importancia del compromiso a vivir, tanto como nos sea posible, lo que esas letras rojas de la Biblia (las palabras de Jesús) nos indican, tanto en el ser como en el hacer. No estamos metidos en la política partidaria, aunque nos inclinamos hacia políticas que promueven la justicia para los pobres y oprimidos, sin que importe qué partido las patrocinen.

La revista *Christianity Today* publico un artículo de una página entera criticando nuestro nombre, en el que decía: «Ustedes actúan como si las letras rojas de la Biblia fueran más importantes que las letras negras». A eso respondimos: «¡Exactamente! ¡Y no solo somos *nosotros* los que decimos que en la Biblia las letras rojas son superiores a las letras negras, sino que *Jesús* lo señaló también!». Jesús, una y otra vez durante el Sermón del Monte, declaró que algunas de las cosas que Moisés había enseñado sobre cuestiones como el divorcio, el adulterio, el asesinato, la venganza hacia aquellos que nos lastiman, y el uso del dinero debían ser superadas por una moralidad más alta.

Yo creo que cuando Jesús dijo que nos daba nuevos mandamientos, realmente esos fueron nuevos mandamientos. Con certeza iban más allá de la moralidad prescrita en las letras negras que leemos en el Pentateuco. Más aún, no creemos que podamos entender verdaderamente lo que las letras negras de la Biblia nos dicen si no llegamos a conocer primero al Jesús revelado en las letras rojas. Eso de ninguna manera disminuye la importancia de las letras negras; creemos que el Espíritu Santo condujo a los redactores de las Escrituras para que la totalidad de las Escrituras fuera inspirada por Dios.

Shane, yo sé lo que tú crees con respecto a esas letras rojas de la Biblia. Al haberte escuchado durante estos últimos años, he notado que haces un gran énfasis en el hecho de que ha llegado el tiempo en que los cristianos tomen las enseñanzas de Jesús con seriedad, en que tomen al Sermón del Monte con seriedad.

SHANE: Hacemos un embrollo con las palabras de Jesús, tratamos de explicarlas, les damos toques de color y las suavizamos, como si no pudieran sustentarse por ellas mismas. Cierta vez escuché a alguien decir: «Fui a un seminario para aprender lo que Jesús quería decir con las cosas que dijo. Y lo que aprendí en ese seminario fue que Jesús en realidad no quiso decir lo que dijo». ¡Qué lamentable! A veces solo necesitamos entrar al Reino como niños, como lo dijo Jesús, con inocencia y simplicidad.

Como el teólogo Søren Kierkegaard lo dijo en 1800: «La cuestión es simple. La Biblia se comprende muy fácilmente. Pero nosotros, los cristianos,... fingimos ser incapaces de comprenderla porque sabemos muy bien que en el momento en que la comprendamos estaremos obligados a actuar según ella».[1]

Llega un momento en que regresamos a esa inocencia. Volvemos a leer la Biblia, sin todos los comentarios, y nos preguntamos: *¿y si realmente él quiso decir todo esto?* No me preocupo tanto por dilucidar cada ínfima cuestión teológica como por leer las simples palabras de Jesús y tratar de vivir mi vida como si él hubiera querido decir lo que dijo. Si puedo ser hoy un poco más fiel de lo que fui ayer en cuanto a amar a mi prójimo, orar por mis enemigos y vivir como los lirios y los gorriones, voy bien.

Alguien me dijo en cierta ocasión que Los Cristianos de las Letras Rojas éramos «cristocéntricos», en el sentido de enfatizar tanto a Cristo que ya no éramos trinitarios. Debemos saber que eso no es cierto. Por otro lado, me han llamado peores cosas que «cristocéntrico», pero eso no importa aquí.

Creemos que el Dios revelado en Jesús es el Dios de la Biblia hebrea. Junto con todos los antiguos credos, sabemos que el Dios trinitario es uno: Padre, Espíritu, Hijo. Sin embargo, al leer las Escrituras hebreas, nos encontramos con algunas cosas perturbadoras. Tan solo consideremos

Jueces 19, donde una concubina de la que no se da el nombre, es cortada en pedazos y enviada a las doce tribus de Israel. Puede ser algo que nos confunda. Por eso Jesús nos resulta tan maravilloso. Jesús vino a mostrarnos cómo es Dios de manera que podamos tocarlo y seguirlo. Jesús es la lente a través de la que podemos observar la Biblia y el mundo; todo ha sido cumplido en Cristo. Hay muchísimas cosas que todavía me resultan desconcertantes, como esta cuestión de la concubina de Jueces 19, pero entonces dirijo mi mirada a Cristo y obtengo una profunda seguridad acerca de que Dios es bueno, y lleno de gracia, y no está lejano.

TONY: Tenemos una percepción totalmente distinta de Dios cuando nos trasladamos de las letras negras del Antiguo Testamento a las letras rojas del Nuevo Testamento. En tanto que los Cristianos de las Letras Rojas creemos que el Antiguo Testamento también es la Palabra inspirada de Dios, resulta difícil ignorar que existe un contraste entre la imagen de Dios que la gente obtiene a partir de lo que lee en el Antiguo Testamento y la que encuentra en las enseñanzas de Jesús. Algunos cristianos primitivos hasta pensaron que estaban tratando con dos dioses diferentes. Por supuesto, no era así. Pero resulta fácil entender por qué algunos cristianos de ese entonces pensaban de esa manera.

SHANE: Precisamente esto es lo más hermoso de la encarnación: Jesús se muestra cómo un Dios que tiene piel, de manera que podemos verlo, tocarlo, sentirlo y seguirlo. Mis amigos latinos me han enseñado que la palabra *encarnación* tiene la misma raíz que *en carne* o *con carne*. Podemos ver a Dios en otros lugares y obrando a través de la historia, pero el clímax de toda la historia es Jesús, revelado en esas letras rojas.

TONY: Digo otra vez: esto no significa que las letras negras de las Escrituras no sean divinamente inspiradas. ¡Lo son! El teólogo G. Ernest Wright dijo que lo que sabemos acerca de Dios nos llega a través de lo que discernimos en las poderosas acciones de Dios en la historia. En su pequeña monografía titulada *El Dios que actúa*, (1952), él dice que a diferencia de lo que señalan el Corán y el Libro del Mormón, nuestro Dios no desciende para dictar palabra por palabra lo que contiene la Biblia. En lugar de eso, nuestro Dios se revela a través de lo que hace, y la Biblia es el registro infalible de esas poderosas acciones. Aquellas letras negras que componen las palabras del Antiguo Testamento son el registro de esas acciones poderosas en las que vemos a Dios revelado.

Los antiguos griegos utilizaban términos como *omnipotente*, *omnisciente*, y *omnipresente* para describir a Dios, pero esas palabras simplemente no aparecen en el Antiguo Testamento. Los antiguos judíos nunca hubieran hablado de Dios en términos abstractos. Si les hubiéramos pedido a los antiguos judíos que describieran a Dios, ellos hubieran dicho: «Nuestro Dios es el Dios que creó el mundo, que escuchó nuestro clamor cuando fuimos esclavizados y que nos sacó de la tierra de Egipto y nos introdujo a la tierra prometida. Nuestro Dios es el que venció a los ejércitos de Senaquerib. El Dios al que adoramos nos permitió levantarnos por encima de los temibles poderes del mundo que podrían habernos destruido. Adoramos al Dios que obró en la vida de Abraham, de Moisés y de Jacob». Lo que los antiguos judíos conocían de Dios les había llegado a través de las cosas que Dios había hecho. Fueron las poderosas acciones de Dios en la historia lo que les permitió comenzar a comprender cómo era Dios.

En el Nuevo Testamento leemos que Dios, que en tiempos pasados se había revelado de diversas maneras y en distintos lugares, en estos últimos días se había revelado completamente en Jesucristo (Hebreos 11.1–2). La Biblia es el relato de aquellos acontecimientos de la historia a través de los que vamos obteniendo una perspectiva progresiva de la naturaleza de Dios; pero al final, es en Jesús que logramos obtener la historia completa.

Los evangelios constituyen una declaración sobre cómo vivir siendo gente del Reino que trabaja para traer el reino de Dios a este mundo. En las letras rojas de los evangelios, Jesús nos brinda las directivas específicas referidas a la manera en que sus seguidores deben relacionarse con otros y el sacrificio que se requiere de ellos si aspiran a ser ciudadanos de su reino.

SHANE: En las últimas décadas, nuestro cristianismo vive obsesionado por lo que los cristianos creen y no por lo que los cristinos viven. Hablamos mucho sobre la doctrina y poco acerca de la práctica. Pero en Jesús no vemos una persona, que solo hace una presentación de la doctrina, sino que extiende una invitación a unirse a un movimiento que tiene que ver con demostrar la bondad de Dios al mundo.

Este tipo de pensamiento doctrinal contamina nuestro lenguaje cuando nos lleva a decir cosas como: «¿Eres creyente?». Resulta interesante que Jesús no nos haya enviado al mundo a hacer creyentes, sino a hacer discípulos. Podemos adorar a Jesús sin hacer las cosas que él nos dice que hagamos. Podemos creer en él y sin embargo no seguirlo. De hecho, hay un pasaje en Corintios que dice: «Si hablo en lenguas humanas y angelicales, pero no tengo amor, no soy más que un metal que resuena o un platillo que hace ruido. Si tengo el don de profecía y entiendo todos los misterios y poseo todo conocimiento, y si tengo una fe que logra trasladar montañas, pero me falta el amor, no soy nada. Si reparto entre los pobres todo lo que poseo, y si entrego mi cuerpo para que lo consuman las llamas, pero no tengo amor, nada gano con eso» (1 Corintios 13.1–3). A veces, nuestro fervor evangélico se desarrolla a costas de nuestra formación espiritual. Por esta razón podemos acabar teniendo una iglesia llena de creyentes, pero en la que sea difícil encontrar seguidores de Jesús.

TONY: Los evangelios nos presentan una propuesta en cuanto al estilo de vida del Reino, y los otros libros del Nuevo Testamento nos proveen una teología sólida. Los Cristianos de las Letras Rojas necesitan ambas cosas. No deseamos minimizar la teología de la justificación por fe. Declaramos que somos salvos por gracia, a través de la fe y no por obras, para que nadie se jacte (Efesios 2.8–9) Le rendimos nuestra vida a Cristo y no confiamos en nuestra propia justicia y buenas obras para lograr la salvación. Confiamos en lo que Cristo ha hecho por nosotros en la cruz como el fundamento de la salvación. Pero al mismo tiempo declaramos que Cristo nos ha llamado a un estilo de vida específicamente definido en letras rojas para nosotros en el Sermón del Monte y en otros pasajes de las Escrituras.

Y así como necesitamos declarar las doctrinas de fe, tal como el apóstol Pablo las ha articulado con toda claridad en sus epístolas, también resulta preciso vivir el estilo de vida ejemplificado por Jesús en los evangelios.

SHANE: Pocos años atrás, la iglesia Willow Creek Community, de Chicago, una de las mega congregaciones más influyentes del mundo, llevó a cabo un estudio fascinante. Era un intento por medir el progreso de su misión en cuanto a levantar «seguidores de Jesús completamente entregados», y evaluaron a su congregación para ver cómo se estaba llevando a cabo eso.[2] Sin duda, ellos, han sido fenomenales en alcanzar gente de fuera de la iglesia y en llevar a la gente a un nuevo compromiso de fe con Jesús. Lo que se preguntaban era: ¿sus vidas se ven diferentes? ¿El entorno social y los patrones de consumismo de esos individuos cambian cuando se convierten en creyentes? Y lo que descubrieron resultó descorazonador. Willow Creek, demostrando valor y humildad, dio a conocer un estudio, al que tituló *Reveal*, que constituía casi una confesión, pues mostraba que podemos ser buenos para hacer creyentes, pero nos falta un largo camino por recorrer cuando se trata de formar discípulos.[3] Estudios como este siguen dando a conocer que las dimensiones de nuestro cristianismo tienen más de un kilómetro y medio de largo, pero apenas unos centímetros de profundidad.

Y quiero ser claro: tengo un profundo respeto por Willow Creek. Creo que ellos han sido coherentes al elevar el nivel en cuanto a lo que significa ser un miembro. Yo trabajé allí durante un año, y siempre solíamos bromear con respecto a que si uno se quejaba por algo concerniente a Willow, había que ofrecerse como voluntario para ayudar a solucionar cualquier error que se hubiera encontrado. Recuerdo haber escuchado en Willow que «si uno tiene un noventa por ciento de entrega, se está quedando corto en un diez por ciento».[4]

Lo que Willow Creek tan valientemente ha dado a conocer a través de su propia confesión es que tenemos mucho trabajo por realizar en la mayoría de nuestras congregaciones cuando se trata de formar seguidores completamente entregados a Jesús y no simples creyentes.

Si nuestro evangelio solo tiene que ver con la salvación personal, entonces es incompleto. Si nuestro evangelio solo tiene que ver con una transformación social y no con un Dios que nos conoce personalmente y tiene contados los cabellos de nuestra cabeza, entonces también resulta incompleto.

TONY: Debido a que todavía no estoy viviendo a la altura de lo que Jesús espera de mí y está señalado en esas letras rojas de la Biblia, siempre me defino a mí mismo como alguien que ha sido salvado por la gracia de Dios y está en camino a convertirse en un cristiano. Como lo dice Filipenses 3.13 y 14: «Olvidando lo que queda atrás y esforzándome por alcanzar lo que está delante, sigo avanzando hacia la meta para ganar el premio que Dios ofrece mediante su llamamiento celestial en Cristo Jesús».

Ser salvo es confiar en lo que Cristo ha hecho por nosotros, pero ser un cristiano depende de la manera en que respondamos a lo que él ha hecho por nosotros.

SHANE: Como lo señala el antiguo dicho: «No soy salvo porque sea bueno, pero intento ser bueno porque he sido salvado». Las buenas obras no nos ganan la salvación. Ellas prueban y demuestran nuestra salvación. Si realmente hemos gustado la gracia, nos convertimos en personas con mayor gracia. La gracia nos hace transmisores de gracia. Si realmente hemos sido hechos una nueva creación en Cristo, eso debería transformar nuestra manera de actuar, las compañías con las que andamos, nuestro modo de considerar el dinero, la guerra, la política y la razón por la que estamos en la tierra. Por lo tanto, todas las cosas se vuelven nuevas.

Algo que nos presenta un desafío es el concepto de que, en tanto todo es cristiano, nada es cristiano en realidad. Con esto quiero significar que vivimos en una civilización cristianizada en la que se escucha hablar de Dios por doquier, pero sin prestar mayor atención a lo que en realidad se dice, o a lo que implica aquello que estamos diciendo. Así que si en nuestro dinero (el de Estados Unidos) se lee: «En Dios confiamos», aquello constituye la quintaesencia de lo que es tomar el nombre del Señor en vano cuando se utiliza para comprar heroína en el vecindario, o armas, o bombas, o pornografía, o cosas por el estilo. Sería mejor que el billete dijera: «En Dios confiamos a veces», o «Esperamos confiar en Dios». Además, si lo que se habla acerca de Dios se hace de un modo irreflexivo y descuidado, se torna como una vacuna para nosotros. Es como recibir una pequeña dosis de algo real, pero que no golpea con toda su fuerza; y uno se vuelve inmune a aquello que en sí es verdadero. Ninguno desea entonces el cristianismo debido a la pequeña porción que ha experimentado.

TONY: Recuerdo haber leído en alguna parte que Søren Kierkegaard, el filósofo danés, contó una hermosa historia sobre la manera en que aprendió a nadar. Se acordaba de estar dentro de la piscina, con su padre parado en el borde del natatorio instándolo a soltarse y confiar en que el agua lo mantendría a flote. Recordaba que chapoteaba con las manos y pataleaba en el agua con un pie, mientras le gritaba a su padre: «¡Mira! ¡Estoy nadando, estoy nadando!». Pero durante todo ese tiempo, según lo contaba él: «Me sostuve sobre el dedo gordo del pie apoyado en el fondo de la piscina».

Eso me describe a mí también. Yo quiero decirle a los gritos al Señor: «¡Mira cómo te estoy obedeciendo! ¡Mira cómo estoy haciendo tu voluntad! ¡He soltado las cosas de este mundo!». Pero en realidad no lo he hecho. Por así decirlo, estoy tratando de resistir apoyado en el dedo gordo. Hay algo en cada uno de nosotros que se aferra a las cosas de este mundo. Tenemos la esperanza de poder soltarlas y permitirle a Jesús que haga lo que él desea en nosotros, pero la mayoría no logra sacárselas de encima como deberíamos.

SHANE: La prueba determinante de que algo sea o no cristiano tiene que ver con esta pregunta: ¿me hace más parecido a Jesús? Algunos individuos dicen ser cristianos, pero cada vez se parecen menos a Jesús. También hay algunos que nunca se han declarado cristianos, y sin embargo, su corazón y la pasión que demuestran lentamente se van acercando al corazón de Jesús. Está en manos de Dios resolver eso. Ser más parecidos a Jesús es lo que intentamos hacer como Cristianos de las Letras Rojas; tiene que ver con el lugar del que venimos y aquel hacia dónde vamos.

Diálogo sobre la comunidad

Porque donde dos o tres se reúnen en mi
nombre, allí estoy yo en medio de ellos.

MATEO 18.20

TONY: Shane, debido a que representas algo renovador, te has convertido en un ícono para la gente joven de todo el mundo que parece estar cansada de un cristianismo al que no considera auténtico. Eres tú, más que la mayoría de nosotros, el que parece estar viviendo toda esta cosa del Cristianismo de las Letras Rojas, al ser fiel en tomar con seriedad a Jesús. Debido a eso, muchos te han llamado representante del cristianismo posmoderno. Posmoderno en el sentido de que aunque sigues con firmeza las doctrinas del cristianismo, abrazas una perspectiva del amor y la gracia de Dios que se extiende más allá de los parámetros evangélicos en cuanto a establecer quién está «adentro» y quién está «afuera» de la familia de Dios.

En gran medida, creo que una de las razones de tu popularidad como escritor y predicador radica en que tú representas la manera en que el Espíritu de Dios se está moviendo en estos tiempos. Pareces sugerir que Dios está creando una nueva conciencia entre los jóvenes hambrientos de un cristianismo diferente de aquel en el que han crecido.

SHANE: La gente hoy desea un cristianismo que vuelva a parecerse a Jesús. La buena noticia es que Jesús ha sobrevivido a las cosas bochornosas que nosotros los cristianos hemos hecho en su nombre, tal como lo encontramos en el costado oscuro de la historia del fundamentalismo, en los desórdenes de la derecha religiosa, y más recientemente, en esos individuos que quemaron el Corán, o aquellos que levantan carteles que dicen «Dios odia a los homosexuales», todo ello en nombre del cristianismo. Lo notable es que los jóvenes saben que hay más que eso en el cristianismo, y que esos actos destructivos no representan a Jesús.

Del mismo modo, algunos amigos afro-americanos han señalado que el hecho de que la iglesia negra haya sobrevivido o que los americanos nativos todavía amen a Jesús es una de las mayores señales que podemos imaginar de que Dios está obrando en el mundo, teniendo en cuenta las cosas horrorosas y terribles que hemos hecho en su nombre.

Estos jóvenes también han crecido rodeados de preguntas, pero no siempre buscan alguien que se las responda. A veces lo que buscan es gente a la que cuestionarle sus repuestas, porque las respuestas que han recibido no son substanciales. Tratan de encontrar personas que hagan preguntas junto con ellos, y que se sienten a su lado en medio del quebrantamiento que experimenta el mundo en el que estamos. A través de Internet y otras tecnologías, los individuos toman conciencia de que el mundo que hemos recibido es frágil, y si nuestra fe solo le promete a la gente vida después de la muerte y no se pregunta si hay vida *antes* de la muerte, vamos a perder a esas personas.

En este momento se están utilizando toneladas de energía para pensar acerca de lo que Jesús tiene que decir con respecto a cuestiones como la economía y la violencia. Porque vemos cosas de este tipo por todas partes en nuestro tiempo: la pobreza y la guerra, por ejemplo. La buena noticia es que Jesús tuvo mucho que decir con respecto a esas cosas. Él no habló solo sobre lo que sucede después de que morimos, sino acerca de cómo vivimos ahora. Hablaba de las viudas y los huérfanos, de los trabajadores y los sueldos: precisamente las mismas cosas sobre las que los jóvenes hablan hoy.

TONY: Este nuevo grupo de jóvenes a los que a veces tú llamas «radicales comunes» incluye a algunos que viven intencionalmente dentro de la comunidad llamada Simple Way (Camino Simple). Junto con ellos, tú habitas en uno de los sectores más descuidados de Filadelfia, luchando con las cuestiones que antes mencionábamos.

No me sorprende que la gente joven hoy haga preguntas que raramente hacía mi generación. Yo ví venir esto. Cuando enseñaba en la Universidad de Pennsylvania, hace treinta y cinco años, recuerdo que un joven judío que se había convertido al cristianismo, habiendo leído el Sermón del Monte, me preguntó si es que yo tenía una póliza de seguro o una jubilación.

Cuando le respondí «¿Qué clase de pregunta es esa?», él me dijo: «Bueno, recién estuve leyendo en Mateo que uno no tiene que pensar qué comerá ni qué vestirá en el futuro. Jesús dijo que no deberíamos preocuparnos por esas cosas».

Estuve tentado a decirle: «¿Qué esperas que haga, que viva como los pájaros que vuelan por los aires, o como las flores del campo?» Pero no se lo dije, porque él me hubiera respondido: «Eso es lo que Jesús te mandó hacer, así que, ¿por qué no lo haces?».

Y aquí estoy, como un hombre viejo, viviendo de mi pensión, del seguro social y del plan 401(k) de ahorro para la edad madura, y me pregunto cómo explicar todo eso y al mismo tiempo declararme seguidor de Jesús, ya que él dijo: «No acumulen para sí tesoros en la tierra, donde la polilla y el óxido destruyen, y donde los ladrones se meten a robar» (Mateo 6.19), y yo he hecho exactamente lo que Jesús me dijo que *no* hiciera. He acumulado tesoros para mí aquí en la tierra.

Cuando gente joven como tú se acerca y me plantea un desafío con respecto a esas cosas, realmente tengo que analizar mi estilo de vida a la luz de las palabras de Jesús. Una cosa es hablar acerca del estilo de vida radical que Jesús prescribe. Pero otra es preguntarme a mí mismo: *¿tengo la fe como para vivir ese estilo de vida tan radical?* Siempre estoy luchando con eso. Me llamo a mí mismo un Cristiano de las Letras Rojas. Promuevo ese movimiento. ¿Pero hasta qué punto vivo en realidad esas letras rojas? Mi única defensa es que hoy no soy tan infiel como lo fui ayer.

Uno de mis estudiantes me dijo una vez: «¡Conozco no cristianos que llevan vidas más parecidas a la de Cristo que la que usted vive!».

Mi respuesta fue: «Si son tan maravillosos sin Jesús, ¿puedes imaginar cuánto *más maravillosos* serían *con* Jesús? Y si piensas que estoy tan mal teniendo a Jesús, ¿puedes imaginar lo que sería sin Jesús?». No me juzgues en términos de lo que soy, sino en términos de hasta dónde he llegado y de lo que espero recorrer en mi vida. Espero transitar una gran distancia hacia la meta de vivir una vida parecida a la de Cristo desde dónde estoy ahora.

SHANE: Una de las cosas de mi recorrido con el que la gente parece identificarse es que me he esforzado muchísimo por ocuparme de la viga que tengo en mi propio ojo. Yo provengo de una cultura inserta en el Cinturón Bíblico, muy sofocante, que incluye racismo y sexismo, y que me dio un montón de respuestas que no funcionaron. Ya saben, como «Por Dios y por la patria», y cosas como esas: quedé inmerso en culpas y amargura, y confundido con respecto a lo que era correcto. De la misma manera en que yo he ido trabajando esos aspectos, creo que hay un montón de personas que tienen vigas en sus ojos que se asemejan a la que yo tengo en el mío. Y están tratando de dilucidar esa situación también.

Yo no soy un gran partidario de la culpa. En Juan 10.10 Jesús dice que ha venido para que tengamos vida en abundancia, no culpa en abundancia. Así que estoy interesado en esa vida (lo mismo que muchas otras personas) porque a veces nos conformamos con mucho menos que vida abundante. Optamos por una supervivencia, por la seguridad y el confort más que por la cruz y el amor sufrido de Jesús. Elegimos el sueño americano en lugar del sueño del evangelio. Pero las personas más libres que conozco son aquellos individuos que han aprendido a vivir como los lirios y los gorriones. Cierta vez un periodista le dijo a la Madre Teresa que él no podría hacer lo que ella hacía aunque le pagaran un millón de dólares. Ella le respondió: «Sí, por un millón de dólares yo tampoco lo haría».[1] Creo que Jesús nos está mostrando que hay una perla, una recompensa, por la que vale la pena dejarlo todo. Así que no se trata de lo que dejamos, sino de lo que hemos encontrado.

Una de las cosas que realmente me ha ayudado es haber estado rodeado por gente como tú, Tony, y otros que me han impulsado a arriesgar más. No podría haber imaginado que me quitaría los zapatos para ponérselos a alguien que vive en la calle hasta que ví a mi compañero Chris hacerlo. No hubiera pensado en sugerir compensar el impacto de las emisiones de carbono cuando voy a dar una charla pidiendo que los presentes no conduzcan sus automóviles durante una semana, sino hubiera visto a mi amigo Will comenzar a hacerlo antes. Así que creo que allí es donde la comunidad se muestra estrechamente relacionada, porque continuamente nos desafía a ir más allá de dónde hemos llegado. Miramos a aquellos que están un poco más adelante, y ellos nos llevan tras sí.

Cuando comenzamos nuestra comunidad, teníamos un sentido realmente franciscano del amor a la pobreza y el deseo de deshacernos de todo. Todavía creemos que no necesitamos aquellas cosas de la tierra que la polilla y el óxido pueden destruir (Lucas 12.33). Pero eso no significa que nos quedemos sin ninguna previsión y sin seguridad. Contamos con una seguridad alternativa, y es la que proviene de Dios y de una comunidad que cree en llevar las cargas unos de los otros. Así que cuando alguien tiene una necesidad económica, tal como lo hacía la iglesia primitiva, juntamos el dinero entre todos y hacemos frente a esa necesidad. Ahora eso está un poco más estructurado, luego de los quince años que hace que comenzamos con la comunidad. Tenemos maneras de hacer frente a los gastos médicos que aparecen. Tenemos formas de hacernos cargo de alguien cuya casa se prendió fuego.

Para la iglesia primitiva no implicaba tener que salir sin comida extra y sin ropa extra solo para sufrir en la calle; estaban aprendiendo cómo era este nuevo tipo de comunidad. Cuando llegaban a un pueblo, la gente los recibía en sus hogares. Los primeros cristianos descubrieron que aun si no tenían casas propias, contaban con hogares dondequiera que llegaran. Y eso es lo que yo he descubierto cuando he viajado: hay lo suficiente. Y tenemos la esperanza de que haya suficiente pan como para ese día. Hemos descubierto que a medida que guardamos menos para el día de mañana, hay más para todos el día de hoy.

TONY: Tu concepto de comunidad resulta absolutamente esencial para nuestro análisis, porque nuestra sociedad está impregnada por un extremo sentido del individualismo. Desde un punto de vista histórico, Plutarco, el filósofo griego, es considerado por muchos como el hombre que plantó las semillas que dieron origen al Renacimiento, por ser el primero en levantar en alto el concepto del individualismo y en convertir como meta principal de la existencia humana la realización del potencial de cada individuo. Pero algunos de nosotros, los Cristianos de las Letras Rojas, sostenemos que ese individualismo exacerbado puede considerarse una herejía cristiana. Jesús no nos llamó al individualismo, sino más bien a la comunidad. Es dentro del contexto de la comunidad, según las Escrituras, que descubrimos nuestros dones y llamados individuales y también descubrimos la manera en la que hacer nuestro singular aporte al bienestar y beneficio de todos los demás.

Volvamos a aquel estudiante de la Universidad de Pennsylvania que se convirtió del judaísmo al cristianismo y luego me preguntó con respecto a mi estilo de vida y al «hacer tesoros en la tierra» previendo la jubilación. Le pregunté: «Bueno, ¿y quién se va a hacer cargo de mí en mi ancianidad? Si me enfermo y no tengo una póliza de seguro, ¿quién va a cuidar de mí? ¿Quién se hará cargo de mi esposa e hijos si yo soy atropellado por un camión mañana por la mañana?».

Me miró totalmente sorprendido y dijo: «¡Pues la iglesia! ¿No es así? Usted pertenece a la iglesia, ¿no es verdad? ¿No es que la comunidad de los cristianos cuida de su gente? ¿No es que la iglesia hace frente a las necesidades de cada uno de sus miembros?».

Respiré profundo y le dije: «¿Sabes qué? La iglesia descrita en Hechos 2 raramente existe, y en realidad no existe en mi caso. He tenido que funcionar como un individuo más que como parte de una comunidad que cuidará de mí cuando necesité ayuda».

Por supuesto, voy a ciertas iglesias en las que puedo percibir algunos buenos sentimientos y digo: «Oh sí, esas iglesias me producen un sensación cálida y profunda de pertenencia». Pero eso no es una comunidad. Tales iglesias proporcionan un poco de calidez y comunión, pero una comunidad es el lugar en el que las personas, tal como Pablo lo describe tan gráficamente en el libro de Gálatas, se ayudan unas a otras a llevar sus cargas, y así cumplir con la ley de Cristo (Gálatas 6.2). No pertenezco a ese tipo de comunidad, pero el mundo tiene hambre de ella.

Como contraparte, tenemos el comunismo. Si una herejía es la exageración de una verdad bíblica distorsionada, yo diría que el comunismo cae dentro de esa categoría. Todos sabemos lo que el comunismo procuró hacer: crear comunidad. ¡Por supuesto que no lo logró! Resultó algo espantoso y dictatorial. No se puede formar comunidad imponiéndosela a la gente políticamente. La comunidad debe emerger de la unidad de espíritu, que es lo que la iglesia primitiva tenía. Y eso es algo muy infrecuente en el mundo de hoy. Precisamente esa es la comunidad que tú y tus amigos de Simple Way intentan crear.

SHANE: Una comunidad era exactamente lo que la iglesia primitiva tenía, y además era una comunidad imperfecta. Pero cuanto uno más lo analiza, más descubre que ese compartir de ellos no tenía que ver con una *receta* para formar comunidad, sino con una *descripción* de lo que es una comunidad. Ellos no habían logrado una comunidad porque compartían; compartían porque contaban con una comunidad. Así que no se trataba de un sistema del tipo: «Cuando se comparte todo, instantáneamente eso se vuelve una comunidad». Tenía que ver con un crecimiento natural, debido a que creían que habían nacido de nuevo. ¿Por qué debería alguien tener menos cuando otro tenía más? De hecho, según describió a los cristianos primitivos un historiador (que no era cristiano): «Cada uno de ellos que tiene algo le da generosamente a aquel que no tiene nada. Si ven a un extranjero que está de paso, lo alojan bajo su techo. Se regocijan por él tanto como por un verdadero hermano, porque no se llaman unos a otros hermanos por tener la misma sangre, sino que saben que son hermanos en el Espíritu y en Dios. Si oyen que uno de ellos está en prisión o es oprimido por causa de Cristo, se hacen cargo de todas sus necesidades. Cuando es posible, logran su liberación. Si cualquiera de ellos es pobre y padece necesidad cuando ellos mismos no tienen nada que compartirle, ayunan dos o tres días por esa persona. De esa manera pueden suplirle a cualquier hombre pobre la comida que necesita».[2]

Esto tiene muchos precedentes. John Wesley, en un sentido, ayunaba. Él sobrevivía con un salario escaso, y decía: «Si cuando me voy dejo diez libras... ustedes y toda la humanidad darán testimonio en contra de mí, señalando que viví y morí como un ladrón, como alguien que robaba».[3]

TONY: Y efectivamente Wesley murió con solo cinco libras británicas en su bolsillo. Todo lo que tenía a su nombre era una Biblia y cinco libras. Había regalado lo que no necesitaba. Lenny Bruce, conocido por ser un comediante malhablado, dijo: «Cualquier hombre que se considere a sí mismo líder religioso y posea más de un traje es un estafador si hay alguien en el mundo que no tenga un traje».[4] Me habría gustado que hubiera conocido a John Wesley.

La mayoría de nosotros conoce el versículo de Juan 3.16. Muchos cristianos lo memorizan. Pero pocos de nosotros memorizamos 1 Juan 3.17, que básicamente dice: «Si tienes bienes de este mundo y conoces a un hermano o hermana que está en necesidad, y te guardas lo que tienes mientras esa persona sufre, ¿cómo puedes decir "tengo el amor de Dios en mi corazón?"». Ese versículo hace surgir la pregunta: ¿cómo declarar que tengo el amor de Dios en mi corazón si puedo ayudar a alguien en necesidad, pero me guardo lo que tengo mientras esa persona sufre?

SHANE: Martín Lutero, el abanderado de aquellos que son salvos solo por gracia y no por obras, dijo: «Tres conversiones son necesarias: la conversión del corazón, la de la mente y la del bolsillo».[5] Y el evangelista Charles Spurgeon, bautista, cierta vez señaló: «En algunos [cristianos] la última parte de su naturaleza que se santifica es el bolsillo». Necesitamos darnos cuenta de que la comunidad y la economía radical están en el mismo centro de la fe cristiana. Aun Juan el Bautista, al predicar el arrepentimiento de los pecados, insistía: «El que tiene dos camisas debe compartir con el que no tiene ninguna» (Lucas 3.11). El nuevo nacimiento viene con una responsabilidad incluida, y nos lleva a sostener nuestras posesiones con la mano abierta. Debemos vivir de un modo simple para que otros simplemente puedan vivir.

Diálogo sobre la iglesia

*No ruego solo por éstos. Ruego también por los que han
de creer en mí por el mensaje de ellos, para que todos
sean uno. Padre, así como tú estás en mí y yo en ti.*

JUAN 17.20-21

TONY: Se habla mucho en estos días acerca de un «cristianismo no religioso» que declara que el ser miembro de una congregación local no constituye una necesidad para el cristiano. Hay que tener en cuenta que muchos jóvenes que se sienten atraídos por el Cristianismo de las Letras Rojas son cristianos que con frecuencia abandonan la iglesia. Todos los estudios sociológicos realizados últimamente indican que los adultos jóvenes se están volviendo cada vez más espirituales y cada vez menos religiosos, que la religión institucionalizada se ha convertido en un desencanto para ellos.[1] Debido a que Simple Way, tu comunidad, no está afiliada a una denominación, ¿no ves la necesidad de una iglesia local?

SHANE: Ciertamente entiendo el hambre espiritual de muchos jóvenes cristianos y su descontento con respecto a la iglesia. Quince años atrás, cuando algunos me preguntaban si Simple Way era algo protestante o católico, yo les decía: «No, simplemente somos seguidores de Jesús». La respuesta era inocente, pero yo comencé a ver que es pretencioso pensar que podemos ser cristianos sin la iglesia. Así que ahora cuando la gente me pregunta si somos protestantes o católicos, les respondo sencillamente un «Sí». Y es lo que quiero decirles. Tenemos protestantes, católicos, pentecostales y cuáqueros, y hemos descubierto que más que intentar deshacernos de nuestras tradiciones, lo que necesitamos es volverlas a la vida. En lugar de quejarnos de la iglesia por la que hemos pasado, trabajamos por convertirnos en la iglesia con la que soñamos.

En el tercer siglo, San Cipriano, obispo de Cartago, le puso palabras a la convicción que sostenían los cristianos primitivos: «Si no aceptamos a la iglesia como nuestra madre, entonces no podemos tener a Dios como nuestro Padre». Ahora bien, yo no creo que eso signifique que tenemos que dejarla en las condiciones en que está. De hecho, pienso que es justamente lo opuesto. Tenemos que amarla y ayudarla a recuperarse, y nunca darnos por vencidos con respecto a ella.

Dios está restaurando todas las cosas. Instituciones como la iglesia están quebradas al igual que la gente, y son sanadas y redimidas. Así que pienso en la iglesia como si se tratara de un padre disfuncional. Es famoso el dicho: «La iglesia es una prostituta, pero es mi madre».

La iglesia precisa del descontento. Ese es un regalo hecho al reino, pero tenemos que usar nuestro descontento para comprometernos más que para desvincularnos. Necesitamos tomar parte en la reparación de lo que está roto más que abandonar el barco. Uno de los pastores de mi vecindario dijo: «Me gusta considerar a la iglesia como el arca de Noé. Aquel viejo barco debió oler muy mal adentro. Pero si alguien intentaba dejarlo, se ahogaba».

Así como criticamos las peores cosas de la iglesia, deberíamos también celebrar sus mejores cosas. Es necesario excavar en el campo de la historia de la iglesia y extraer los tesoros, las gemas. Tenemos que celebrar lo mejor que cada tradición nos trae: deseo, el fuego de los pentecostales, el amor por las Escrituras de los luteranos, las raíces de los ortodoxos, el misterio de los católicos, el celo de los evangélicos. Queremos descubrir a los mejores santos y héroes que hay en nuestras diferentes historias.

Simple Way no quiere acabar como la semilla que Jesús describió, que cae en la tierra y brota, pero que muere porque no tiene raíces (Mateo 13), así que tenemos el cuidado de mirar a nuestras comunidades como pequeñas células que forman parte de un gran cuerpo. Las células nacen y mueren, pero el cuerpo sigue viviendo. Somos plantadores de comunidades, no plantadores de iglesias. Queremos unirnos a las congregaciones locales de nuestro vecindario como las células se unen dentro del cuerpo. De esa manera no nos volvemos paraeclesiales; en lugar de eso, somos pro eclesiales. Tomamos parte en la restauración de las congregaciones que nos rodean.

TONY: Específicamente, ¿cómo se da eso en la comunidad de ustedes?

SHANE: Se alienta a cada miembro que ya lleva un tiempo dentro de una de nuestras comunidades a formar parte de alguna congregación local. De paso, por esa razón muchas personas ven lo que hacemos como una reminiscencia del monasticismo, porque vivimos en comunidades en las que oramos y trabajamos juntos todos los días, y formamos parte de la parroquia local los domingos. Vamos a adorar a la misa católica y a la iglesia pentecostal en un edificio corriente. Las zonas marginales no necesitan más iglesias; necesitan una Iglesia: un cuerpo de personas juntas y unidas que lleven a cabo la obra de Dios.

Una de las actividades redentoras que se desarrollan en Filadelfia y que se conecta con nosotros en Simple Way es una liga de equipos de fútbol americano llamada Timoteo, que es la traducción en castellano de «Timothy». Está entregada a monitorear a varones jóvenes, conectarlos con otros buenos modelos del rol masculino, y a muchos de ellos presentarles a Jesús y la fe. Hay alrededor de doscientos muchachos en la liga ahora, repartidos en doce equipos. Pero esta es la parte buena: cada equipo es patrocinado por una congregación local. Una de las metas es conectar a los jóvenes con las congregaciones locales. Esta liga de fútbol americano está logrando una gran cosa, que es juntar a la iglesia en una misión común, y lograr que los individuos salgan de los edificios y anden por el vecindario. Pastores que pueden no estar de acuerdo sobre teología o política pueden trabajar juntos con un mismo fin.

La oración más larga de Jesús, que aparece en Juan era una petición sobre que nosotros fuéramos uno como Dios es uno (Juan 17.22). Dado que contamos con más de 36.000 denominaciones cristianas, nos queda un largo camino por recorrer. Como dijo un pastor de nuestro vecindario: «Tenemos que ponernos en orden porque Jesús va a regresar. Y él vuelve a buscar una esposa, no un harem».

TONY: Sí, con frecuencia la iglesia es la novia infiel de Cristo. Ha sido infiel de muchas maneras: la forma en que gasta su dinero, la forma en que con frecuencia intenta evadir los dichos más fuertes de Jesús, y la forma en que fracasa en ser la iglesia que Hechos 2 nos lleva a esperar que sea. Pero también tenemos que reconocer que no tendríamos las Escrituras si no hubiera sido por la iglesia. A través del Oscurantismo de la Edad Media, fueron los monjes de la iglesia los que copiaron laboriosamente las Escrituras a mano, preservando la Palabra de generación en generación, hasta llegar a nosotros.

¿Siquiera sabríamos quién es Jesús si no hubiese sido por la iglesia? ¿No es en medio de la comunión de la iglesia que cada uno de nosotros encuentra por primera vez al Cristo vivo? ¿Podría alguno de nosotros ser cristiano hoy sin la iglesia?

Como escribió el apóstol Pablo: «Tenemos este tesoro en vasijas de barro» (2 Corintios 4.7). A pesar de todas sus deficiencias, la iglesia ha sido la vasija que ha traído a Cristo a nuestras vidas. Sí, esa vasija necesita una renovación. Eso es lo que los Cristianos de las Letras Rojas, junto con otros movimientos de renovación, están tratando de producir. Queremos que otros se unan a nosotros para vivir las enseñanzas de Jesús, ya que encontramos un registro de sus expectativas en la palabra de Dios, y al hacerlo, renovaremos la iglesia.

SHANE: La renovación de la iglesia es un tópico importante en estos días. Más o menos una década atrás, la gente hablaba mucho de la «iglesia emergente». Si no somos cuidadosos, mucho del escenario pos evangélico termina también siendo algo así como pos cristiano o pos eclesial. Es algo peligroso y solitario. Sin embargo, también es verdad que las congregaciones principales, las denominaciones tradicionales y la misma iglesia institucional están en cuidados intensivos, desangrándose en casi todas las formas posibles. Necesitan desesperadamente de una nueva visión, de una nueva perspicacia. Una de las cosas más prometedoras que se ha producido a partir de la iglesia emergente ha sido que las personas están mirando hacia atrás para reclamar lo mejor de sus tradiciones, viendo que no es esto o aquello, sino ambos: Dios está haciendo algo antiguo y algo nuevo. Phyllis Tickle lo llama «denominaciones del guión»: presbi-emergente, bauti-emergente, lutera-emergente, debido a que lo que hacen es renovar y construir sobre lo que ya estaba. Muchos de los que están en el Ejército de Salvación y entre los menonitas miran hacia atrás a medida que avanzan. Recuerdan lo mejor de sus tradiciones, que ha mantenido viva la tradición de paz de la fe: el modo simple de vivir, la comunidad profunda y la justicia restauradora resultan tan pertinentes hoy como lo fueron algunos siglos atrás. Necesitamos una nueva renovación anabaptista que nos ayude a combatir los mitos de nuestra cultura acerca de que la felicidad debe comprarse o que la guerra puede producir la paz. Los menonitas fueron algunos de los mejores cristianos contraculturales de la historia. Iban a la cárcel y los mataban a causa de una fe que no hacía concesiones. Un amigo mío me dijo que eso tiene que ver con la diferencia entre ser canoa o bote de remos. En una canoa uno mira hacia adelante mientras rema, pero en el bote de remos, uno mira hacia atrás mientras avanza.

Francamente, una de las cosas más desconcertantes para mí como metodista fue leer a John Wesley. Comencé a preguntarme si algún metodista leerá todavía a John Wesley: ¡era un hermano desorbitado! Estuve conversando con algunos obispos metodistas y les pregunté: «Si Wesley estuviera vivo hoy, ¿sería metodista?». Todos nos reímos, incómodos. Sin embargo, fue una buena pregunta, porque es muy fácil olvidar nuestras raíces.

Del mismo modo, hacia el final de su vida, San Francisco ya no era un franciscano. La orden franciscana había abandonado a Francisco y divergía de su visión original, luego de crecer hasta alcanzar los 30.000 miembros en alrededor de veinte años. En sus años finales, Francisco experimentaba una terrible tristeza y se lamentaba por la manera en que su orden sagrada había entrado en decadencia y también sentía enojo contra los frailes que habían traicionado los principios y las normas fundacionales de la orden. Así es como Paul Sabatier, un franciscano erudito, describe el pensamiento de Francisco al final de su vida: «"Debemos comenzar de nuevo", pensaba, "crear una nueva familia que no olvide la humildad, que vaya y sirva a los leprosos y que, como en los viejos tiempos, se ponga siempre debajo de todos los hombres, no solo en palabra sino en verdad"».[2]

San Francisco es una figura interesante, en especial en lo que tiene que ver con el descontento hacia la iglesia. Él vivió en un tiempo en el que la iglesia estaba muy enferma, infectada por el materialismo y la glotonería de la Edad Media, en medio de Cruzadas y guerras santas. Hubo un momento en la vida de Francisco en el que no pudo soportarlo más y comenzó a leer los evangelios con nuevos ojos. En tanto que no acalló sus incesantes críticas a una iglesia que se había vendido, finalmente permaneció en ella, comprometido con humildad a restaurar su disfunción más que dándose por vencido. Él había escuchado a Dios susurrarle: «Restaura mi iglesia que está en ruinas».[3] Por supuesto, Francisco tomó aquello literalmente y comenzó a juntar los ladrillos y reconstruir la antigua capilla de San Damián. Y no se dio por vencido con respecto a la iglesia; hasta acabó predicando en el Vaticano. Pero su más profunda crítica acerca de lo que estaba mal fue su práctica de algo más hermoso. Su mejor sermón fue su vida.

La leyenda cuenta que la primera vez que el predicó en el Vaticano, el Papa le dijo que fuera a predicarle a los cerdos. Pero más tarde el Papa tuvo una visión: una esquina de la iglesia estaba colapsando, y el pequeño Francisco y los jóvenes de Asís la sostenían. Puede decirse que ese movimiento de jóvenes conformó una de las restauraciones más poderosas de la historia de la iglesia. Cada algunos cientos de años nuestra iglesia se enferma un poco y necesita otra reforma. Tal vez estemos viviendo uno de esos momentos ahora.

TONY: En tanto que San Francisco reconocía los fracasos y la hipocresía de la iglesia, todavía la seguía viendo como una comunidad de fe en la que se podía encontrar a Cristo. Cuando los jóvenes me dicen: «No puedo formar parte de la iglesia porque la iglesia está llena de hipócritas», siempre les digo: «Esa es la razón por la que te vas a sentir como en casa entre nosotros».

Prosigo señalando que si sienten que la iglesia está llena de hipócritas, deberían acercarse y unirse a ellos. Probablemente acabarían diciendo: «¡Este es mi tipo de gente!». Al final, todos somos hipócritas. Pero como Cristianos de las Letras Rojas, deberíamos estar procurando superar nuestra hipocresía a través del poder del Espíritu Santo y a través de la influencia de la predicación del evangelio.

Cuando dejé la Universidad de Pennsylvania, E. Digby Baltzell, uno de mis profesores colegas, me dijo: «Vas a estar trabajando sobre la vida de la iglesia, y eso es hermoso. Antes de eso, sin embargo, precisas definir los límites de tu hipocresía».

Quedé estupefacto. Pero al pensar sobre ello, entendí que todos somos hipócritas. Siempre hay inconsistencias entre lo que realmente somos y lo que damos a conocer en público. Me resulta fácil reconocer esas inconsistencias en mi vida, y estoy seguro de que a ustedes les pasa lo mismo. Pero tiene que haber un límite a esa hipocresía. Debe haber un punto que si se cruza sea tan intolerable que tengamos que detener todo y decir: «Necesito salir e irme solo para echarme un buen vistazo, y entonces pedirle a Dios que me ayude a superar mis inconsistencias». Como cristianos siempre debemos esforzarnos por eliminar toda hipocresía, pero tenemos que comenzar poniéndole límites.

SHANE: Me he dado cuenta de esto: la gente no espera que los cristianos sean perfectos, pero sí espera que sean sinceros. El problema es que la mayor parte del tiempo no hemos sido francos. Hemos fingido ser perfectos y apuntado con el dedo a los demás. Así que cuando nos atrapan haciendo las mismas cosas que les hemos reprochado a otros, somos doblemente culpables. Realmente hay un punto importante en la idea de «No juzguen a nadie, para que nadie los juzgue a ustedes» (Mateo 7.1). Cuando predicamos sobre lo mal que está fumar, y luego nos encuentran fumando, es natural que la gente se sienta enojada. La cuestión no es si somos o no hipócritas. La cosa es: ¿hay lugar para un hipócrita más? Y, ¿son mis hipocresías un poco menores de lo que fueron ayer?

TONY: Recuerdo que poco después de que el programa de televisión de Jim Bakker, el *PTL Club*, quedó expuesto por la incorrección sexual de él y de que luego él fuera llevado a juicio por fraude financiero, me tocó hablar en una conferencia de pastores presbiterianos. El moderador de ese grupo, antes de presentarme, dijo: «Debemos aprender a tomar distancia de personas como Jim Bakker, o de lo contrario el mundo pensará que todos somos como él».

Cuando me levanté a hablar, dije: «Antes que nada, este no es un tiempo para tomar distancia de Jim Bakker. Es momento de abrazar a un hermano cristiano que está sufriendo. Si no lo hacemos, negamos todo lo que tiene que ver con Jesús y contradecimos todo lo que decimos sobre el amor incondicional. Deberíamos abrazarlo y no establecer una distancia con él en su soledad y tiempo de necesidad.

«En segundo lugar, la única diferencia entre Jim Bakker y el resto de nosotros es que no nos han descubierto todavía. Hay bastante basura en cada una de nuestras vidas como para que, si todo lo que es cierto con respecto a nosotros se colocara en una pantalla en medio de la reunión del domingo a la mañana, renunciaríamos y escaparíamos a escondernos. Casi todos tenemos secretos, pero no hemos sido expuestos, así que no nos conviene condenar a alguien que ha quedado expuesto». Hubo un sacudón a través de ese encuentro de pastores, pero ninguno de ellos elevó una protesta.

SHANE: Un buen modelo a imitar en cuanto a franqueza y transparencia era mi amigo Rich Mullins, el extinto cantante. Él se hacía cargo de sus luchas, contradicciones e hipocresía. Recuerdo una historia en la que él y un amigo iban en un tren.

Los dos estaban hablando acerca de sus luchas y confesando sus pecados el uno al otro de corazón a corazón, buceando en su propia oscuridad. Luego de varias horas, el tren llegó a la estación a la que iban y ellos comenzaron a reunir sus pertenencias. Cuando se pusieron de pie para salir, la mujer que estaba sentada en el asiento detrás de ellos les dijo: «Discúlpenme, no es mi intención interrumpirlos, pero, ¿no es usted Rich Mullins?». Rich contó que en ese momento pensó en todas las cosas que la mujer podía haber escuchado, ¡y tuvo que decidir allí si era o no Rich Mullins! Por supuesto, la miró directamente a los ojos y dijo: «Sí, señora, soy Rich Mullins».

La buena noticia es que Jesús no vino para aquellos que lo tienen todo ordenadito, sino para los que están dispuestos a admitir que están derrumbándose (Mateo 9.13). Afortunadamente, eso nos puede transmitir algo de gracia para con una iglesia llena de gente estropeada. Y para con nosotros mismos.

TONY: En Juan 17 Cristo oró para que fuéramos uno. No es la voluntad de Dios que los cristianos vivan vidas individualistas sin una conexión con el cuerpo de los creyentes. Pablo hace muy claro en 1 Corintios que todo cristiano necesita formar parte de la iglesia; que ningún miembro puede existir separado del cuerpo. Cada miembro, según lo señala Pablo, necesita de todos los otros miembros del cuerpo. Pablo señala que el ojo no puede decirle a la mano «no te necesito», ni la cabeza a los pies «no los necesito» (12.21).

Es en la comunidad que descubrimos nuestra individualidad. Yo creo que Cristo nos llamó a estar en comunión los unos con los otros para que cada uno de nosotros descubriera ese ministerio singular al que hemos sido llamados; y que debemos celebrar ciertos rituales, como la santa comunión y los casamientos, los que de hecho renuevan nuestro compromiso de fe. Esos rituales nos recuerdan de dónde hemos venido y hacia dónde vamos, y nuestra conexión con otros cristianos. Y es dentro de las iglesias locales que encontramos eso.

Diálogo sobre la liturgia

*Jesús tomó pan y lo bendijo. Luego lo partió y se lo
dio a ellos, diciéndoles: «Tomen; esto es mi cuerpo».*

MARCOS 14.22

TONY: La iglesia nos invita a participar de una ceremonia litúrgica que reafirma nuestra fe y nos conecta con un cuerpo corporativo histórico de cristianos que se extiende hacia atrás a través de los siglos hasta llegar al mismo Cristo.

Tengo un amigo que dejó la Iglesia Anglicana porque «fue salvo», según señala él. Fue más allá y dijo que había asistido a la iglesia durante treinta años y que nunca había escuchado el evangelio. Tuve que decirle que eso no era verdad. Él puede no haber *escuchado* el evangelio, pero no fue porque el evangelio no se hubiera predicado en todas las reuniones de adoración. Uno no puede asistir a la liturgia de la Iglesia Anglicana sin recitar el Credo de los Apóstoles y mencionar las verdades del evangelio contenidas en él. Uno no puede participar de la Santa Comunión sin escuchar la historia de Cristo y lo que su muerte en la cruz logró para nosotros. Acepto que la liturgia puede perder su significado a causa de las vanas repeticiones. De hecho, Jesús condena en el Sermón del Monte la vana repetición de las oraciones (Mateo 6.7), pero la liturgia no necesariamente tiene que ser así. Puede convertirse en una encarnación sagrada de las verdades del evangelio, y nutrir así nuestros espíritus.

Shane, tú fuiste coautor de un libro acerca de la liturgia.[1] ¿Qué les dices a las personas que no están familiarizadas con esta tradición de la fe?

SHANE: Es graciosa la forma de actuar de Dios. ¡Veinte años atrás, yo ni siquiera sabía lo que significaba la palabra *liturgia*! Nuestro libro sobre la liturgia comienza diciendo: «Si no amas la liturgia, este libro es para ti. Y si no sabes lo que es la liturgia, este libro también es para ti». Básicamente, la liturgia tiene que ver con los patrones y ritmos de la oración que han sido practicados por los cristianos durante casi dos mil años. Rituales, tradiciones y hábitos sagrados como tomar la comunión y bautizarse, orientar la vida según la historia y el calendario de la iglesia, y recordar los días santos como la Pascua y la Navidad (y no solo las fiestas nacionales como el 4 de julio). La liturgia incluye nuestra adoración pública y la lectura de las Escrituras. Cuando Jesús abrió el rollo y leyó en Isaías, según cuenta Lucas, estaba leyendo la liturgia. Él celebraba la Pascua e iba al templo. Muchas de las cosas que hacía eran parte de la tradición judía. A algunos, eso los desafiaba. Y a algunos les trajo nueva vida.

Hay temporadas y ritmos en la oración, así como los hay en la creación. El sol se levanta y se pone, así que el tener una manera rítmica de orar es parte de lo que conforma una vida comunitaria sana y una iglesia sana. Nos acercamos un poquito más a ser uno así como Dios es uno, tal como Jesús oró en Juan 17.11. Cuando aprendemos las canciones que cantan los demás y sus oraciones, cuando conocemos a sus héroes y su historia, nuestra visión se vuelve un poco más completa al poder ver unos a través de los ojos de los otros. Así es como se ha desarrollado el proyecto de liturgia Common Prayer [Oración Común]: aprender a orar con el resto de la iglesia, aprender a orar con el resto de la historia.

Ahora bien, como protestantes solo nos cabe esperar que cuando nuestros amigos católicos, ortodoxos y anglicanos nos vean descubrir la liturgia, encuentren adorable y no ofensivo el hecho de que recién estemos descubriendo lo que ellos han venido haciendo todo el tiempo.

Yo he aprendido de los católicos muchas cosas acerca de la liturgia, la mayor de lo que es el valor de abrazar el maravilloso misterio que significa ser el cuerpo de Cristo. La comunión es esa sensación de que tenemos que recordar a Cristo, convertirnos en sus manos y pies. En la eucaristía vuelve a la vida el viejo dicho: «Eres lo que comes». Al llevar a cabo ese ritual (al que, dicho sea de paso, los no cristianos del primer siglo encontraban totalmente bizarro y los llevaba a acusar a los cristianos de ser caníbales y pertenecientes a una secta por el hecho de beber sangre) asimilamos a Cristo y oramos que su sangre, su amor y su vida fluyan a través de nosotros. Oramos para ser asimilados y formar parte de su cuerpo.

He visto que el misterio de la Comunión sucede cuando llevábamos a cabo la Cena del Señor con familias sin techo, con roscas de pan donadas y jugo de manzanas. Una de las reuniones de Comunión más poderosas que he experimentado fue en Australia, en la que los que me servían la eucaristía eran cristianos aborígenes que utilizaban su acostumbrada tortilla sin levadura hecha en casa y té rojo como los elementos. Pero después de todo, *eucaristía* significa «misterio». Así que quizás podamos simplemente disfrutarla.

TONY: ¿De qué manera es que la oración forma parte de la liturgia? ¿Y qué podemos aprender de ello nosotros, los Cristianos de las Letras Rojas?

SHANE: He aprendido que la oración no es simplemente tratar de lograr que Dios haga lo que nosotros queremos, sino que tiene que ver con hacer nosotros lo que Dios quiere que hagamos. Entrenarnos para ser el tipo de gente que Dios desea que seamos.

Muchas veces usamos la oración como un pretexto para eximirnos de actuar. Ya saben, como cuando alguien expone un profundo dilema que está enfrentando y los demás le dicen: «Voy a orar por ti». Con frecuencia suelen ser sinceros y no saben qué otra cosa hacer. Y es verdad que necesitamos orar unos por los otros. Pero, en ocasiones, decir: «Voy a orar por eso», constituye una especie de código que implica «no voy a hacer ninguna otra cosa por ti». Así que debemos cuidar que la oración y la acción vayan juntas. Si escuchamos que alguien pide oración vez tras vez porque necesita que se realice una reparación en un techo que está filtrando agua, deberíamos seguir orando, ¡pero también podríamos dejar la comodidad de nuestros asientos y juntarnos con algunos para arreglar el techo! Cuando le pedimos a Dios que mueva una montaña, tal vez él nos pase una pala.

Oración y acción; Jesús y justicia; tanto aquellos que creen en los milagros como los que no han visto un milagro en mucho tiempo, necesitan trabajar juntos. Lo que luego se convirtió en el proyecto Common Prayer comenzó con este deseo: introducir la antigua liturgia dentro del mundo contemporáneo, y leer teniendo la Biblia en una mano y el periódico en la otra.

TONY: ¿Qué les dices a aquellos que señalan que la liturgia reemplaza a la relación personal con Jesús? ¿Cuál ha sido tu experiencia?

SHANE: A menudo escucho hacer está crítica a los católicos, ¡pero es absurda! Por supuesto, se podrían realizar muchas críticas válidas, dado que los grupos de oración podrían ser un buen lugar para esconderse y que también hay católicos que no tienen una relación muy cercana con Cristo. Pero existen protestantes, otros dentro de la línea histórica y evangélicos también que no tienen una relación realmente íntima con Jesús. El hecho es que algunos de mis amigos católicos han tenido una relación tan increíble con Jesús, que hasta algunos podrían llamarla mística y casi romántica. La hermana Margaret, nuestra monja católica de Filadelfia, siempre llama a Jesús su esposo. Y esa es la razón por la que muchas monjas llevan un anillo en su dedo anular.

En un cierto momento, un periodista le preguntó a la Madre Teresa si estaba casada. Es una pregunta extraña como para hacérsela a una monja, pero tal vez todo ese asunto de las monjas fuera algo nuevo para él. La respuesta fue brillante. Ella sonrió y dijo: «Ciertamente estoy enamorada. Y en ocasiones mi esposo puede ser muy demandante».

No podría ser mejor, ni más personal. Hay algo encantador acerca del tipo de intimidad de la que muchos de los místicos escriben. Cuando pasé un tiempo en la India, con la Madre Teresa, comenzábamos y acabábamos cada día arrodillándonos delante de la cruz para adorar a Jesús, contemplando la cruz y empapándonos de su amor.

La oración no es algo que se pueda expresar en fórmulas en lo que se refiere a la vida de amor con Dios, en lo que hace al romance. No se trata de las palabras que decimos, sino de estar con Dios; algo así como en el matrimonio. A veces uno realiza breves excursiones espontáneas o aventuras al azar, a veces simplemente tiene que ver con cariño y abrazos. Otras, uno lleva a cabo salidas formales. Las oraciones litúrgicas son una especie de salida para ir a la opera o a escuchar una sinfonía.

TONY: El sociólogo Émile Durkheim entendió la función de la liturgia como algo que crea solidaridad dentro de un grupo y enriquece las creencias y el compromiso de la gente que practica el ritual. Los miembros de las iglesias que muestran un alto nivel de liturgia con frecuencia suelen también mostrar un alto nivel de lealtad a sus iglesias. Por lo tanto los protestantes no son tan leales en cuanto a la asistencia a la iglesia como los católicos. Durkheim explicaba que la liturgia tiene un efecto vinculante sobre la gente.[2]

La liturgia, según Durkheim, cumple la función de enseñar y también de traer a la memoria lo que nunca debe ser olvidado. Es por eso que los grupos que no celebran la Santa Comunión con regularidad tienden a perder la centralidad de la cruz, y hasta pueden llegar a perder la centralidad de Cristo en la vida de sus miembros. Aunque los protestantes tengan diversas críticas contra el catolicismo, no hay dudas en cuanto a que los católicos nunca olvidan la cruz ni lo que Cristo hizo allí. Se mantienen firmes en la creencia de que su cuerpo fue quebrantado y su sangre vertida para producir salvación. Es por eso que todos los domingos (y algunos todos los días) en la misa, los buenos católicos recuerdan que los pecados son perdonados porque el cuerpo de Cristo fue roto y su sangre derramada. Creo que el celebrar semanalmente la Comunión nos ayudaría a los protestantes a mantenernos enfocados en las bases de nuestra salvación.

En más casos de los que reconocemos, los jóvenes ganados para Cristo con mucha eficacia por grupos como Young Life, Campus Crusade y Juventud para Cristo no son integrados a un compromiso de por vida con alguna iglesia, y se vuelven proclives a alejarse de la fe con el paso de los años. El hecho de que esos grupos muestren una ausencia de todo tipo de liturgia les dificulta a aquellos que reciben el evangelio a través de sus ministerios el mantenerse como cristianos fieles, en especial cuando las demandas y agitación de la vida diaria les causa preocupación. Nuestro ministerio, Evangelical Association for the Promotion of Education [Asociación Evangélica para la Promoción de la Educación], en cierta ocasión convocó a alrededor de setenta estudiantes universitarios de todo el país para trabajar en un ministerio enfocado en niños y adolescentes en Camden, Nueva Jersey. Mientras nosotros andábamos buscando lugares para alojarlos, el obispo de la diócesis de Camden nos telefoneó y dijo: «Tenemos un convento muy grande en el que solo viven tres monjas. Cuenta con una buena cantidad de cuartos, y yo puedo hacer que el convento esté disponible para algunos de esos jóvenes».

El ofrecimiento resultó un deleite para aquellos jóvenes. Se convirtieron en la envida de todos los otros estudiantes universitarios que trabajaron en nuestro programa durante ese verano, porque aquellas tres monjas los cuidaron amorosamente y les prepararon la cena todas las noches. Cuando se juntaban los voluntarios con las monjas al atardecer y comían juntos, los jóvenes les contaban historias acerca de los problemas y dificultades que se evidenciaban en las vidas de los muchachos y chicas con los que estaban tratando. No pasó mucho tiempo antes de que nuestros obreros descubrieran que las monjas iban a la pequeña capilla del convento todos los días a las cinco de la mañana para orar por los niños a los que ellos intentaban alcanzar para Cristo. Esos estudiantes universitarios me dijeron que les resultó muy obvio que las oraciones de las monjas estaban causando un impacto. Veían cambios positivos en la vida de los muchachos y las niñas, y creían que esos cambios se habían producido como resultado directo de las dos sólidas horas de oración en la mañana, en las que las tres monjas oraban por cada nombre y por cada uno de los niños.

Durante ese verano, tuvimos trabajando con nosotros algunos cristianos adventistas del séptimo día que llegaron creyendo que el papa era el Anticristo y que los católicos pertenecían a una religión no cristiana. Cuando se encontraron con esas monjas, no sabían bien cómo manejarse. Le pregunté a una de las chicas qué pensaba de las tres monjas, y ella me dijo: «Sabe, durante las dos últimas semanas, cuando ellas se levantaban a las 5 de la mañana para orar, nosotros también nos levantábamos e íbamos a la capilla para arrodillarnos y orar con ellas, porque veíamos lo que sus oraciones estaban haciendo por los niños». En ese verano cambiaron muchas actitudes con respecto a los católicos.

SHANE: Al igual que un buen carpintero, nosotros también necesitamos una buena caja de herramientas al orar. Algunas de las cosas que nos han sido legadas constituyen herramientas en verdad útiles que podemos llevar con nosotros. La *Lectio Divina*, que en latín significa «lectura divina», por ejemplo. Es una forma de leer en oración las Escrituras que permite que ellas se graben en nuestras almas. La forma en que funciona es esta: se toma un pasaje de la Biblia, que no necesita ser largo, y se lo lee una vez lentamente. La primera vez uno simplemente lo escucha. Luego se lo vuelve a leer, y si se está en un grupo, se comparte una palabra o una frase que haya llamado la atención; nada más, solo una palabra o frase. Entonces se lo vuelve a leer por tercera vez, y cada persona señala por qué esa palabra o frase lo ha tocado. Por último, se lo lee por última vez, lentamente. En los monasterios de todo el mundo, la gente practica algo de este tipo cada día. Algunos de ellos señalan que es una forma de darse un banquete con las Escrituras, permitiendo que se digieran y dejen un sabor en la boca.

Es como si eso revoloteara delante de lo que a menudo he llamado «bulimia espiritual», en la que nos atracamos con libros y lecturas, conferencias y sermones, y luego los vomitamos antes de que la verdad sea digerida. Acabamos sobresaturados de iglesia, y al mismo tiempo, mal nutridos. No escuchamos lo que el Espíritu puede estar diciendo a través del mismo texto. La *Lectio Divina* constituye una buena herramienta de corrección, que nos ayuda a aprender, estudiar y deleitarnos en Dios verdaderamente.

TONY: John Engle y Kent Annan, ambos Cristianos de las Letras Rojas, emplean la *Lectio Divina* en su tarea misionera en Haiti.[3] La

Sociedad Bíblica Canadiense les da diez mil Biblias por año, y John y Kent entregan esas Biblias a haitianos pobres que las utilizan como libros de texto para su entrenamiento de alfabetización. Los haitianos se reúnen en pequeños círculos de tal vez diez o quince personas, y en cada uno de esos círculos a cada persona se le pide que lea tres o cuatro versículos de las Escrituras, articulando las palabras fonéticamente. Entonces el líder del grupo dice: «¡Deténganse! Durante los próximos quince minutos, inclinen sus cabezas, cierren sus ojos, y pregúntenle a Dios: "¿Qué quieres enseñarme a través de los versículos que acabo de leer?"». La gente reflexiona sobre este texto, y luego se hace una segunda pasada por aquellos que están en el círculo para que ellos compartan lo que creen que el Señor les ha dicho durante el tiempo de reflexión.

Sin que nosotros enviemos un evangelista, están siendo evangelizados. El Espíritu Santo realiza la evangelización dentro del contexto de la *Lectio Divina*. A veces no tomamos seriamente las palabras de Jesús, que en esencia ha dicho: «Si me voy, no los voy a dejar solos. Les enviaré el Espíritu Santo y él les enseñará todas las cosas» (Juan 14.18–26, parafraseado). A través de la *Lectio Divina*, los haitianos que están en ese programa de alfabetización son enseñados por el eximio Maestro. Los comentarios y la escolarización tienen su importancia, pero tenemos que dejar espacio para la quietud y el silencio luego de la lectura de las Escrituras para darle al Espíritu Santo la chance de enseñarnos cosas que necesitamos saber.

SHANE: Otro tipo de meditación que ha resultado significativa para los cristianos durante cientos de años es la Oración de Jesús. En realidad es una oración simple que uno puede hacer a través de todo el día: «Señor Jesucristo, Hijo de Dios, ten misericordia de mí, un pecador». Uno puede susurrarla en todo momento. Es una oración fácil de memorizar y orar a través de la jornada, o cuando uno se siente frustrado.

Yo oro con el rosario o con cuentas (me gusta hacer mi propio rosario de cuentas). Distintas religiones utilizan las cuentas como una herramienta para la oración, y los católicos tienen el rosario. El crear una cadena de cuentas puede ayudarnos a tener una herramienta corpórea al orar durante todo el día. Las cuentas para la oración no son mágicas, pero pueden curar algunos casos leves de ADD (trastorno por déficit de atención, por sus siglas en inglés). Por ejemplo, yo tengo una cadena de cuentas de diversos tamaños (o cuentas de diferentes colores o texturas) para las diferentes oraciones. Uno puede poner una cuenta más grande para la Oración del Señor. Puede tener siete cuentas irregulares o rugosas para orar contra los siete pecados capitales (orgullo, envidia, lujuria, ira, glotonería, avaricia y pereza). Y nueve más pequeñas para orar por las características del fruto del Espíritu, tal como aparecen en Gálatas 5 y de esta manera detenerse en cada una y orar que se arraiguen y crezcan como una semilla dentro de uno: amor, alegría, paz, paciencia, amabilidad, bondad, fidelidad, humildad y dominio propio.

En mi reciente viaje a Calcuta, una de las cosas más hermosas que encontré fue ver monjas llevando una vida muy activa. Me refiero a volcarse hacia algunos de los trabajos más duros que he visto. Y sin embargo, al caminar desde el orfanato hasta el hogar de aquellos que estaban agonizando, llevaban cuentas de oración y oraban mientras andaban. Así que las cuentas pueden resultar herramientas importantes para llevar con nosotros mientras procuramos encontrar formas de orar y concentrarnos en un mundo con demasiado ruido y frenesí.

TONY: Otra herramienta es la Oración de Examen, una práctica que tiene cerca de quinientos años, tomada de la tradición jesuita, cuyo precursor fue Ignacio de Loyola. San Ignacio dijo que aunque perdamos otras oraciones durante el día, realizar la Oración de Examen es un deber absoluto.

Ignacio sugería que la Oración de Examen se realiza mejor cuando nos preparamos para ir a la cama. Tiene dos partes. La primera parte requiere reflexionar sobre el día que acabamos de vivir, y pensar en todas las cosas buenas que realizamos en el transcurso de ese día. Debemos mencionar cada bendición que hayamos llevado a la vida de otros, citando las formas en que hemos vivido la voluntad de Dios y las instancias en las que ayudamos a otras personas. El apóstol Pablo dice: «Por lo demás, hermanos, todo lo que es verdadero, todo lo honesto, todo lo justo, todo lo puro, todo lo amable, todo lo que es de buen nombre; si hay virtud alguna, si algo digno de alabanza, en esto pensad» (Filipenses 4.8, RVR60). Y luego, en el siguiente versículo, nos insta a continuar haciendo esas cosas.

Después de haber revisado todas las buenas cosas que hemos hecho durante el día, Ignacio sugiere que recién entonces estamos listos para pasar a la segunda parte de la Oración de Examen, la que requiere llevar a cabo la desagradable tarea de reflexionar sobre los pecados y fallas del día. Advierte, sin embargo, que no debemos aventurarnos a mirar los pecados y fallas del día sin antes habernos reafirmado a nosotros mismos. En otras palabras, que no deberíamos hacernos a nosotros mismos lo que sabemos que no deberíamos hacerle a un niño. Si se le van a señalar sus fallas a un niño, o corregirlo, hay que hacerlo dentro de un contexto positivo, para que el niño no quede emocionalmente aplastado (Efesios 6.4). Reafirmación propia. Solo luego de ello deberíamos repasar el día por segunda vez y recordar los propios pecados y fallas. Debemos mencionarlos uno por uno y confesarlos a Dios. Luego pedirle al Señor que no solo nos perdone, sino que también nos limpie de nuestros pecados. El apóstol Juan dice: «Si confesamos nuestros pecados, Dios, que es fiel y justo, nos los perdonará y nos limpiará de toda maldad» (1 Juan 1.9).

SHANE: La Oración de Examen es una excelente manera de ser conscientes de la presencia de Dios en nuestras vidas. Infinidad de personas acaban su día con ello, o paran en mitad del día para hacer una pausa y tomar conciencia de la presencia de Dios.

A otra de las herramientas que usamos en Simple Way la llamamos «Cosas que nos enorgullecen y cosas que lamentamos». Nos reunimos formando un círculo y cada persona menciona algo de lo que está «orgullosa» o algo que «lamenta». Es decir, que algo que hicimos nosotros o algún otro ese día nos enorgullece, o es algo que lamentamos y que podríamos haber hecho mejor. Se trata de una forma de abrir un espacio seguro para celebrar a los demás y para confesar las cosas que hemos hecho mal. Y la idea es que todos deberían tener algo de lo que enorgullecerse y algo que lamentar.

TONY: Los tipos de disciplinas espirituales de las que hemos estado hablando son esenciales si es que vamos a llevar a cabo la obra de Dios en el mundo. Cada vez que Martin Luther King organizaba una marcha en pro de justicia social a favor de los afroamericanos, convocaba a los posibles participantes a reunirse por lo menos dos días antes para prepararse espiritualmente para la marcha. La gente no siempre puede ver el cuadro completo cuando piensa en el activismo del doctor King, porque lo que él quería era que toda la gente que marchara primero pasara un tiempo en oración. Él sabía que allá en las calles la gente podría burlarse de ellos, la policía sería capaz de golpearlos, y era factible que se le ordenara a los perros que los mordieran. Tenían que estar preparados espiritualmente para amar a sus enemigos y para hacerles bien a aquellos que los lastimaran, como Jesús les había mandado hacer. De otra manera, se sentirían paralizados desde lo emocional y lo espiritual ante las hostilidades que se les presentaran.

Nuestra común amiga Mary Albert Darling, profesora de comunicaciones en la Universidad Spring Arbor, de Michigan, fue coautora junto conmigo de un libro titulado *The God of Intimacy and Action: Reconnecting Ancient Spiritual Practices, Evangelism and Justice* [El Dios de la intimidad y la acción: reconectar las antiguas prácticas espirituales, la evangelización y la justicia]. El libro trata acerca de conectar esas prácticas con el activismo cristiano, y como punto central señala que si intentamos evangelizar o trabajar por la justicia social sin primero habernos tomado un tiempo cada día para ser fortalecidos espiritualmente, nos agotaremos. Jesús puso mucho empeño en llamar a sus discípulos a reconocer que necesitaban el poder del Espíritu Santo para llevar a cabo el ministerio que él les había mandado realizar. Dejó bien en claro que sin su Espíritu en nosotros no podíamos hacer nada (Juan 15.5).

Las disciplinas espirituales, que incluyen prácticas litúrgicas, constituyen un requisito para aquellos que se han comprometido a vivir las letras rojas de la Biblia. Tales disciplinas nos mantienen enfocados en Cristo y facilitan el rendirnos y ser llenos del espíritu de Cristo. Sin ser colmados una y otra vez, fracasaremos en cuanto a nuestras aspiraciones de vivir sus mandamientos. Él dijo: «Separados de mí no pueden ustedes hacer nada» (Juan 15.5).

Diálogo sobre los santos

*Les aseguro que entre los mortales no se
ha levantado nadie más grande que Juan el
Bautista; sin embargo, el más pequeño en el
reino de los cielos es más grande que él.*

MATEO 11.11

TONY: Al tratar de comprender lo que la Biblia nos quiere decir en nuestra época, en nuestros propios días, es importante que todos sepamos de qué manera los cristianos han interpretado las Escrituras a través de los siglos. El escritor de Hebreos nos pide que seamos conscientes y nos mantengamos sensibles ante el hecho de que estamos rodeados «de una multitud tan grande de testigos» (Hebreos 12.1). He llegado a darme cuenta de que el testimonio de los santos que han sido antes de nosotros nos puede ayudar en nuestros esfuerzos por interpretar las Escrituras. Nosotros, los protestantes, no inventamos el cristianismo, pero a veces leemos la Biblia pensando que tenemos el derecho de interpretarla como si durante dos mil años no hubieran existidos santos que interpretaran las Escrituras. Necesitamos considerar seriamente lo que ellos tuvieron para decirnos.

Shane, con frecuencia tú haces referencia a San Francisco de Asís. ¿De qué manera ha impactado tu vida este santo del siglo trece?

SHANE: La vida y el testimonio de Francisco son tan pertinentes para el mundo en que vivimos hoy como lo fueron siete siglos atrás. Él aparece como uno de los primeros críticos al capitalismo, uno de los primeros cristianos ecologistas, un atrevido reformador de la iglesia, y uno de los clásicos objetores de conciencia a la guerra.

Francisco era hijo de un rico mercader de telas, nacido en una sociedad en la que la brecha entre ricos y pobres resultaba cada vez más inaceptable. Era una época de cruzadas religiosas en la que los cristianos y los musulmanes se mataban unos a otros en nombre de Dios. ¿Les suena familiar?

Francisco hizo algo simple y maravilloso. Leyó en los evangelios lo que Jesús decía: «Vende tus posesiones y da el dinero a los pobres»; «Considera a los lirios y a los gorriones y no te preocupes por el mañana»; «Ama a tus enemigos»; y decidió vivir como si Jesús hubiera querido decir lo que dijo. Francisco le dio la espalda al materialismo y al militarismo de su mundo, y le dijo sí a Jesús.

Una de las citas atribuidas a Francisco constituye una crítica simple y aguda a nuestro mundo, así como lo fue también al suyo: «Cuántas más cosas tenemos, más garrotes necesitamos para protegerlas». Nos lleva a preguntarnos si él no hubiera ido a protestar en Wall Street en nuestros tiempos.

Con la inocencia de un niño, Francisco literalmente se desnudó y salió de Asís para vivir como los lirios y los gorriones. Vivió en proximidad a la tierra y, al igual que Jesús, se hizo amigo de los pájaros y las criaturas, a las que cariñosamente llamaba hermanos y hermanas. A la luz de eso, muchos cristianos trajeron sus mascotas a mi iglesia ayer para un encuentro especial en el que se permitía entrar a las mascotas, como tributo anual a Francisco. Y muchos bebederos para pájaros llevan su imagen icónica. Pero resulta fácil convertir nuestros mejores movimientos en monumentos. Su vida constituyó una poderosa crítica a los demonios de su día, que son similares a los demonios de nuestros días.

Una de mis historias favoritas sobre Francisco es aquella en la que el decidió encontrarse con un sultán musulmán durante la Quinta Cruzada. Eran épocas tumultuosas. La guerra se había vuelto una necesidad y un hábito, y gran parte de la iglesia la aprobaba. Francisco había sido enviado como soldado, pero él no podía reconciliar la violencia de la guerra con la gracia de Cristo... así que se bajó de su caballo de guerra y depuso la espada. Le rogó al comandante militar, el legado cardenalicio Pelagio, que pusiera fin a la lucha. Pelagio se rehusó. En cambio de eso, Pelagio cortó toda relación diplomática con el sultán de Egipto, al-Kamil. El sultán, a su vez, decreto que cualquiera que le trajera la cabeza de un cristiano sería recompensado con una pieza de oro bizantino. Francisco, sin embargo, siguió en pos de su visión con una fe perseverante, superando todos los peligros que se le presentaron en un viaje para ver al sultán. Viajó atravesando encarnizadas luchas en Siria e inevitablemente fue encontrado por los soldados del ejército del sultán, que lo golpearon salvajemente y lo encadenaron, arrastrándolo hasta llegar delante del mismo sultán. Francisco le habló del amor y la gracia de Dios. El sultán escuchó atentamente y quedó tan conmovido que le ofreció regalos y dinero. Francisco, por supuesto, no tenía deseos de recibir dinero, pero gustosamente aceptó un regalo, un cuerno de marfil utilizado por los musulmanes para llamar a la oración. Lo llevó consigo a su regreso y lo utilizó para llamar a la oración a su propia comunidad. Tanto Francisco como el sultán fueron transformados por ese encuentro.

En una época de extremistas religiosos, Francisco nos brinda una alternativa. Hemos visto a extremistas religiosos de todas las clases (judíos, musulmanes, cristianos) distorsionar lo mejor que la fe de cada uno puede ofrecer y apropiarse de los titulares para lanzar historias de odio. He visto a extremistas cristianos quemar el Corán, volar clínicas abortistas, bendecir bombas, bautizar Wall Street, y levantar carteles con la leyenda «Dios odia a los homosexuales». Pero Francisco nos invita a convertirnos en extremistas de la gracia, en extremistas del amor.

A pesar de que la iglesia es proclive a olvidar el testimonio de Francisco o a levantarle monumentos a su movimiento, todavía podemos celebrar su crítica a una economía que deja a multitud de personas libradas a la pobreza para que un pequeño grupo pueda vivir a su antojo. Y todavía nos regocijamos en su amor por la tierra mientras trabajamos por ponerle fin a la devastación de nuestro planeta. Recordamos el testimonio que él dio acerca de que hay un mejor método para producir la paz que tomar una espada. Y recordamos el susurro que escuchó de parte de Dios: *repara mi iglesia que está en ruinas.*[1]

Las que siguen son las palabras de la famosa oración atribuida a Francisco. Que ellas nos inspiren para convertirnos en mejores personas y poder construir un mejor mundo.

¡Señor, haz de mí un instrumento de tu paz!
Que allí donde haya odio, ponga yo amor;
donde haya ofensa, ponga yo perdón;
donde haya discordia, ponga yo unión;
donde haya error, ponga yo verdad;
donde haya duda, ponga yo fe;
donde haya desesperación, ponga yo esperanza;
donde haya tinieblas, ponga yo luz;
donde haya tristeza, ponga yo alegría.
¡Oh, Divino Maestro!, que no busque yo tanto
ser consolado como consolar;
ser comprendido, como comprender;
ser amado, como amar.
Porque dando es como se recibe;
olvidando, como se encuentra;
perdonando, como se es perdonado;
muriendo, como se resucita a la vida eterna.[2]

TONY: ¿Y qué acerca de Santa Clara de Asís?

SHANE: Sí, por supuesto, Clara. Ella fue sobresaliente. Se mantuvo viviendo con la gente en la calle. Cuando Francisco se fue a las montañas, a su caverna sobre el Monte Subasio, ella lo hizo volver a la gente. De hecho, es importante notar que aunque muchos de nosotros conocemos a Francisco, él no fue un llanero solitario. Hubo todo un movimiento de jóvenes en Asís.

Ellos creían que el cristianismo se había enfermado. Los que desencadenaron ese movimiento, hace unos ochocientos años, fueron esos jóvenes que habían leído los evangelios, lo habían vendido todo, y abandonado la idea de luchar en la guerra.

Cuando analizamos el reglamento primitivo de vida para la comunidad, notamos que se basa casi por completo en las palabras de Jesús. Todo fue tomado de los evangelios. Por supuesto, a través de los años las cosas se volvieron mucho más complicadas y la reglamentación se fue haciendo cada vez más voluminosa. Pero comenzó como una crítica profética de los jóvenes al cristianismo que había dejado de tomar con seriedad a Cristo. Comenzaron con aquello que podían cambiar, es decir, con ellos mismos; la viga en el propio ojo. No se trataba de algo pretencioso, sino de un deseo genuino de intentar ser la iglesia con la que habían soñado, y de vivir las cosas sobre las que había hablado Jesús.

Clara comenzó su propia orden para mujeres, la orden de las Clarisas, que todavía existe. Al principio su familia se mostraba completamente disgustada y pensaba que ella estaba abandonando la iglesia y faltándole el respeto a su familia y a todo lo demás. Pero lo sorprendente es que para el tiempo en que llegó a su fin la vida de Clara y de Francisco, ellos habían logrado que mucha gente volviera a Jesús, incluyendo miembros de sus propias familias. Con el paso de los años, la misma hermana de Clara se unió a la orden. Ellos lograron llevar la iglesia de nuevo hacia Jesús y hacia los pobres. ¡Y eran adolescentes cuando todo eso comenzó a suceder! Apenas muchachos. Y cambiaron la historia de la iglesia para siempre.

Uno de mis franciscanos favoritos es el Hermano Junípero. Francisco se hizo famoso por decir: «¡Desearía tener todo un bosque de juníperos (enebros) como él!».[3] Pero el Hermano Junípero también se metió en un montón de problemas. En un momento se lo dejó a cargo de la catedral y al venir algunos que necesitaban dinero, él les dio todos los tesoros que había sobre el altar (¡y eso no le cayó bien a la iglesia!). Llegado a cierto punto, él había regalado su ropa tantas veces, que fue reprendido por su superior y se le ordenó no entregar sus vestiduras nunca más. Inmediatamente después de esa reprensión de su superior, él iba caminando por la calle y un mendigo medio desnudo se le aproximó expresando su necesidad de ropa. Junípero pensó por un momento y le dijo algo así: «Querido hermano, me tomas en un mal momento. Mi superior me ha prohibido regalar mi ropa; sin embargo, si intentas quitármela, estoy seguro de que no te detendré de hacerlo».

Parte de lo que resultaba interesante de este movimiento era que no odiaba a la iglesia. En realidad, amaba a la iglesia, y la amaba tanto como para intentar cambiar sus cosas erróneas. Creo que por eso se volvió tan peligroso. Francisco fue una de las personas más rápidamente canonizadas de la historia: apenas dos años después de su muerte. Creo que la iglesia sabía que necesitaba de su testimonio y de su movimiento.

TONY: Francisco también era un poeta. Uno de sus poemas es la oración en la que habla sobre el Hermano Sol y la Hermana Luna, que nos da una perspectiva de la conexión espiritual que tenía con toda la naturaleza. Ese poema es un clásico, y muchos expertos en literatura dicen que dio comienzo a la poesía moderna.[4] Luego, por supuesto, están esas maravillosas líneas de la oración que comienza con: «¡Señor, haz de mí un instrumento de tu paz! Que allí donde haya odio, ponga yo amor...»

Dado todo lo que representa Francisco, podemos comprender por qué tantos jóvenes que han abandonado la religión se han vuelto hacia Francisco, y por qué, aparte de la Biblia, se han impreso más libros sobre Francisco durante los últimos veinte años que sobre cualquier otro tema. Lord Chesterton cierta vez dijo: «Francisco puede haber sido el último cristiano verdadero».[5]

SHANE: Puede ser que Lord Chesterton haya sido un poco drástico; sin embargo, al mirar a Francisco y Junípero y a tantos otros santos locos, vemos que ellos revelan nuestras contradicciones con humildad y humor. Hacen que nuestra hipocresía resulte tan evidente que deseemos cambiar nuestra vida, no por causa de la culpa, sino porque queremos sentirnos vivos, porque deseamos ser más como Jesús. Nos impulsan en esa dirección. Frederick Buechner dijo que los santos nos dejan el perfume de Dios, el aroma de Cristo. En el coqueteo de Dios con la humanidad, ocasionalmente deja caer algunos pañuelos: y a esos pañuelos se los conoce como santos.

Diálogo acerca del infierno

*Entren por la puerta estrecha. Porque es ancha
la puerta y espacioso el camino que conduce a
la destrucción, y muchos entran por ella.*

MATEO 7.13

TONY: Yo no soy universalista. Creo que hay gente que, como lo dice el libro de Hebreos capítulo 3, está tan endurecida que rechazaría a Cristo aun si lo viera cara a cara. Son aquellos que están tan atrincherados detrás del pecado y han hecho tanto mal que se han vuelto resistentes a todo llamado a la salvación.

La justicia me requiere no ser un universalista, pero tampoco alguien que trate de determinar quién está afuera y quién está adentro. El juicio le pertenece a Dios, como lo dice en Deuteronomio 1.17. Creo que Cristo es el único camino de salvación, pero estoy abierto a la posibilidad de que algunos de aquellos que están fuera de lo que yo considero verdadero cristianismo puedan tener dentro de ellos mismos la presencia de la voluntad de Dios, y ser salvos aunque no le digan que sí a *mis* creencias y compromisos doctrinales (Romanos 2.14–16).

SHANE: Yo creo en el infierno. Solo que no sé quién es el que va a ir allí. Y la buena noticia es que no tengo por qué saberlo. La Madre Teresa una vez dijo: «Cuando lleguemos al cielo podemos encontrarlo lleno de sorpresas». Jesús mismo lo afirma en Mateo 25.

Conozco el camino al cielo, así que hablo sobre eso. Me imagino que si uno conociera la cura para el cáncer no andaría por allí hablando del cáncer todo el tiempo. Le contaría a la gente acerca del remedio.

No estoy seguro cuándo fue que nos obsesionamos con el infierno. Jesús habla algo acerca de él, pero ni cercanamente tanto como habla del reino de Dios. Sin embargo, para empezar, sus explicaciones sobre el infierno resultan interesantes. Sus grandes sermones referidos al infierno tienen que ver con un hombre rico que no se preocupa por el mendigo que está afuera, a las puertas de su casa (Lucas 16), y el otro con que Dios va a separar a las ovejas de las cabras, teniendo en cuenta la forma en que hayan cuidado de los menos favorecidos aquí en la tierra (Mateo 25). El sermón más duro sobre el fuego del infierno está en Mateo 23. Y no va dirigido a los que son homosexuales o borrachos, sino a la elite religiosa. Reserva sus palabras más severas para los maestros de la ley, que creen ser los porteros o guardianes de la moral de la sociedad. En Mateo 23.33 les dice: «¡Serpientes! ¡Camada de víboras! ¿Cómo escaparán ustedes de la condenación del infierno?». Esas palabras van dirigidas a los religiosos santurrones. Y su acción más agresiva, aquella en la que da vuelta las mesas y limpia la casa, no sucede en un paseo peatonal costero durante el martes de Carnaval, sino en el mismo templo. Interesante.

Pero creo que hay una razón por la que evangelio significa «buenas noticias». Quizá el versículo que ha constituido la piedra fundamental del evangelicalismo se debió a una consideración de Juan 3.16. Dice así: «Porque tanto amó Dios al mundo, que dio a su Hijo unigénito». Y luego el versículo que sigue, en Juan 3.17, añade: «Dios no envió a su Hijo al mundo para condenar al mundo, sino para salvarlo por medio de él». Eso, en realidad, sí suena como una buena noticia.

Recuerdo que cuando era un niño, en Tennessee del Este, me involucré con una iglesia carismática. La amaba. Y nunca olvidaré algo que solíamos hacer cada año, a lo que llamábamos «Las puertas del cielo y las llamas del infierno». Era algo que valía la pena verse. Representábamos terribles escenas, como una en la que un grupo de chicos que iban en un ómnibus sufrían un choque. Todo los chicos morían en el accidente, y los demonios venían a arrastrar a todos aquellos que no conocían a Jesús hacia el infierno, mientras ellos les gritaban a sus amigos: «¿Por qué no nos dijeron esto?».

El amigo de mi papá interpretaba al diablo, y era muy bueno en su papel. Así que luego hacíamos un llamado al altar y prácticamente todos respondían y eran salvos, hasta el pastor. Resultaba literalmente aterrador.

Lo extraño es que ni siquiera escuchábamos mucho acerca de Jesús; solo oíamos cosas sobre el infierno. Hay algo equivocado en un evangelio así; realmente está fuera de proporciones. Es como cuando alguien que ha experimentado una conversión radical da su «testimonio», pero al oírlo contar notamos que pasa el noventa por ciento del tiempo hablando de su vida antes de Jesús y luego concluye diciendo: «Entonces le entregué mi vida al Señor». Y uno se pregunta por qué no habló más sobre Jesús. Después de todo, aquella persona dejó una vida muy interesante para seguirlo, así que debe ser alguien muy especial.

Tengo un amigo que estaba yendo a un festival de música, una de esas inmensas concentraciones en las que tocan toneladas de bandas y a las que concurren miles de personas. Mi amigo es cristiano, pero estaba yendo al festival con otro amigo que no lo era, y que, de hecho, no estaba familiarizado para nada con el cristianismo. Cuando entraron a las cercanías del campo en el que se realizaba el festival, se encontraron con un grupo de aquellos cristianos fundamentalistas que enfatizan el infierno alineados a lo largo de las calles, con carteles que declaraban: «Bob Marley está en el infierno», «Janis Joplin se está quemando en el infierno». El muchacho no cristiano miró a mi amigo y le dijo: «No sé mucho sobre el infierno, pero parece que tienen bastante buena música por allí». No estoy seguro de que ese fuera el mensaje que trataban de trasmitir.

En lo que tiene que ver conmigo, yo no escogí a Jesús porque me aterrorizara el infierno. Ni porque deseara mansiones en el cielo y calles de oro. Elegí a Jesús porque él es maravilloso, absolutamente maravilloso. Podemos vivir sin temor. Después de todo, nada puede separarnos del amor de Dios (Romanos 8.38-39).Nada.

TONY: Lo que suceda en el día del juicio es importante para mí, pero si no hubiera cielo y no hubiera infierno, seguiría comprometido con la evangelización, como lo estoy hoy. La mayoría de los días salgo a las calles, le predico a la gente y le pido que pase al frente y acepte a Cristo como su Salvador personal. No lo hago solo porque eso les garantiza una entrada al cielo, sino por otras dos razones también. La número uno es que los que nos hemos aliado con Cristo y la obra de su reino deseamos reclutar a otros que se unan a nosotros en la tarea de cambiar al mundo para que sea lo que Dios desea que sea. La evangelización, como yo la veo, se relaciona con reclutar agentes que lleven a cabo la obra de Dios en este mundo. Y la segunda razón es porque creo que al invitar a las personas a seguir a Cristo y pedirles que participen de su obra en este mundo, les estoy ofreciendo un llamado que le brindará un sentido trascendente a sus vidas. Viktor Frankl, el psicólogo que desarrolló la denominada «logoterapia», dijo que el mayor problema que presentan los seres humanos conflictivos es la ausencia de sentido en sus vidas.[1]

La pregunta «¿Cuál es el sentido de mi vida?» resulta de extrema importancia. Mi respuesta es esta: «Estás en este mundo porque Dios quiere que lo acompañes en la tarea de llevar amor y justicia al mundo». Suena un poco como la primera de las Cuatro Leyes Espirituales,[2] pero eso es porque en realidad Dios *sí* tiene un plan maravilloso para la vida de cada persona. Ese plan es que cada uno de nosotros sea un agente de evangelización y de transformación en este mundo, para convertirlo en un mundo de justicia y bienestar para los hijos de Dios. Ese es el plan de Dios, y él nos está llamando a cada uno de nosotros a participar de un enorme movimiento revolucionario para renovar el mundo, rescatando a los que perecen y salvando a los perdidos.

Llamar a la gente a entregarse a Cristo es lo que captaste tan bien y transmitiste en tu importante libro *The Irresistible Revolution* [La revolución irresistible], Shane.[3] Les comunicaste a tus lectores la maravillosa realidad de que al comprometerse con Cristo, la gente se compromete con el estilo de vida prescrito por Jesús, que promete un sentido de realización que produce gozo. Tiene que ver con vivir la vida hasta las últimas consecuencias. No se trata de una promesa de felicidad superficial, sino la promesa de alcanzar un sentido profundo de realización a través del potencial glorioso que Dios tenía en mente para todas las personas. La promesa de Dios es: «Tendrás vida abundante. Habrá sentido en tu vida. Serás levantado y vivirás a mayores alturas» (Juan 10.10, paráfrasis).

Cuando considero ese gozoso sentido de realización y esa existencia con sentido que se pueden alcanzar en Cristo, siento una fuerte compulsión a llamar a las personas a entregarle su vida a él y ser llenas del Espíritu. Para mí esa constituye una motivación muy importante al realizar la tarea de evangelista, además de presentar al Cristo que salva del pecado y da vida eterna.

SHANE: Cada vez es mayor la cantidad de jóvenes crecidos dentro de una suerte de mundo pluralista que piensan: *necesitamos ser más incluyentes con todas las personas.* Eso tiene un costado hermoso, pero creo que puede abaratar las cosas que nos hacen a nosotros diferentes cuando nos preguntamos: «¿Por qué no podemos llevarnos bien todos juntos?». Hay algo políticamente incorrecto y exclusivo cuando decimos que Jesús es el único camino a Dios. Y sin embargo, esa es una de las cosas que están en el centro de mi fe y sobre la que no estoy dispuesto a negociar. Hay toda suerte de otras preguntas que surgen, como por ejemplo si el cristianismo es el único camino hacia Cristo. A Karl Barth se le preguntó en Princeton: «¿Quiere usted decir que el cristianismo es el único camino a Dios?». Y su respuesta fue: «No, ninguna religión es el camino hacia Dios. Yo estoy diciendo que Jesús es el camino a Dios».[4] Esto sé: Jesús es el camino. Y existen muchos que dicen que han rechazado a Jesús, pero cuanto más hablo con ellos, más descubro que en realidad son muy afectos a Jesús. Solo sucede que no les entusiasman para nada los cristianos que han conocido.

TONY: Estoy de acuerdo contigo en que las letras rojas de la Biblia nos envían un mensaje claro. En Juan 14.6 (RVR60), Jesús dice: «Yo soy el camino, y la verdad, y la vida; nadie viene al Padre, sino por mí». Ese es un lenguaje muy fuerte. Y aquellos que sustentan un punto de vista excluyente dicen: «¡Miren! Vean lo que Jesús dice. ¿Van a tomar con seriedad esas letras rojas?»

Mi respuesta es: «¡Muy seriamente!». El lugar en el que ensancho mi perspectiva es en este punto: en tanto sé que Jesús es el único camino a la salvación, no estoy seguro de que la gracia de Dios que experimentamos a través de Jesús y su muerte en la cruz *solo* esté disponible para aquellos que están dentro de la iglesia. Si me preguntan si hay gente fuera de la iglesia que podría ser salva por Jesús, solo puedo responder que no emito juicios sobre quién está adentro y quién afuera. Yo creo que el mensaje de la Biblia no tiene que ver con que la salvación llegue a través del grupo al que uno pertenece, ni al nombre que uno adopte, sino con que Jesús es el único camino a la vida eterna. Las personas son salvadas por lo que Jesús hizo por ellas en la cruz.

Yo sostengo que en el día del juicio, como lo dice el libro de Mateo, habrá mucha gente que no pertenecía a la iglesia cristiana que descubrirá que tenía una relación con Cristo (Mateo 25:31–46). Existen razones para creer que habrá algunos que en el día del juicio no serán conscientes de tener una relación con Cristo, cuando en realidad ellos no han rechazado a Jesús para nada. Lo que no aceptaron fue una presentación distorsionada de Jesús, aunque los que la transmitieran fueran cristianos. Tenemos que preguntarnos si es a Jesús al que algunos rechazan o a una mala interpretación acerca de él. La Biblia *sí* dice que no hay otro *nombre* debajo del cielo en el que alguien pueda ser salvo, y no tenemos forma de evadir esa cuestión (Hechos 4.12).

Según recuerdo, Billy Graham nos contó en la conferencia Urbana sobre misiones, en 1987, que había ido a un monasterio en la China para hablar con algunos budistas. Cuando llegó allí, vio a un monje en particular que estaba en profunda meditación, y se sintió guiado por el Espíritu a ir y hablarle a ese hombre acerca de Jesús. Con la ayuda de su traductor, el doctor Graham abrió las Escrituras y le explicó el camino de salvación, dándole detalles acerca de lo que Jesús había realizado en la cruz y sobre el hecho de que el entregarle la vida a Cristo le daba a la persona vida eterna.

El doctor Graham pudo percibir que aquel monje budista estaba recibiendo en su interior todo eso, y que se sentía tan conmovido por ello que tenía lágrimas en los ojos. Le dijo al monje: «¿Estás dispuesto a invitar a Jesús a entrar en tu vida aquí y ahora mientras oramos juntos?».

El monje lo miró consternado y le respondió: «¿Aceptarlo para que entre en mi vida?». Yo lo aceptaría, pero usted debe comprender que él ya es mío. Lo ha sido por mucho tiempo. Yo no conocía todas las cosas sobre él que usted acaba de contarme, pero este Jesús del que usted me ha estado hablando está dentro de mí, y a medida que usted hablaba, su Espíritu me confirmaba adentro todo lo que usted decía. Creo en lo que usted me ha dicho porque su Espíritu me ha convencido de que esas cosas son verdaderas. Lo aceptaría, excepto porque él ya está dentro de mí».

Esa historia deja abierta una pregunta: ¿estaba Cristo viviendo en ese monje antes de que Billy Graham llegara allí? Y, si Billy Graham no hubiera llegado allí, dado que ese monje declaraba conocerlo como una presencia que lo habitaba, ¿hubiera sido ese Cristo suficiente para su salvación? No voy a responder esas preguntas. En lugar de ello, seguiré la línea de lo dicho una vez por Billy Graham: «Mi tarea es dar testimonio. La tarea del Espíritu Santo es convencer. Y la tarea de Dios el Padre es juzgar».[5]

Recogiendo este mismo tema, Pablo, en el libro de Romanos parece sugerir que Dios tendrá que hacer una excepción con aquellos que nunca tuvieron la ley de Dios pero que, sin embargo, tenían algo escrito en sus corazones que los llevó a tratar de hacer lo que Dios esperaba de ellos (Romanos 2.13–15).

A mi esposa Peggy le encanta contar esta hermosa historia cuando habla. Ella dice que en el cielo Pedro está a cargo de controlar a la gente que entra por los portones. Pablo, por otro lado, siendo el gran administrador que demostró ser en la tierra, está a cargo de llevar un registro de la gente que hay en el cielo. Lo inquieta el hecho de que siempre encuentra más gente en el cielo de la que Pedro va recibiendo. Esta discrepancia los incomoda mucho a los dos. Entonces, un día Pablo llega corriendo hasta dónde está Pedro y le dice: «¡Descubrí lo que sucede! *¡Es Jesús! ¡Él está haciendo pasar gente por encima del muro!*».

A Peggy le gusta mucho esa historia porque ella cree que nos dice que aun cuando la iglesia a veces piensa que puede determinar quién entrará y quién no entrará al cielo, Jesús puede estar obrando fuera de la iglesia, amando a la gente y elevándolos para que entren a su reino.

Diálogo sobre el Islam

—Yo soy el camino, la verdad y la vida —le contestó
Jesús—. Nadie llega al Padre sino por mí.

JUAN 14.6

TONY: Se debate mucho sobre religión en este momento y existe gran hostilidad entre las religiones. Encuentro interesante que la cuestión acerca de si los cristianos y los musulmanes adoran al mismo Dios se haya vuelto un tópico candente. Los medios cristianos han recogido el tema; los programas de radio y televisión, así como muchos libros y notas en revistas tratan la cuestión.

Antes de intentar responder *esa* pregunta, tenemos que hacernos otra: ¿acaso dos de nosotros adoramos al mismo Dios? Detengámonos a pensarlo por un minuto. ¿Es tu concepto acerca de Dios el mismo que tengo yo? Muchos sociólogos y psicólogos dicen que la imagen que una persona tiene de su padre *terrenal* se relaciona mucho con el concepto que esa persona tiene de su Padre *celestial*. Agreguemos a eso las diferentes situaciones sociales en las que crecemos. Hemos sido criados en iglesias distintas que nos han dado una imagen de Dios que difiere de las otras. También nuestro concepto de Dios está muy influenciado por los valores colectivos dominantes en la cultura en la que hemos crecido. Por ejemplo, muchos estadounidenses imaginan a Dios como un estadounidense. Todas esas influencias ayudan a moldear la imagen que cada persona tiene de Dios. Dados estos factores sociales y psicológicos, ¿es posible que alguno de nosotros acabe teniendo el mismo concepto de Dios que tienen otros?

La autora Anne Lamott dice: «Con toda seguridad puedes deducir que has creado a Dios a tu propia imagen cuando resulta que Dios odia a toda la misma gente que tu odias».[1] ¿Con cuánta frecuencia creamos una imagen de Dios que sirve a los fines de nuestros propios valores y prejuicios étnicos? Antes de comenzar a preguntar si es que los cristianos y los musulmanes adoran al mismo Dios, tenemos que preguntarnos si es posible que *dos* de nosotros tengamos la misma imagen del mismo Dios.

Finalmente, lo que conozco acerca de Dios es lo que encuentro en Jesús. La Biblia dice que en Jesús se ve revelada la plenitud de Dios (Colosenses 1.19), y que lo que nosotros sabemos acerca de Jesús proviene de la Biblia. El Cristianismo de las Letras Rojas tiene que ver con comparar nuestros conceptos acerca de Dios, generados socialmente, con la revelación de Jesús en las Escrituras, tal como la que presenta Hebreos 2.

Antes de pronunciarnos sobre el concepto musulmán acerca de Dios, deberíamos tener en cuenta que hay muchos musulmanes que toman a Jesús con mucha seriedad, y cuyas ideas con respecto a Dios han sido grandemente influenciadas por lo que ellos encuentran en Jesús y sus enseñanzas. Como sabemos, el Corán dice mucho acerca de Jesús, incluyendo que nació de una virgen, que es sin pecado y que vuelve otra vez. El Corán cuenta que Jesús realizó milagros y que Mahoma nunca los realizó. Aun hay algunos musulmanes que oran a Jesús pidiendo sanidad porque ellos lo ven como un obrador de milagros. El fundador de la secta Sufi del Islam estaba tan enamorado de Jesús que otros musulmanes le decían: «Si tú amas tanto a Jesús, te llevaremos a morir en una cruz para que puedas morir como él». ¡Y lo hicieron! El hecho es que el Corán atestigua acerca de ciertas cuestiones ortodoxas referidas a Jesús que algunos cristianos no aceptan, tales como su nacimiento virginal y que él realizara milagros.

Desde las iglesias y los teólogos recibo imágenes conflictivas de Dios. Solo cuando visualizo a Jesús en las letras rojas de la Biblia es que puedo decir: «Oh, aquí se ve una imagen clara de Dios. ¡Dios es como Jesús! ¡Jesús *es* Dios!». Lo que yo sé sobre Dios es lo que encuentro en Jesús, y cualquier otra cosa que se desvíe de la revelación que se encuentra en las palabras de Jesús no forma parte de lo que yo considero la verdadera imagen de Dios. Constantemente comparo las imágenes de Dios que se han conformado en mi propia imaginación con lo que encuentro en la Biblia. Con regularidad vuelvo al Jesús que encuentro en las Escrituras, y vez tras vez me pregunto: *¿de qué* *manera mi pensamiento con respecto a Dios se conforma a lo que descubro en Jesús?* El escritor de la epístola a los Colosenses nos dice que en él se revela la plenitud de Dios (2.9).

SHANE: Dios se revela plenamente en Jesús. Si queremos ver a Dios, entonces miremos a Jesús.

Una de mis escenas teológicas favoritas de las Escrituras es cuando el velo del templo se rasga y se abre. Cuando Jesús muere en la cruz, el velo del templo (los que saben dicen que era tan grueso como una mano y tan grande como una cancha de básquetbol; y que se precisaban docenas de sacerdotes para trasladarlo) se rompe y se abre. Como para decir: Dios no puede ser retenido como un rehén. Dios es mayor que nuestras imágenes, íconos y templos. Dios no necesita mediadores y no está confinado al Lugar Santísimo. Dios está vivo en el mundo y anda por las calles. Dios puede sanar a la gente con tierra y saliva. Dios puede freír pescado. Dios está con nosotros. Ya no tenemos que ir a los templos para encontrar a Dios. Dios ha venido y nos ha encontrado. En Jesús.

Jesús convalida a las personas cada vez que hacen algo redentor, sea que tengan todas las creencias correctas o no. Pensemos acerca de la escandalosa parábola del buen samaritano. Jesús dice algo como: «Tengo una historia para contarles. Este tipo es golpeado en el camino a Jericó. Luego llega un sacerdote y pasa junto a él yendo de camino a dar culto. Después también pasa un levita, un individuo realmente religioso, y tampoco hace nada porque se le hace tarde para una reunión de la junta. Y luego llega un samaritano. (Casi podemos escuchar a la multitud reírse disimuladamente ya que los judíos ni siquiera pasaban caminando a través de Samaria, y mucho menos hablaban o tocaban a un samaritano). Pero el samaritano se ocupa de cuidar de aquel hombre abandonado».

La historia tiene que ver con un desafío sobre quién está adentro y quién afuera. La religión de los dos primeros no hace nada por moverlos a la compasión; pero el samaritano, que no cree todas las cosas correctas según los judíos, muestra compasión y es considerado el héroe de la historia.

Estoy seguro de que algunos de los que escuchan se quedan tildados. Según la elite religiosa, los samaritanos no guardan las normas correctas y no tienen una doctrina sólida. Pero Jesús muestra que la verdadera fe tiene que ejercerse de modo que resulte una buena noticia para esa persona magullada y quebrantada que yace en la zanja. El punto resulta claro: Dios puede mostrarse de una manera evidente en un sacerdote, pero es igualmente posible que obre a través de un samaritano. Es precisamente ese el desafío que vemos que Jesús plantea una y otra vez. Les dice a los religiosos: «Les aseguro que los recaudadores de impuestos y las prostitutas van delante de ustedes hacia el reino de Dios» (Mateo 21.31).

Las Escrituras están llenas de ejemplos en los que Dios utiliza individuos como la mentirosa dueña de un prostíbulo, llamada Rahab, y un rey adúltero, de nombre David. En un momento Dios hasta le habla a un tipo llamado Balaam por medio de su asno. Así que si Dios eligiera usarnos, deberíamos estar agradecidos y no sentirnos importantes. Y si nos encontramos con alguien que consideramos que Dios nunca podría usar, deberíamos repensar la cuestión. Estas historias bíblicas son una bofetada en el rostro a nuestras percepciones acerca de quién está bien y quién está mal, y nos invitan a celebrar cada vez que alguien hace la obra de Dios, sea que conozca a Dios de la misma manera que nosotros o no.

No me malinterpreten: hay cosas en las que creo firmemente y deseo que también otros las crean, como que Jesús es el Hijo de Dios, que él murió en la cruz y resucitó de la tumba para vencer todo pecado y vergüenza. Pero eso no constituye un prerrequisito para trabajar juntos o desarrollar una amistad. De hecho, es lo opuesto. Como cristianos, deberíamos ser los mejores colaboradores del mundo. Deberíamos ser rápidos para encontrar aliados improbables y amigos subversivos, como lo hizo Jesús.

Hay un hermoso texto en los evangelios en el que los discípulos dicen: «Maestro... vimos a un hombre que expulsaba demonios en tu nombre; pero como no anda con nosotros, tratamos de impedírselo». Jesús entonces les hace saber que están mirando el asunto en forma equivocada: «No se lo impidan... porque el que no está contra ustedes está a favor de ustedes».

TONY: También tenemos aquella ocasión en la que Pedro, a punto de predicar un sermón, «tomó la palabra, y dijo: ahora comprendo que en realidad para Dios no hay favoritismos, sino que en toda nación él ve con agrado a los que le temen y actúan con justicia» (Hechos 10.34–35). ¡Eso fue algo muy abarcador con respecto a todos! Y Juan escribe en su epístola: «El amor viene de Dios, y todo el que ama ha nacido de él y lo conoce... Nadie ha visto jamás a Dios, pero si nos amamos los unos a los otros, Dios permanece entre nosotros» (1 Juan 4.7, 12). Eso hace referencia a todo aquel que ama, aun si fuera un samaritano o alguien de quien no lo esperáramos.

Jitsuo Morikawa, que en una época fue el que dirigió el Departamento de Evangelicalismo de las Iglesias Bautistas Americanas de Estados Unidos, cuenta que fue encarcelado en un campo «de prisioneros» en Arizona durante la Segunda Guerra Mundial. Su madre, que era budista, le enseñó a amar a aquellos que lo habían puesto preso por el único «crimen» de haber nacido japonés. Ella le pidió que perdonara a aquellos que le habían hecho ese gran mal a la familia. Él dijo que aunque su mamá nunca se volvió cristiana, estaba seguro que el espíritu de Jesús estaba dentro de ella. Existen muchos evangélicos que cuestionarían esto, pero para él no había duda alguna.[2]

Shane, tú tienes una experiencia propia con respecto a que gente de la que no lo esperabas te mostró bondad.

SHANE: Una de las experiencias más fuertes de mi vida ocurrió en Irak en marzo de 2003: fue una versión remixada de la historia del buen samaritano. Cuando estábamos saliendo de Bagdad, mis amigos y yo tuvimos un terrible accidente de automóvil en la ruta desértica que conducía a Amman, Jordania, y los iraquíes salvaron nuestras vidas. He escrito esa historia y la he contado cientos de veces.[3]

Pero este año volví a Rutba, Irak, con los amigos con los que había sufrido el accidente, a visitar a la gente que había salvado nuestras vidas. Cuando estuvimos allí, los escuchamos hablar sobre el rescate no como de una cosa heroica, sino simplemente como un gesto de amor. Uno de los doctores dijo: «Cuando los vimos sangrar, no los miramos como estadounidenses, ni como cristianos o musulmanes; los vimos como nuestra propia carne y sangre, como nuestros propios hermanos y hermanas».

Entonces les dije: «Eso es lo que Jesús enseña. Ustedes están haciendo lo que los buenos cristianos deberían hacer». Y uno de ellos respondió: «Estamos haciendo lo que los buenos musulmanes deberían hacer también».

Llegado cierto punto, pudimos hablar con el sheik, el líder musulmán principal del pueblo. Hablamos durante horas, y luego llegó el momento de la oración musulmana. Le dijimos: «Está bien si usted necesita salir para hacer sus oraciones». Y el sheik respondió: «Esto es oración. Me siento feliz de quedarme y hablar».

Mientras estuvimos allí, visitamos una escuela para contarles a los estudiantes sobre nuestra amistad con personas de Irak y sobre nuestra fe. Después de ello, el director dijo: «Los chicos nunca se han quedado así de silenciosos. Algunos soldados vinieron a traerles juguetes, frisbees, pelotas de fútbol y otras cosas. Pero cuando ellos comenzaban a hablarles, los chicos cuchicheaban y les arrojaban cosas; se mostraron muy irrespetuosos. A ustedes los escucharon, escucharon cada palabra que dijeron». Luego se acercó uno de los chicos, hablando muy rápido. «¿Qué dice?», pregunté. El director me respondió: «Dice que nunca había escuchado acerca de este tipo de cristianismo antes».

Me vinieron a la mente pensamientos sobre la forma en que los extremistas han distorsionado lo mejor de nuestras creencias. Extremistas judíos, musulmanes, cristianos, han provocado explosiones y quemado libros sagrados. Pero en ocasiones, la versión extremista es la única versión del cristianismo que algunas personas llegan a conocer. Así que mientras viajábamos y nos encontrábamos con personas en Irak, lo que realmente estaba en juego no era solo la reputación de Estados Unidos, sino la reputación de nuestra fe y la de Cristo; y las palabras de Cristo, su corazón y su mensaje.

Nuestros anfitriones en Rutba nos dieron una copia del Corán. Desde su perspectiva, era el mayor regalo que podían hacernos. ¿Pueden imaginar que nos rehusáramos a recibirlo?

Posteriormente oí acerca de todos los riesgos que habían corrido para mostrarnos hospitalidad y construir una amistad con nosotros. En cierto momento fuimos invitados a tomar el té en la casa de uno de los ancianos del pueblo. Estábamos entusiasmados por ir, pero nuestro guía iraquí se negó. Más tarde nos dijo que hubiera sido muy lindo, pero que era probable que luego de que nosotros partiéramos, aquel generoso anciano hubiera sido asesinado. Y entonces mi amigo iraquí dijo: «Pero ustedes deberían sentirse agradecidos. Él conocía el precio que podía tener su invitación y estaba dispuesto a arriesgarse a morir con tal de extenderles su hospitalidad».

Se aseguraron de que comprendiéramos que los iraquíes eran personas maravillosas, pero que había unos pocos que podrían querer matarnos. Así que dijeron: «No se preocupen; nosotros los protegeremos». Y ellos durmieron junto a nuestras camas con fusiles AK-47s. Eso no entraba dentro de mi teología, ¡pero aprecié su hospitalidad!

De entre toda la gente, deberíamos ser nosotros los cristianos los que construyéramos amistades y protegiéramos la dignidad de los seres humanos, aun de aquellos que pertenecen a otra fe. Me encantaba ver cristianos en Irak parados como guardianes de la paz fuera de las mezquitas mientras los musulmanes se reunían para la oración, y a su vez los musulmanes haciendo lo mismo por los cristianos.

Aun cuando aquello sucediera en Irak, enfrentamos desafíos similares en Estados Unidos, ya que nuestro país se ha vuelto cada vez más hostil hacia los musulmanes. Sin embargo, miro esto con esperanza. De hecho, una de las primeras personas en invitarme a hablar sobre mi viaje a Irak fue un musulmán, Eboo Patel. También han habido musulmanes que me dijeron que estaban realizando un estudio de mi libro en su mezquita. ¡Qué elogio! Realmente no sé por qué le tenemos miedo al diálogo y a la amistad, dado que eso no significa que debamos ser menos celosos con respecto a nuestro amor por Jesús o a nuestra esperanza de que otros experimenten ese amor.[4]

TONY: Son buenos amigos con algunos de sus vecinos musulmanes en Filadelfia, ¿no es verdad?

SHANE: Sí, ¡hasta uno de ellos trató de convertirme! Una noche cenamos con uno de los buenos amigos. En esa ocasión, sin embargo, noté que él tenía algo así como una agenda, y que hasta había traído algunos amigos. Manteníamos una excelente conversación, cuando él dijo: «¿Entiendes? Nos encanta lo que tú haces y es por eso que queremos que sea Alá el que reciba toda la gloria, y no Jesús, porque es la obra de Alá».

Aquello abrió una puerta para llevar adelante una conversación interesante, pero lo que yo debía mantener en mente era que conversaba con un amigo: un amigo que amaba y admiraba lo que estábamos haciendo en el vecindario. Debemos comenzar allí. Y yo sería un idiota si no saliera de una conversación como esa con un celo renovado por continuar la amistad, por trabajar juntos en el vecindario para detener la violencia, para alimentar a los hambrientos y visitar a los ancianos.

Puede ser que no veamos a Dios de la misma manera, pero tenemos muchas pasiones en común. Queremos evitar que los muchachos se maten unos a otros y ayudar a algunos a salir de las drogas. Así que seamos rápidos en encontrar las cosas que tenemos en común.

TONY: Cuando se trata de quién es acogido por el Señor y quién es rechazado, no tenemos más alternativa que dejar el juicio en manos de Dios.

SHANE: Me resulta muy interesante que Jesús emitiera su más duro juicio dentro de su grupo más cercano. Después de todo, a la única persona a la que Jesús llamó «Satanás» fue al que luego se convertiría en una roca dentro de la iglesia: Pedro. Jesús permanentemente reprendía y trataba de afinar a sus discípulos. Los acusaba de falta de fe y de juzgar a otros. Y trataba de sacar a relucir lo mejor de los demás, celebrando la fe de personas como el centurión, la mujer siro-fenicia, los samaritanos, y los recaudadores de impuestos.[5] Jesús hizo exactamente lo opuesto a lo que hacemos la mayoría de nosotros. Muchos procuramos destacar lo mejor de nosotros mismos y lo peor de los demás. Jesús nos invita a encontrar lo peor de nosotros y buscar lo mejor de los otros.

Así que no sorprende que Jesús les dijera a los discípulos: «El que no está de mi parte, está contra mí; y el que conmigo no recoge, esparce» (Lucas 11.23). Y unos pocos capítulos antes les había dicho acerca de aquellos que realizaban la obra de Dios pero no eran sus seguidores: «El que no está contra ustedes está a favor de ustedes» (Lucas 9.50). Con seguridad uno comienza a preguntarse: «¿Entonces cómo controlamos quién está "adentro" y quién "afuera"?». Y ese precisamente es el punto: no es nuestra tarea hacerlo. No debemos tratar de separar las malezas del trigo. Dejemos que Dios lo haga. Una de las mejores ilustraciones que he escuchado acerca de cómo construir la comunidad me llego de un granjero: «Hay dos formas de mantener a las vacas adentro, ¿sabes? Una es construyendo cercos. La otra es teniendo una fuente de alimentos realmente buena. Entonces no se necesitan los cercos».

Eso es lo que Jesús hacía; protegía la fuente de alimentos que hay en medio de la comunidad y podemos ver el poder magnético que aquello tenía sobre las multitudes. Él se mostraba rigurosamente disciplinado con sus discípulos y locamente gracioso con aquellos que estaban comenzando a tomar el camino hacia adentro.

TONY: Exacto. Sé que Jesús es el único camino de salvación, pero no estoy listo para limitar la salvación que Jesús ofrece solo a aquellos que están dentro del campo teológico evangélico. Creo que es casi un axioma que Jesús y su salvación son más grandes de lo que mi teología puede definir. Su amor es más grande. Su amor es más amplio. El amor de Dios abarca a mucha gente más de lo que estoy dispuesto a aceptar.

Con frecuencia deseamos hacer de Dios nuestra posesión exclusiva, y lo mismo hacían también los antiguos judíos. Hubo tiempos en que querían creer eso porque ellos eran el pueblo escogido por Dios, y Dios solo los amaba a ellos. Esa fue la razón por la que cuando Dios envió a Jonás a Nínive para decirle a las personas de esa ciudad que se arrepintieran de sus pecados y se convirtieran en parte de la familia de Dios para ser amados por Dios, Jonás se rehusó a ir. La idea de que Dios pudiera amar a los ninivitas tanto como a los judíos le resultaba impensable.

Luego de que finalmente llamó a los ninivitas a arrepentirse, Jonás fue y se sentó debajo de una enramada que había construido para sí mismo, sobre la que Dios había provisto una enredadera que le diera sombra. Él esperaba que Dios destruyera a Nínive, pero cuando los ninivitas se arrepintieron y volvieron a Dios, Jonás se puso furioso. Se enojó con Dios porque, según su opinión, Dios estaba dispuesto a salvar a la gente equivocada. Cuando se secó la enredadera que Dios le había provisto para que le hiciera sombra, hasta se enojó con Dios. Pero el Señor le dijo: «¡Mira! ¿Tú quieres que yo tenga misericordia y salve esa planta solo para que tú estés confortable, pero no quieres que tenga misericordia de la gente de Nínive?» (Jonás 4.10–11, parafraseado).

SHANE: También vale la pena decir que el mundo real no parece existir dentro de categorías cuidadosamente construidas tales como «cristianos» y «no cristianos». C. S. Lewis realiza una gran tarea al explicar que las cosas no son tan claras y definidas como a nosotros nos gustaría clasificarlas: «La situación en el mundo actual es mucho más compleja que eso. El mundo no consiste de cristianos cien por ciento y no cristianos cien por ciento. Hay personas (una gran cantidad de ellas) que lentamente están dejando de ser cristianos, pero que todavía se llaman por ese nombre; algunos de ellos son clérigos. Hay otras personas que lentamente se están volviendo cristianas, aunque todavía no se llaman a sí mismos de ese modo».[6]

TONY: Creo que hay momentos en nuestra travesía de la fe que marcan hitos, en los que podemos experimentar una conversión radical como les pasó a Saulo y a otros. Pero gran parte de la historia de la salvación tiene que ver con una conversión gradual, de manera que nuestras vidas van avanzando en un acercamiento cada vez mayor a Jesús. Como lo dicen las Escrituras: «Ocupaos en vuestra salvación con temor y temblor» (Filipenses 2.12, RVR60). Podemos orar que el Espíritu continúe llevándonos a todos (musulmanes, judíos, hindúes, ateos y cristianos) más cerca de Dios y de las cosas que a él le importan.

Diálogo sobre la economía

Ningún sirviente puede servir a dos patrones.
Menospreciará a uno y amará al otro, o querrá
mucho a uno y despreciará al otro. Ustedes no
pueden servir a la vez a Dios y a las riquezas.

LUCAS 16.13

SHANE: La economía del mundo entero está siendo cuestionada en este momento. La recesión ha producido un traspié en los negocios habituales. Las personas están comenzando a reconsiderar aquellos patrones corrientes en los que los directivos ganan cuatrocientas veces más que los trabajadores.

Sin trivializar lo difícil que la recesión les puede resultar a muchas personas (sin lugar a dudas, los pobres siempre se llevan la peor parte en los momentos difíciles) este podría ser un tiempo en el que nuestra imaginación volviera a la vida otra vez. Podemos vernos obligados a aprender a vivir de nuevo, a través de cosas cómo cultivar alimentos, almacenarlos, o envasar vegetales. O vivir en la localidad en la que nos movemos, utilizando menos combustible. Hacer las cosas todas de nuevo. Uno de mis amigos mayores señaló que precisamente eso fue lo que sucedió durante la Gran Depresión. Resulta alarmante que muchas de estas habilidades estén en peligro de extinción. Una o dos generaciones atrás, la gente sabía como sobrevivir a partir del fruto de la tierra. Nosotros nos hemos vuelto dependientes de la tecnología, de los elementos artificiales, del gas y de otras cosas como esas. Muchos ni siquiera saben cocinar por ellos mismos. Y mucho menos coser.

Un amigo que ha estudiado los períodos de recesión económica y los períodos de lucha señaló una tendencia inesperada: la gente vuelve a la vida durante los tiempos difíciles. La comunidad florece durante los tiempos de prueba. Inicialmente se da como una especie de desintoxicación de las drogas; golpea fuerte y las personas se sienten como si fueran a morir. Pero luego de la primera desintoxicación, comienzan a respirar de nuevo y ven que hay vida del otro lado. De hecho, la gente empieza a darse cuenta de qué es lo importante en la vida en realidad, y de la temporalidad de las cosas terrenales. Como dice el antiguo himno: «Sobre Cristo, la roca sólida, estoy en pie; todo otro terreno es arena movediza».

El sueño de Dios para la creación es diferente del sueño de Faraón, del de Roma o del de Wall Street. Y en el mismo centro de la economía de Dios subyace la idea de la redistribución. Una de las primeras historias de la Biblia hebrea es el Éxodo, y allí Dios rescata a un grupo de esclavos hebreos del régimen opresivo del faraón. Irónicamente, ellos hacen ladrillos para construir edificios de almacenamiento en Egipto. Construyen bancos para guardar el dinero de otros, en tanto que sus propias familias luchan por subsistir. Dios escucha su clamor y los rescata.

Mientras los conduce fuera de Egipto, Dios establece algunas nuevas leyes y patrones para esas personas. Dios los está formando a ellos como un nuevo pueblo, una «nación santa» (Éxodo 19.6). *Santo* significa «llamado afuera» o «separado». Ellos son la pequeña contracultura de Dios, el pueblo peculiar de Dios llamado a salir de los patrones destructivos de su mundo para mostrarle al mundo cómo es una sociedad de amor.

A medida que Dios va formando esta contracultura santa, coloca en su lugar las nuevas leyes. Guardar el sábado es uno de los Diez Mandamientos, lo que incluye el descanso de nuestros cuerpos y de la tierra, de modo que no nos matemos trabajando ni nosotros ni nuestros animales. Al trabajo se lo mantiene santo y no se convierte así en un trabajo duro y sin sentido. A los hebreos se les manda practicar la hospitalidad hacia los forasteros y tomar con especial cuidado a los inmigrantes y extranjeros. (Tal vez los políticos de Washington D.C. que hablan sobre la inmigración harían bien en realizar un pequeño estudio bíblico de Levítico, ¿no es verdad?) Los hebreos deben promulgar prácticas como la del rebusque, en la que los granjeros dejan los bordes de sus cosechas sin recoger para que los pobres puedan tomarlas gratuitamente. Y, por supuesto, está el Jubileo. El Jubileo, o año de la emancipación, tiene que ver con el desmantelamiento sistemático y regular que hace Dios de la inequidad, y en él los esclavos son liberados, la propiedad redistribuida y las deudas gratuitamente perdonadas.

Es como si Dios les dijera a través de todo eso: «Si ustedes no hacen estas cosas, entonces acabarán tal como estaban en Egipto otra vez». Dios es un Dios de abundancia cuando nosotros confiamos, y un Dios de redistribución cuando no lo hacemos. El pueblo de Dios no tiene que acumular cosas para el mañana, sino compartir indiscriminadamente, teniendo la confianza escandalosa y santa de que Dios proveerá para el mañana. Entonces no precisamos acopiar cosas en almacenes, en especial cuando hay alguien en necesidad.

Mientras los hebreos vagan por el desierto, comienzan a lamentarse y a quejarse de que tienen hambre, y hasta gimotean señalando lo mucho que extrañan la comida de Egipto. Otra vez, Dios escucha sus sufrimientos y hace descender del cielo el maná (que simplemente significa «¿qué es esto?», y probablemente sea la primera reacción que ellos muestran), lo que constituye una hermosa visión de un Dios de abundancia. Pero a medida que el pan desciende del cielo, Dios les manda a los hebreos no juntar más que su pan cotidiano. No deben guardar pan para mañana. Dios aun llega a decir que si ellos juntan más de lo que necesitan para un día (y ellos lo hacen), se les agusanará. Se les ordena llevar un «gómer», la ración de un día, con ellos: lo que constituye un recordatorio emblemático de que Dios proveerá «en este día nuestro pan cotidiano», y enviará gusanos como recordatorio si perdemos la fe e intentamos proveernos por nosotros mismos (Éxodo 16.16).

Esta lección resonará a través de todas las Escrituras. No se trata solo del Padrenuestro; Pablo también cita el versículo original de Éxodo 16 palabra por palabra cuando le recuerda a la iglesia primitiva en Corinto: «En las circunstancias actuales la abundancia de ustedes suplirá lo que ellos necesitan, para que a su vez la abundancia de ellos supla lo que ustedes necesitan. Así habrá igualdad, como está escrito: "Ni al que recogió mucho le sobraba, ni al que recogió poco le faltaba"» (2 Corintios 8.14–15). Dios promete que habrá lo suficiente. «Hay lo suficiente para la necesidad de cada uno, pero no lo bastante para la codicia de cada uno».

No hay otro lugar en el que esto resulte más claro que en la vida de la iglesia primitiva, aquella pequeña comunidad que Jesús forma para vivir la antigua esperanza de que el pueblo de Dios muestre al mundo cómo es una sociedad de amor. En el libro de Hechos, las Escrituras dicen esto: «Todos los creyentes estaban juntos y tenían todo en común: vendían sus propiedades y posesiones, y compartían sus bienes entre sí según la necesidad de cada uno... Todos los creyentes eran de un solo sentir y pensar. Nadie consideraba suya ninguna de sus posesiones, sino que las compartían... pues no había ningún necesitado en la comunidad» (2.44–45; 4.32–34).

Todos los creyentes estaban juntos y tenían todo en común. Ponían sus ofrendas a los pies de los apóstoles para cubrir las necesidades. El texto aun dice que no había entre ellos ningún necesitado: ¡habían acabado con la pobreza!

Una de las primeras cosas que tuvieron que resolver fue sobre la mejor manera de cuidar de los miembros más vulnerables, las viudas y los huérfanos (Santiago 1.27). Si es que la iglesia primitiva formó comisiones, una de las primeras debió haber sido destinada a suplir las necesidades que había a su alrededor. A través de toda la vida de la iglesia primitiva vemos lo central que era el compartir con aquellos que tenían necesidad y también la redistribución. Llevar unos las cargas de los otros formaba parte de lo que ellos eran (Gálatas 6.2). Si una persona sufría, todos sufrían (1 Corintios 12.26). Los recursos de una persona constituían el instrumento de Dios para la provisión de otra; tenían todas sus cosas con un corazón agradecido y las manos abiertas.

Entonces ocurrió una de las terribles tragedias de la iglesia primitiva, que aparece narrada en Hechos, y es la historia de Ananías y Safira. Esa historia cuenta que Ananías y Safira retuvieron sus posesiones, no las pusieron en el pozo común y le mintieron a Dios sobre ello; Dios los fulminó. Eso no es algo que se vea mucho en el Nuevo Testamento. Pero la lección resultó inequívoca: compartir económicamente formaba parte de lo que significaba ser cristianos.

Uno de los lugares en los que podemos captar más claramente esta visión de una nueva humanidad y una nueva economía es en la Eucaristía, o Cena del Señor. Esta comida, que los cristianos todavía comparten en todo el mundo cada día, capta parte del misterio de lo que significa ser cristiano. La comida de la Comunión constituye una visión del banquete divino en el que los ricos y los pobres llegan como nuevas criaturas a la misma mesa. De paso, los elementos de la Comunión no son pan y agua sino pan y vino. El pan es una comida simple y básica de los pobres. El vino es algo elegante, a menudo considerado como un lujo de los ricos. Pero los dos se juntan en la santa Comunión. Tanto el pan como el vino tienen algunas cosas en común: están hechos de partes que tuvieron que ser aplastadas y rotas para poder convertirse en algo nuevo. Las uvas se aplastan para convertirlas en vino, y el grano se tritura para transformarlo en pan. Lo mismo nos sucede a nosotros cuando nos convertimos en parte del cuerpo de Cristo.

El apóstol Pablo reprende a la iglesia primitiva de Corinto porque algunos de ellos se presentan ante la mesa de la Comunión con hambre y otros llegan habiéndose saturado de comida. Han profanado el sentido de esa comida. «Cuando se reúnen, ya no es para comer la Cena del Señor, porque cada uno se adelanta a comer su propia cena, de manera que unos se quedan con hambre mientras otros se emborrachan... ¿Qué les diré? ¿Voy a elogiarlos por esto? ¡Claro que no!» (1 Corintios

11.20-22]. Percibimos ecos del profeta Amós cuando reprende al pueblo hebreo por adorar a Dios mientras ignora las necesidades que hay en torno a ellos, y les dice que la adoración es bullicio y el incienso hiede, a menos que la justicia corra como un río hacia los pobres (Amós 5.21-24).

Uno de los fundamentos de la Comunión es compartir el pan. Partimos un pellizco y lo pasamos a otro hermano o hermana. Nadie debe irse sin él. Es un símbolo de lo que está por venir. Y como dice uno de mis amigos católicos, «Mientras haya un estómago que duele de hambre, la Eucaristía está incompleta». El banquete todavía es imperfecto, está sin terminar. Y parte de la oración que nos enseñó Jesús (y con tanta frecuencia acompaña a la fiesta de la Comunión) es: «Danos hoy nuestro pan cotidiano» (Mateo 6.11). Es una oración que los pobres conocen bien. También es una advertencia para aquellos de nosotros que podemos estar orando por el pan de mañana, o de aquellos que podemos estar orando por un bife. No se espera que yo ore por «mi» pan, sino que clame junto con los pobres por «nuestro» pan cotidiano. No tenemos que orar por los pobres, sino *con* ellos; y tomar conciencia de que mientras haya alguien hambriento, todos estamos hambrientos.

TONY: Jesús nos cuenta una historia acerca de los obreros de una viña que son contratados a diferentes horas del día (Mateo 20). Algunos de esos trabajadores comienzan sus labores temprano a la mañana, otros unas pocas horas después, y algunos otros bastante más tarde. De hecho, algunos son contratados tan tarde en ese día que apenas comienzan con el trabajo este concluye de inmediato. Y el dueño les paga a todos el mismo salario de un día completo de trabajo. Allí hay un mensaje claro: Dios no siempre es equitativo, pero siempre es justo.

Esto ciertamente contradice lo que nuestros sindicatos de trabajadores llamarían equitativo y podría aun contradecir nuestro sistema de valores capitalista, al darle a cada trabajador aquello de lo que tiene necesidad, como sucedía en el caso de la iglesia del primer siglo (Hechos 2.45).

SHANE: El mundo es asimétrico cuando se trata de la economía y de la igualdad. Si la vida fuera un partido de béisbol, algunas personas habrían nacido en la tercera base y otras en la primera. Y algunos hasta tendrían que jugar con un solo zapato. Jesús tiene mucho que decir acerca de partidos arreglados para sacar ventaja. Tenemos un Dios de justicia que está poniendo las cosas en su lugar otra vez. Los poderosos son quitados de sus tronos y los humildes son levantados (Lucas 1.52); los que tienen hambre reciben saciedad de buenas cosas y a los ricos se los envía vacíos (Lucas 1.53); a las montañas se las baja y a los valles se los eleva (Isaías 40.4); los últimos serán primeros y los primeros, últimos (Lucas 13.30). Así es el reino de nuestro Dios, ¡patas para arriba! Lo cómico es que la justicia de Dios puede parecer injusta, pero es esa justicia la que corrige las brutales inequidades de nuestro mundo.

Una de las historias más escandalosas referidas a la economía es la enseñanza que transmite Jesús en Lucas 16. Un administrador está a punto de ser despedido. El director ejecutivo le ha hecho una represión a ese hombre, acusándolo de despilfarrar posesiones y de no obtener el máximo de beneficios, así que está a punto de perder su empleo. Todos en la ciudad conocen su nombre y lo han tratado con una mezcla de temor, respeto y desasosiego en el pasado.

Esta especie de contador de pequeña oficina dice, desde su postura de camisa y corbata, «No puedo trabajar con la pala, y mendigar me da vergüenza». (Probablemente la audiencia se haya reído al oír eso, en especial los campesinos judíos que conocían esa caricatura). Así que aquel administrador llama a los que tienen deudas con su patrón. Es importante notar que algunos de ellos deben un total equiparable al salario de siete u ocho años. Son sumas de dinero importantes.

El administrador hace uso de la posición que ocupa para temerariamente liberar a la gente de sus deudas y nivelar el tablero. En algunos casos les perdona hasta la mitad de lo que deben, es decir, realiza una reducción de deudas unilateral. Hace que el proyecto de ley de estímulo de Estados Unidos parezca descolorido. Cuando aquel administrador lleva a cabo esas cosas, las Escrituras dicen que él razona de esta manera: «Tengo que asegurarme de que, cuando me echen de la administración, haya gente que me reciba en su casa». En verdad, todavía sigue pensando en base a un interés propio, pero también desea poder estar en los hogares de los trabajadores. Es como si uno de los principales contadores de la General Motors esperara ser recibido por alguno de los trabajadores de la línea de ensamblaje al ser despedido.

Hay algo hermoso aquí que Jesús quiere que veamos: el administrador se gana el corazón y la mente de los trabajadores. Probablemente haya un ambiente festivo en toda la ciudad como en el año del Jubileo. Pero entonces hace su entrada el dueño principal, y casi podemos imaginar la escena. Es probable que la noticia sobre lo compasivo que ha sido el administrador con los trabajadores ya circule por todo el lugar. Es posible que la gente lo grite desde las ventanas, que agradezca su generosidad, y que hasta salga a las calles y lo lleve en andas mientras canta: «¡Porque es un buen compañero!». Así que cuando su gran jefe sale a caminar por la ciudad se encuentra en una posición incómoda. Puede despedir a su amado administrador y decirles a todos que todavía mantienen sus deudas, dando inicio a una revuelta o a una huelga, o puede actuar como si realmente fuera un buen jefe y aceptar el arreglo al que se ha llegado con los trabajadores, y hasta hacerlo con sinceridad.

La historia acaba con el jefe alabando al astuto administrador. Señala que la gente de este mundo es más astuta al tratar con los de su clase que la gente que ha recibido la luz. Jesús nos invita a usar nuestro dinero para hacernos amigos de los pobres de modo que luego seamos bienvenidos en las «viviendas eternas» (Lucas 16.9). ¡Tenemos que ser el pueblo del Jubileo, perdonar las deudas y dejar en libertad a aquellos que están cautivos de la pobreza!

El versículo que sigue a esta historia dice: «Oían todo esto los fariseos, a quienes les encantaba el dinero, y se burlaban de Jesús». Jesús responde: «Dense cuenta de que aquello que la gente tiene en gran estima es detestable delante de Dios»

(Lucas 16.15). Este tiene que ser uno de los pasajes más escandalosos de las Escrituras en lo que se refiere al dinero. Si un delincuente de cuello blanco es lo suficientemente hábil como para salir adelante con este tipo de estratagemas, ¡imaginemos lo que podrían hacer los hijos de Dios! Es una invitación a la travesura santa.

TONY: La gente que pasaba hambre, con frecuencia llegaba con su necesidad ante los cristianos primitivos y si no había suficiente comida para que todos comieran, entonces nadie comía. Ayunarían hasta que hubiera suficiente comida para compartir entre todos. Esa constituye una visión económica radical, arraigada en el amor a Dios y al prójimo. Es con esa libertad que todavía podemos reírnos, aun en medio de una recesión. Porque declaramos que Dios es bueno, sin que importe lo que sucede en Wall Street. Nuestra esperanza no está fundada en Estados Unidos, ni en los militares, ni en el Dow Jones. «Nuestra esperanza está fundada nada menos que en la sangre de Jesús y en su justicia... ¡Todo otro terreno es arena movediza!»[1].

Confiamos en el Dios que condujo a los esclavos hebreos hacia el desierto y proveyó para ellos. Confiamos en el Dios que envió a los apóstoles sin dinero, sin ropa de repuesto, ni comida, pero hizo provisión para ellos. Y confiamos en el Dios que cuida de los lirios y los gorriones, y que nos invita a vivir de ese modo. Ellos no tienen muchas posesiones, pero parecen muy contentos con la vida, y Dios cuida de ellos muy bien sin el plan de ahorro para jubilaciones 401(k) ni cuentas de ahorro. Ellos son libres.

En mis clases aquí en la Universidad Eastern, les digo a mis alumnos que la Biblia no aboga ni por el capitalismo ni por el socialismo. Como nos lo dice cualquier libro sobre capitalismo, la motivación de la producción es el beneficio, y los Cristianos de las Letras Rojas no se manejan fundamentalmente por una motivación que los lleve a obtener beneficios. Más bien son motivados por el amor al tratar de suplir las necesidades de la gente. No hay nada malo en obtener beneficios; de hecho, aquellos que no producen beneficios no se van a mantener en su negocio el tiempo suficiente como para suplir las necesidades de nadie. Pero es el amor y no la obtención de beneficios lo que motiva a los cristianos.

Por otro lado, la economía de Dios tampoco es socialista. Cuando Dios colocó a Adán y a Eva en el jardín del Edén, les dio libertad para tomar decisiones que determinaran su destino, lo que incluye su destino económico. En el socialismo, es el estado político el que determina el destino económico del pueblo.

Al darle libertad a la humanidad, Dios le presta credibilidad a un sistema de libre empresa en el que el propósito primario de la producción es bendecir a la gente produciendo bienes y servicios que suplan sus necesidades. De eso se trata el amar a nuestro prójimo como a nosotros mismos (Mateo 22.37–40). Al hacerlo, los de alrededor podrán «ver nuestras buenas obras y alabar al Padre que está en el cielo» (Mateo 5.16, parafraseado).

PARTE II

EL MODO DE VIDA DE LAS LETRAS ROJAS

Diálogo sobre la familia

*En eso llegaron la madre y los hermanos de Jesús. Se
quedaron afuera y enviaron a alguien a llamarlo, pues
había mucha gente sentada alrededor de él.
—Mira, tu madre y tus hermanos están
afuera y te buscan —le dijeron.
—¿Quiénes son mi madre y mis
hermanos? —replicó Jesús.
Luego echó una mirada a los que estaban
sentados alrededor de él y añadió:
—Aquí tienen a mi madre y a mis hermanos.
Cualquiera que hace la voluntad de Dios es
mi hermano, mi hermana y mi madre.*

MARCOS 3.31–35

TONY: Los Cristianos de las Letras Rojas encontramos en Jesús un
buen ejemplo sobre cómo vivir en comunidad, ¿pero cómo es eso con
exactitud? ¿Y de qué modo afecta a la noción tradicional de familia que tenemos? Shane, tú has vivido durante quince años en una
comunidad formada intencionalmente, la comunidad Simple Way.
Recientemente te casaste y te mudaste a dos casas de distancia del
lugar en el que vive el resto de tu comunidad.

Quizá deberíamos alentar a todas las personas jóvenes a que participen de una comunidad durante una etapa temprana de su vida.
Y después, más adelante, a que se muden fuera de la comunidad

para vivir una vida más tradicional, aunque manteniéndose conectada con esa comunidad, de una manera u otra. Después de todo, las cosas cambian con el casamiento. En 1 Corintios 7 Pablo deja en claro que cuando un cristiano se casa la vida no le resulta tan simple como antes. Uno tiene que hacer ciertos arreglos para agradar a su compañero, mientras que al mismo tiempo trata de vivir completamente entregado a Dios (7.32–34). ¿Sientes que has dejado algo atrás cuando te mudaste? Al atravesar una transición hacia la vida de casado, ¿tienes alguna reflexión que hacer al respecto?

SHANE: Estoy seguro de que ahora que estoy casado aprenderé todo tipo de cosas que no aprendí de soltero. Tanto la soltería como el matrimonio pueden ser egoístas o altruistas, y ambos pueden enseñarnos la disciplina y el conocimiento de Dios. Aquella persona a la que le resulta imposible comprometerse debe tener cuidado de no quedarse sola. Y la persona a la que le atemoriza la soledad debe tener cuidado de no unirse a alguien con demasiada rapidez. Yo permanecí soltero el mismo tiempo que lo hizo Jesús (¡uno nunca sabe que hubiera sucedido a los treinta y cuatro!), y estoy muy entusiasmado con respecto a este maravilloso capítulo de mi vida con la amorosa Katie Jo. Supongo que solo soy un monje a tiempo parcial ahora.

Pero analicemos cómo es en realidad vivir en comunidad. Yo no creo que vivir en comunidad sea algo a lo que nos sentimos *obligados*; es algo que *tenemos la oportunidad* de hacer. Es una maravillosa forma de vivir. Toda la historia de la Biblia tiene que ver con la comunidad. Cuando el primer ser humano fue creado, no estuvo «muy bien» que digamos hasta que hubo otro allí y los dos se ayudaron el uno al otro. De hecho, los seres humanos han sido creados a la imagen de Dios, que *es* comunidad (esa Trinidad, esa identidad plural): Padre, Hijo, Espíritu. Dios ha estado viviendo intencionalmente en comunidad por un largo tiempo. Así que es por eso que nosotros tenemos adentro un hambre de ser uno, así como Dios es uno.

En los evangelios, Jesús vive en comunidad y establece el modelo, envía a los discípulos de a dos, y promete que cada vez que dos o tres de nosotros nos reunamos en el nombre de

Dios, Dios estará en medio (Mateo 18.20); todo tiene que ver con la comunidad. Sin lugar a dudas, hay muchas maneras en las que podemos encontrarnos en comunidad, eso puede adquirir diferentes formas. Y constituir una familia es una de ellas.

Dicho esto, señalaré que equivocamos las cosas cuando presuponemos que en vez de tener un llamado hacia la comunidad cada uno debería tener una familia o casarse. Eso es un error, porque desacredita enteramente el don de la soltería. La soltería, sea por un tiempo o de por vida, es un don. Un don para la iglesia y para el reino. ¿Se imaginan que al mirar a la Madre Teresa dijéramos: «Pobre mujer. Si solo hubiera encontrado un marido...»? Ha habido una infinidad de grandes solteros a través de toda la historia de la iglesia, comenzando, por supuesto, con Jesús.

Nuestro más profundo anhelo es el de comunidad: amar y ser amado. Y criar una familia es una manera de realizarlo. Pero, ¿y qué de las otras personas? Jesús le plantea un desafío a nuestra noción de familia nuclear independiente. «¿Quiénes son mi familia? ¿Quiénes son mi madre y mis hermanos?». Y responde: «Son los que oyen la palabra de Dios y la ponen en práctica» (Lucas 8.20–21). Tiene una nueva definición de familia que abarca algo más profundo que la biología, la etnia o la nacionalidad.

Algunas monjas y monjes célibes me han enseñado que nuestro principal anhelo es de amor, de comunidad. No de sexo. Hay individuos que realizan toda suerte de prácticas sexuales y no encuentran el amor. Y otros, como mis amigos célibes, que nunca han mantenido relaciones sexuales en toda su vida, pero experimentan profundamente el amor y la intimidad. Así que con resolución tenemos que ir en pos de aquello que nos permite buscar primero el reino de Dios.

TONY: Entonces, tú no necesariamente piensas que deberíamos instar a los jóvenes a vivir en comunidad, sino quizás animarlos a encontrar la comunidad que los rodea.

SHANE: No creo que la vida en comunidad sea simplemente un período de la vida para jóvenes radicales. Cuando escucho a la gente señalar que la vida radical es solo una de las fases, les digo que necesitan conocer a la hermana Margaret, mi amiga, monja católica de ochenta y un años. Ella ha estado en esa «fase» durante más de cincuenta años, y la cosa se vuelve más intensa cada año. Vive con un promedio de cincuenta individuos en recuperación de su adicción a las drogas. Nunca se ha casado, pero es una de las personas más satisfechas y contentas que he conocido. Tiene una familia y una comunidad.

En la comunidad que formamos en Simple Way, desde el principio hemos tenido gente soltera y gente casada viviendo junta. Tratamos de crear una red de apoyo para los solteros, las parejas y las familias.

En cuanto a mis otros amigos casados o con hijos, ellos piensan de la familia como de un gran paraguas, mirándola con los ojos del reino. Continuamente abren sus hogares a la gente, les brindan acogida a algunos niños solos, rescatan personas que sufren violencia doméstica, ayudan a aquellos que salen de prisión a reinsertarse en la sociedad. De hecho, me resulta difícil recordar en este momento amigos que vivan solo con sus familias biológicas.

Pocos años atrás, dos de mis amigos, un matrimonio, vivían solos. La esposa, que es trabajadora social, un día ayudaba a una de sus pacientes, que tenía el mal de Alzheimer, a empacar sus posesiones porque iban a trasladarla a un hogar de ancianos. Mientras colocaban sus cosas en una caja, ella encontró una nota que decía: «Querido Dios, nunca permitas que termine en un hogar de ancianos». De modo que la pareja lo conversó y decidieron adoptarla como de la familia. Ella pasó de ser una «paciente» a ser la «abuela que vive con nosotros». Dondequiera viajaran mis amigos, la llevaban con ellos. A veces bromeaba acerca de que cuando la invitaron a venir a su casa no tenían idea de todo lo que iba a vivir. Pero era hermoso verlos moverse alrededor de ella, amándola hasta el momento en que murió, ocho años después.

TONY: ¡Qué historia hermosa! Me encanta que ella se haya convertido en parte de la familia. ¿Pueden imaginarse a Jesús refiriéndose a alguien como a un «paciente»? Un paciente es un objeto sobre el que se necesita trabajar en lugar de ser una persona a la que amar. A los trabajadores sociales a veces se los entrena para que traten a aquellos a los que intentan ayudar como a pacientes, pero la gente con la que trabajan no son seres distantes; son personas que llegan como si fueran Jesús, esperando ser amados.

SHANE: Creo que Jesús no hubiera aprobado el examen de algunas clases de trabajo social por causa de esa cuestión de la distancia profesional. Él no trata a las personas como pacientes o beneficiarios de un servicio, sino como a amigos. No es el mejor estableciendo límites; constantemente lo interrumpen y hasta alguno le jala de la ropa. Pero es allí donde sucede la vida: en las interrupciones y sorpresas. La activista social Dorothy Day dijo cierta vez: «Si cada cristiano solo recibiera a un extraño en su hogar, se acabaría con el problema de los sin techo de la noche a la mañana».

Hay muchas maneras diferentes de llevar adelante la comunidad, y no tiene que ser en una única casa en una zona marginal en la que todos vivan juntos. Hay comunidades en California que se llaman Comunidades Cul-de-sac (calle sin salida, en francés), en las que se comparten las lavadoras, las secadoras, los equipos para cortar el pasto y los automóviles, y en las que juntos cultivan jardines comunitarios en los suburbios.

La buena noticia es que no estamos solos, y que tenemos que vivir dejando de lado la ilusión de la independencia. La independencia puede ser un valor estadounidense, pero no es un valor enseñado en los evangelios. Los evangelios nos enseñan la *interdependencia*. Es algo bueno necesitar a las otras personas y necesitar a Dios. Esa es la forma en la que hemos sido creados.

TONY: Durante los últimos siete años, mi hijo Bart, que vive en Cincinnati, ha armado algo a lo que llama la Fraternidad Walnut Hills. Ahora hay seis familias viviendo en casas que están prácticamente una al lado de la otra. Tienen un par de automóviles que comparten entre ellos. También comparten cortadoras de césped, herramientas y otros objetos, así como tú lo has descrito. Mi hijo y su esposa tienen dos hijos propios; un hijo en sus últimos años de adolescencia y una hija que acaba de cumplir veintiún años. Y acaban de recibir a un joven de la edad de mi nieto para que sea un hijo adoptivo. Bart, su esposa, y sus dos hijos están expandiendo su comunidad familiar y dicen: «Tenemos una familia amorosa intacta aquí, pero queremos compartirla con un muchacho que puede no tener esa clase de familia».

Mi esposa y yo hicimos lo mismo cuando nuestros hijos eran pequeños. Había una familia en nuestra iglesia que se había desarmado y dejado a la deriva a una jovencita que, a la edad de quince años, no le pertenecía a nadie. Nosotros dijimos: «Bueno, tomémosla y hagámosla parte de nuestra familia». Podemos expandir nuestra familia biológica extendiéndonos hacia alguien que necesite amor y un sentido de pertenencia y, de alguna manera, crear comunidad.

SHANE: ¡Exactamente! Si somos verdaderamente cristianos, si hemos nacido de nuevo, entonces tenemos nuevos ojos con los que mirar a la familia. Eso es precisamente lo que Jesús hizo cuando moría en la cruz y, en esencia, le dijo a Juan: «Esta es tu madre ahora» (Juan 19.26). Tenía una visión amplia de lo que es una familia.

TONY: Cuando Jesús preguntó «¿Quiénes son mi madre y mis hermanos?» (Marcos 3.33), sabemos que su respuesta a esa pregunta involucró a muchos más que a los parientes sanguíneos.

Muchas cosas de Jesús resultan perturbadoras cuando se trata de la familia tradicional. A veces la gente tiene la impresión de que cuando uno trae a Jesús a su vida, la familia va a resultar espléndida, hermosa, llena de amor y armonía. No siempre es el caso. Jesús dijo: «No crean que he venido a traer paz a la tierra. No vine a traer paz sino espada. Porque he venido a poner en conflicto al hombre contra su padre, a la hija contra su madre, a la nuera contra su suegra» (Mateo 10.34–35). Cuando una esposa se vuelve cristiana y su marido no, el compromiso con Cristo por parte de la esposa puede convertirse en causa de divisiones dentro del matrimonio. Si los hijos se transforman en cristianos comprometidos y sus padres no lo son, puede haber conflictos en la familia.

En 1987 hablé en la conferencia Urbana sobre misiones, y cuando hice la invitación a comprometerse con el servicio misionero, hubo una tremenda respuesta. Yo diría que alrededor de nueve mil jóvenes se comprometieron con el servicio misionero esa noche. Peter Hammond, uno de los oradores de la conferencia, se mostró muy entusiasmado cuando escuchó el informe, y luego me dijo: «¡Eso es maravilloso! De una respuesta como esa podemos llegar a esperar unas novecientas personas para Cristo en el campo misionero».

Le dije: «¡Espera un minuto! Hubo muchos más que se pusieron de pie para indicar su compromiso con el servicio en el campo misionero».

Me respondió: «Sí, pero sabes lo que va a suceder. Van a volver a sus casas y sus padres les dirán: "Cálmate ahora. No nos dejemos llevar por esta cuestión. Es importante que tomes a Jesús con seriedad, pero no tanto"».

¡Peter Hammond tenía razón! Es algo triste reconocerlo, pero cuando los jóvenes toman a Cristo seriamente, eso con frecuencia puede tener un efecto de ruptura en la vida de familia. Tengamos cuidado de no pintar con colores gloriosos lo que le sucederá a la vida familiar cuando algunos miembros se convierten en Cristianos de las Letras Rojas. Aun las relaciones entre marido y mujer pueden quedar sujetas a presión cuando uno de ellos se vuelve un seguidor comprometido de Cristo y el otro no.

SHANE: Algunas de las palabras más duras que Jesús dice son en contra de la familia. Él está protegiendo algo mayor: su reino, que es la Familia (con F mayúscula) divina y hermosa. Jesús tiene claridad en cuanto a que uno de los mayores impedimentos para el reino puede provenir de la gente más cercana a nosotros (Lucas 14.26).

Tendemos a esgrimir justificaciones y a hacer concesiones en nombre de la familia que nunca haríamos por nosotros mismos. Comenzamos a perder algo de perspicacia cuando no tenemos una visión mayor que nuestra familia inmediata, nuestra tribu o aun nuestra nación. Estoy a favor de amar a aquellos que nos son más cercanos, pero Jesús no traza una línea en la arena. Nos invita a amar a los hijos de los demás con la misma pasión con que amamos a los nuestros.

TONY: Varios años atrás formé parte de un panel sobre la vida de familia junto con un sacerdote, un rabino y un pastor. El rabí comenzó así: «No sé por qué usted (señalando al pastor protestante) y usted (señalando al sacerdote católico) siquiera están aquí. Si tomaran con seriedad el Nuevo Testamento, no tendrían mucho que decir como para promover los valores familiares tradicionales. Son seguidores de un Mesías que preguntó: "¿Quién es mi madre, y mi padre, mi hermana y mi hermano", menospreciando así lo que nosotros los judíos respetamos como la familia. Lo que es aun peor, Jesús nunca se casó. También el apóstol Pablo, uno de los teólogos fundacionales, dijo que es mejor quedarse soltero, y casarse solo si uno está quemándose en lujuria. Cuanto más lo pienso, más me doy cuenta de que su religión podría ser simplemente contraria a la familia.

«Por ejemplo, si un judío entrara a su oficina (señaló al pastor protestante) y le dijera "Quiero hacerme cristiano", usted le presentaría su camino de salvación y se aseguraría de que él dijera que sí a su invitación a aceptar a Jesús como Salvador. Por el contrario, si un cristiano entrara a mi oficina y me dijera "Quiero hacerme judío", yo me sentiría obligado a desalentarlo. Los judíos sabemos que si él se convierte, eso podría distanciarlo de su familia cristiana y destruir la unidad, lo que para mí es más importante que ganar otro convertido para nuestra fe».

¡El rabino estaba en lo cierto! Como cristianos, nosotros tenemos una comunión que trasciende los lazos biológicos y culturales, y hay ocasiones en que vivir según las demandas de esa comunión nos puede colocar en discordancia con las obligaciones que tenemos con nuestras propias familias.

Ciertamente los misioneros que sirven en campos del extranjero han sido testigos de los problemas que pueden crearles a las familias, la conversión al cristianismo. Existen casos en los que alguien se convierte a Cristo y ese nuevo cristiano se ve distanciado de toda la familia tribal a la que pertenecía previamente. Siempre consideramos a esos convertidos como héroes, pero a veces una persona tiene que pagar un alto precio por seguir a Cristo. Los cristianos podemos tener que experimentar el dolor del distanciamiento de nuestra propia familia, literalmente hablando, pero recibimos una familia eterna en cambio. La iglesia tendría que dar un paso adelante y convertirse en la nueva familia de aquellos nuevos cristianos que se encuentren distanciados o en conflicto con los suyos.

Diálogo en cuanto a ser alguien pro-vida

Yo he venido para que tengan vida,
y la tengan en abundancia.

JUAN 10.10

SHANE: Una de las cuestiones más importantes en nuestros días es la necesidad de tener una ética coherente a favor de la vida. Los católicos y los evangélicos y todo tipo de individuos han comenzado a hacerse eco de esta idea, y no en el único sentido en el que se habla de ella en los debates sobre aborto.

Jesús dice mucho sobre la vida. Sobre la vida en abundancia (Juan 10.10). Sobre el camino angosto que conduce a la vida (Mateo 7.14). Señala que él es el camino, la verdad, la vida (Juan 14.6). Su mensaje y su vida son una interrupción a la muerte. Constantemente detiene lo que sea que esté destruyendo la vida y la dignidad de otras personas; y nos invita a nosotros a hacer lo mismo. Como joven cristiano, me sentía confundido por la incoherencia con la que tratábamos los temas de la vida. Ningún grupo o partido parecía tan constante en esto. Algunos cristianos estaban en contra del aborto y la eutanasia, pero a favor de la pena de muerte y de los militares. Yo estaba en descuerdo con algunas posturas que habían venido a caracterizar al evangelicalismo tradicional, pero con toda seguridad tampoco encajaba dentro del campo progresista o liberal.

Como Cristianos de las Letras Rojas, necesitamos estar a favor de la vida desde el vientre hasta la tumba. El aborto y la eutanasia, la pena de muerte y la guerra, la pobreza y el cuidado de la salud, todas esas son cuestiones de vida o muerte. Y son las cuestiones por las que Jesús se preocupa, porque afectan a la gente real.

La pena de muerte ha ocupado un gran espacio en las noticias durante el año pasado, incluyendo casos de alto perfil como el de Troy Davis en Atlanta.[1] Creo que estamos frente a una encrucijada en cuanto a esta cuestión, y es posible que la veamos llegar a una conclusión durante el transcurso de nuestra vida. Somos una de las muy pocas naciones del mundo que todavía mata a su propia gente.[2] Y lo que resulta aun más perverso es la manera en que montamos la escena de muerte cuando realizamos una ejecución. Aunque la inyección letal constituye la manera más común, todavía hay estados en USA que permiten ejecuciones sancionadas por el gobierno que se realizan por ahorcamiento, a través de un pelotón de fusilamiento, en la cámara de gas o por electrocución.[3]

Cuando el candidato presidencial Rick Perry celebró sus 234 ejecuciones como gobernador de Texas durante el debate presidencial del Partido Republicano, el 7 de septiembre de 2011, la audiencia, formada mayormente por miembros de la Coalición Cristiana, estalló en aplausos. Como cristiano, encontré aquello profundamente perturbador.

Esta cuestión tiene muchas facetas. Por un lado, hay personas que están en contra de la pena de muerte por sus principios, como muchos cristianos. El papa ha hablado de modo conmovedor en contra de la pena de muerte como vocero de la Iglesia Católica. Hay otros que creen en la pena capital como principio, pero que están profundamente preocupados por el hecho de que a menudo se acaba matando no tanto a los culpables, sino a otros pobres individuos, gente de color y aquellos que no pueden pagar buenos abogados ni conocen los pormenores de los procesos legales.

En el año 2000, George Ryan, gobernador republicano de Illinois, llamó a una moratoria en cuando a la pena de muerte. Persuadido por el trabajo de algunos estudiantes de derecho que exponían la discriminación que existe en cuanto a raza y clase, hizo un llamado a parar las ejecuciones. La moratoria del año 2000 alimentó el fuego en muchos cristianos y otros abolicionistas que abogan por una justicia restauradora y por ponerle fin a la pena de muerte.

Jesús se vio confrontado con este tema en Juan 8, cuando la multitud se preparaba para lapidar a una mujer por su adulterio. Pero cuando le preguntaron a él sobre el asunto, lo primero que hizo fue algo peculiar: se agachó y escribió con el dedo en la tierra. Les preguntamos a los chicos de nuestro vecindario qué pensaban que habría escrito, y uno de ellos dijo: «Si esto no funciona, ¡corre, mujer!».

No sabemos qué escribió, pero sí sabemos lo que sucedió después. Dirigió sus palabras a los hombres que estaban listos para matar: «Aquel de ustedes que esté libre de pecado, que tire la primera piedra». Y, por supuesto, Jesús ya había enseñando que si llamamos necio a nuestro prójimo, somos asesinos. Y que si miramos a alguien con lujuria en nuestros ojos, ya somos adúlteros (Mateo 5.22, 28). Se escuchaba el ruido de las piedras al caer mientras los hombres se alejaban, y muy pronto el único que quedó con derecho a arrojar una piedra fue Jesús. Y él no se sintió inclinado a hacerlo. Podemos ver que, cuanto más cerca estamos de Dios, menos deseamos arrojarles piedras a otras personas.

En el mismo corazón de nuestra fe descansa esta doble convicción: nadie está libre de reproches, y nadie está más allá de la redención. Sin duda esa es la razón por la que los cristianos primitivos se caracterizaban por la no violencia, aun ante una malvada brutalidad, la tortura o la ejecución. De entre todos los pueblos, nosotros, que seguimos al Cristo ejecutado y resucitado, deberíamos ser el pueblo que está a favor de la vida, a favor de la gracia y en contra de la muerte.

TONY: Deberíamos ser de ese modo, pero no siempre es así en nuestra sociedad norteamericana. Por ejemplo, el Sermón del Monte hace surgir ciertas preguntas entre aquellas personas dispuestas a aceptar la pena de muerte. Lo que resulta particularmente perturbador es que hay estudios realizados por sociólogos que indican que los cristianos evangélicos están más a favor de la pena de muerte que los que tienen una postura secular, a pesar de que Jesús dejó bien en claro que la moralidad del «ojo por ojo y diente por diente» (Éxodo 21.24) debía ser superada por sus seguidores.[4] Muchos evangélicos son proclives a decir: «Si un hombre quita la vida, debería pagar con su propia vida»; o sea, exactamente la regla del ojo por ojo que Jesús rechazó. Si tomamos con seriedad lo que Jesús dijo en el Sermón del Monte, debemos estar en contra de la pena capital porque Jesús dijo: «Bienaventurados los misericordiosos, porque ellos alcanzarán misericordia». Y lo que quiso decir en esencia fue: «Si quieres que Dios te muestre misericordia, tienes que comenzar a mostrar misericordia tú mismo» (Mateo 5.7). Jesús echa por tierra algunos de los valores y prácticas que demasiados evangélicos estadounidenses abrazan con entusiasmo.

SHANE: Además del ejemplo de Jesús, otra cosa que ha tenido un gran impacto sobre mí es conocer individuos que viven en prisión, algunos de los que están en el corredor de la muerte. Me escribo regularmente con muchos de ellos.

Un amigo mío tiene cadena perpetua por haber cometido un crimen terrible, que dice lamentar cada día de su vida desde entonces. Pero al ir a juicio, la familia de la víctima resultó ser cristiana, así que ellos abogaron en contra de la pena de muerte. Sabían que está mal matar a alguien, lo que demuestra que matar es un error. Dijeron: «Dios puede no haber acabado aún con este individuo. Y esto no va a traer de regreso a nuestro hijo, así que queremos que él piense acerca de lo que ha hecho». Debido al testimonio de ellos en la corte, no se lo condenó a la pena de muerte. Él dijo: «Entonces tuve mucho tiempo para pensar sobre la gracia». Mientras estaba tras las rejas, continuaba escuchando sus palabras en cuanto a que él no estaba más allá de la redención. Comenzó a leer la Biblia y acabó teniendo una poderosa conversión. Encontró el sentido de toda su vida y de su vocación detrás de aquellas rejas: tratar de hablarles de esa gracia a otros hombres y mujeres encarcelados.

TONY: En la biblioteca de la Universidad Eastern hay una placa en memoria de In Ho Ho, un estudiante venido de Corea para estudiar allí. Era un alumno brillante; se graduó entre los primeros de su clase y continuó luego asistiendo a la escuela de medicina de la Universidad de Pennsylvania. Su deseo era volver a Corea para servir a los pobres. Pero una noche, mientras iba camino a despachar una carta a sus padres, una pandilla de jóvenes lo acosó, le robó los U$S 3.52 que tenía en su billetera, y lo golpeó hasta matarlo.

En el juicio, no solo el padre y la madre de In Ho Ho, sino toda su familia viajó desde Corea para rogarle al juez que no condenara a la pena de muerte a esos malvados jóvenes. Esa gente desconsolada tomó en serio la bienaventuranza en la que Jesús dijo: «Bienaventurados los misericordiosos, porque ellos alcanzarán misericordia». La vivieron en aquel juzgado. El juez accedió a su pedido.

SHANE: Conozco muchas víctimas de delitos violentos, y aquellos que han alcanzado mayor sanidad son los que consiguieron perdonar. Una mujer, familiar de una víctima de crimen, me dijo que trabaja en contra de la pena de muerte porque en la medida en que va conociendo a más víctimas descubre que las menos sanas son aquellas que buscan el castigo y la venganza.

La justicia restauradora es una de las tareas más redentoras y de características más cristianas que tienen lugar dentro del sistema de justicia. Mucho de eso fue comenzado por los cuáqueros, que no creían en una justicia punitiva, sino en una justicia restauradora. Es la idea de que la justicia de Dios no solo tiene que ver con lo que merecemos, sino con restaurar lo que se ha quebrado: tiene que ver con la sanidad y el perdón. Eso es lo que hace a la justicia bíblica diferente de otras justicias. La palabra *penitenciaría* comparte la misma raíz con *arrepentimiento*, y la intención original no fue crear una trampa o un callejón sin salida para los criminales, ni una cuestión carcelaria, sino darle a la gente un espacio en el que arrepentirse, repensar su vida, y finalmente ser restituida a la sociedad. Una de las más antiguas prisiones de Estados Unidos está aquí, en Filadelfia, y fue iniciada por los cuáqueros precisamente con ese propósito.

Los eruditos en Biblia a menudo señalan que las palabras *justicia* y *rectitud* provienen de la misma palabra en el hebreo (*tsedeq*) y en el griego (*dikaios*) tanto en el Antiguo como en el Nuevo Testamento. Un amigo mío dice que la frase que mejor capta el sentido original del griego es «justicia restauradora». Por eso Jesús dice en las Bienaventuranzas: «Bienaventurados los que tienen hambre y sed de justicia [restauradora]» (Mateo 5.6, RVR60).

Nuestro amigo el músico Drek Webb dice: «Asesinar para mostrar que matar está mal es tan errado como intentar enseñar la santidad a través de la fornicación». Y también hay un elemento teológico que hace a la cuestión: si alguien merece la pena de muerte, ese soy yo. Y Jesús me libró de la sentencia a muerte que merecía. Muchos evangélicos creen que la misma muerte de Jesús en la cruz constituyó una interrupción a la consecuencia natural de nuestro pecado, que es la muerte (Romanos 6.23). Según la sabiduría evangélica convencional, nuestro pecado nos hubiera garantizado a todos la pena de muerte de no haber sido por Jesús. Entonces, ¿cómo podemos nosotros, que hemos sido librados de la muerte, convertirnos tan rápidamente en personas dispuestas a impulsarla?

TONY: El escritor del libro de Hebreos nos dice que cuando pecamos, crucificamos a Jesús de nuevo (6.4–6). Constantemente estamos crucificándolo cada vez que pecamos. No hay paso del tiempo para Dios. Como la velocidad de la luz, para Dios todo el tiempo está comprimido en un momento simultáneo, razón por la que Jesús pudo decir «Antes que Abraham fuese, yo soy». No estaba usando mal la gramática; estaba declarando que lo que había sucedido miles de años atrás era tiempo presente para él. Por lo tanto, cuando pecamos, según su eterno presente, el Cristo que está sobre la cruz absorbe en su cuerpo nuestros pecados y experimenta la misma agonía por la que pasó dos mil años atrás. Para aquellos que nos damos cuenta de que nuestro pecado es responsable de asesinar a Cristo, apoyar la pena capital para otros asesinos se vuelve imposible.

SHANE: Otra cosa que encuentro realmente perturbadora con respecto a que los cristianos acepten la pena de muerte es que nuestra Biblia está llena de asesinos que fueron redimidos y a los que se les dio una segunda oportunidad, como David.

Recordamos a David como un hombre según el corazón de Dios (1 Samuel 13.14). Y lo era, en ciertos días. Pero en otros días él quebrantaba los mandamientos. En dos capítulos de la Biblia lo encontramos quebrantando cada uno de los 10 mandamientos: sintió lujuria, mintió, codició, cometió adulterio, y literalmente hizo matar al marido de la mujer. Era un asesino. Sin embargo, recibió una fuerte reprimenda de parte de un profeta y siguió adelante, llegando a escribir una gran parte del libro más extenso de la Biblia: Los Salmos. No estaba más allá del alcance de la gracia.

Luego aparece una genealogía en el primer capítulo de Mateo, que al principio puede resultar un poco aburrida, pero después llega a David y dice: «David fue el padre de Salomón, cuya madre había sido la esposa de Urías» (Mateo 1.6). El evangelio muestra un poco de humor aquí, ya que Urías había sido el hombre al que David había matado. Indudablemente eso fue un pecado, pero Dios es mayor que el pecado.

TONY: Siempre que escucho a alguien decir «Mi pecado es tan grande que Dios nunca podrá perdonarme», pienso que lo que esa persona está diciendo en realidad es que su pecado es mayor que Dios. Hablar de esa manera, en un sentido, puede ser el mayor de todos los pecados.

SHANE: Lo mismo ocurre cuando pensamos que el pecado de otros es tan grande que Dios no puede perdonarlos. ¿No podríamos intentar tener tanta gracia como Dios, ser tan misericordiosos como Jesús? De entre todas las personas del mundo, seríamos las más difíciles de convencer acerca de que alguien merece la muerte.

Esta es la buena noticia: la misericordia triunfa sobre el juicio (Santiago 2.13). La muerte ha sido interrumpida por la gracia. Nadie está más allá de la redención; nadie.

TONY: No basta con solo salvar la vida de «los ya nacidos», como lo intentamos a través del esfuerzo por abolir la pena de muerte. También debemos hacer todo lo que podamos por proteger a los que aún no han nacido. Tenemos que preguntarnos seriamente con respecto al aborto, que se ha vuelto demasiado común en nuestra sociedad. Cuando hablamos de ser pro-vida, como dice Ron Sider en su libro *Completely Pro-Life* [Completamente a favor de la vida], tenemos que ser coherentes con una postura a favor de la vida. Tú lo dijiste bien: debemos estar a favor de la vida desde el vientre hasta la tumba.

Barney Frank, un congresista liberal demócrata, en una conversación personal señaló de un modo desafiante que el problema con los evangélicos es que piensan que la vida comienza con la concepción y finaliza con el nacimiento. Básicamente quiere decir que estamos dispuestos a proteger la vida desde el momento de la concepción y hasta el momento del nacimiento, pero una vez que el bebé ha nacido, no queremos hacer lo necesario para cuidar del bebé. Como evangélicos, aun con todas nuestras políticas en pro de la vida, raramente deseamos aportar el dinero necesario para los servicios de salud, los cuidados diarios y la educación.

El fallecido Cardenal Bernardin, de Chicago, hablaba sobre la túnica sin costuras. Si uno va a hablar sobre estar a favor de la vida, decía, esa tiene que ser una declaración de vida sin interrupciones, sin costuras, que cubra desde el aborto hasta la guerra y el cuidado de los pobres.[5]

Cuando presté servicios en un comité que trabajaba en la plataforma del partido Demócrata para las elecciones de 2008, mis amigos evangélicos me preguntaban cómo era posible que hiciera eso. Yo les respondía que consideraba que hacía falta contar con una voz a favor de la vida al elaborar aquella plataforma partidaria. En tanto que no podía incluir dentro del documento de plataforma una postura que apelara a la abolición del aborto, me fue posible apoyar los esfuerzos por limitar la cantidad de abortos a realizarse cada año.

Casi el setenta por ciento de los abortos que se llevan a cabo en Estados Unidos son motivados por factores económicos, según el Instituto Guttmacher.[6] Muchas mujeres abortan porque les faltan los medios económicos como para cuidar a un bebé. Consideremos, por ejemplo, a una mujer que trabaja en Walmart por un sueldo mínimo, que no tiene cobertura hospitalaria, y que está embarazada por una relación extramatrimonial. Sabe que no puede sostener a un hijo. Tiene dificultades para sostenerse ella misma, así que se practica un aborto. Ella es una de esas personas a las que llamamos «trabajadores pobres», y vive en una sociedad que le dice: «No vamos a mantenerte si tienes un bebé. No vamos a cubrir tu cuenta de hospital, ni vamos a cubrir los gastos de guardería para que puedas trabajar. No vamos a proveerte ningún tipo de cuidados prenatales, y no estamos dispuestos a incrementar el salario mínimo de modo que puedas ganar lo suficiente como para sostenerte por ti misma y también a tu hijo». La sociedad le dice que no se hará cargo de ninguna responsabilidad una vez que nazca su bebé.

Estar a favor de la vida no es solo comprometerse a proteger a aquel que no ha nacido aún, sino también al niño después de que lo han dado a luz. Estar a favor de la vida va mucho más allá de criminalizar los abortos.

Cuando me preguntan si el óvulo se convierte en un ser humano en el momento de la concepción, yo respondo: «No lo sé, y dado que no sé exactamente cuando el nonato se convierte en un ser humano, he elegido estar a favor de la vida». Prefiero equivocarme del lado de la vida que apoyar el asesinato de un niño por nacer. Los católicos romanos son coherentes. En esencia esto es lo que dicen: «No sabemos en qué momento comienza a tener alma, así que no solo estamos en contra del aborto, sino también en contra de los anticonceptivos».

SHANE: Cuando hablé sobre esto en Michigan, un individuo vino a verme al terminar y me dijo que siempre había estado a favor de la vida y que todavía seguía estando apasionadamente a favor de la vida. Pero señaló: «Comencé a darme cuenta de que estaba a favor de la vida pero que no era proactivo. En realidad no estaba haciendo nada más que protestar».

Luego continuó contándome que había comenzado con un servicio de consejería para mujeres jóvenes y había abierto una agencia de adopciones para ayudar a encontrar hogares para los nuevos bebés que necesitaran familias.

TONY: Tanto Jerry Falwell como la Madre Teresa no se conformaron con *decir* simplemente que estaban a favor de la vida, sino que se encargaron de las mujeres embarazadas que tenían problemas y no querían abortar. La Madre Teresa les decía a esas mujeres que si estaban embarazadas y pensaban abortar al niño, no deberían hacerlo. Les rogaba que le dieran esos bebés a ella, y ella se ocuparía de ver que fueran cuidados y alimentados.[7]

Jerry Falwell, desde la derecha religiosa hacía exactamente lo mismo. No solo predicaba en contra del aborto, sino que les proveía alojamiento, asistencia económica (lo que incluía los gastos médicos), y apoyo afectivo a las mujeres con embarazos problemáticos, y hasta les arreglaba adopciones a aquellas que elegían no quedarse con sus bebés. El compromiso del doctor Falwell en cuanto a cuidarlas le proporcionaba integridad a su predicación en favor de la vida.

Mi propio ministerio, la Asociación Evangélica para la Promoción de la Educación, está afiliado a Aquila Way, un ministerio del noreste de Inglaterra que, junto con el cuidado de mujeres con hijos y sin hogar, y de mujeres maltratadas, se ocupa de mujeres embarazadas. Los que ministran allí trabajan con un promedio de treinta mujeres. Nos es fácil decir que estamos a favor de la vida, pero si no hacemos nada por ayudar en el cuidado de las mujeres embarazadas que están en necesidad, lo que realmente les estamos diciendo es: «Tú te quedaste embarazada. Tener el bebé es tu responsabilidad».

SHANE: Cuando estuve en la India, hubo dos niños de la calle a los que me apegué. Debían tener alrededor de siete y diez años, vivían por completo en las calles, eran huérfanos. Así que llamé a mi mamá y le dije: «¿Crees que podríamos encontrar alguien que aceptara a estos niños?». Ella hizo un poco de investigación y encontró que a una de sus amigas le encantaría tenerlos. Así que luego de pasar por distintas jerarquías en la India, acabé hablando con la persona que estaba justo debajo de la Madre Teresa, y ella me dijo: «En realidad, yo iré a hablar con la Madre Teresa por usted». Cuando volvió señaló: «Nuestra postura definitiva, que sigue siendo la convicción de la Madre Teresa, es que no debemos enviar niños de la India a Estados Unidos hasta que ustedes cambien sus leyes de aborto, porque esa es una cuestión más urgente ahora».

Cuando estuve en la India, descubrí que la gente de allí no la llamaba «Madre Teresa» sino simplemente «Madre». La razón es que ella *ha sido* una madre. Una y otra vez conocí niños que ella había criado. Se ganó ese título y su credibilidad como defensora de la vida no porque anduviera realizando demostraciones en contra de las clínicas de aborto y portando carteles con la leyenda «El aborto es asesinato». Era un adalid de la vida porque acompañaba a las mujeres y a los niños en situaciones difíciles; tenía una integridad que no se puede discutir.

Nuestras ideologías vienen junto con una responsabilidad. En mi vecindario estar en contra del aborto significa descubrir qué hacer cuando una niña de catorce años queda embarazada. Si en verdad estamos a favor de la vida, es mejor que tengamos algunos niños en guarda y mamás adolescentes viviendo con nosotros para demostrarlo. Yo no quiero simplemente ser anti aborto o anti muerte. Quiero ser pro vida. Por demasiado tiempo los cristianos hemos sido conocidos más por aquellas cosas a las que nos oponemos que por aquellas de las que estamos a favor. Estoy listo para un cristianismo coherentemente comprometido con la vida, que tenga que ver con interrumpir la muerte dondequiera ella muestre su horrible rostro.[8] Somos gente de la resurrección. Cuando Jesús se levantó de los muertos, lo que declaró básicamente fue: «Muerte, estás muerta». Estoy a la expectativa de ver cristianos que hagan esa misma declaración: muerte, estás muerta.

Diálogo referido a las cuestiones del medio ambiente

*Observen cómo crecen los lirios del campo. No trabajan
ni hilan; sin embargo, les digo que ni siquiera Salomón,
con todo su esplendor, se vestía como uno de ellos.*

MATEO 6.28-29

TONY: La mayoría de los Cristianos de las Letras Rojas están descubriendo la importancia que tiene el rescatar el medio ambiente.
Hablamos mucho sobre la manera en que estamos contaminando los
océanos y el aire que respiramos, y sobre el hecho de que la acumula-
ción de dióxido de carbono en los niveles más altos de la atmósfera es
lo que ha producido el calentamiento global, y esto debido a nuestra
utilización de combustibles fósiles. No se dice mucho en cuanto a
que el cuidado del medio ambiente sea algo en pro de la vida, pero
las dos cosas se relacionan.

SHANE: Sí, esta es en verdad otra cuestión en pro de la vida.
Mientras crecía escuché mucha teología referida a que este
mundo no es nuestro hogar, así que no importa demasiado la
manera en que vivamos en él. He llegado a ver las terribles
repercusiones que tiene esa teología. Me encantan algunas de
las antiguas canciones como «Volaré de aquí», pero existe el
peligro de que esa sensación de que «este mundo no es mi

hogar» afecte nuestra manera de respetar la tierra y también el estado en que vamos a dejársela a nuestros hijos.

Cuando mostramos indiferencia o desdén por la creación, eso seguramente entristece al Creador, que lo hizo todo, y con alegría declaró que era «bueno» (Génesis 1.31).

El cuidado de la creación tiene que ver con amar a nuestro prójimo. Las personas pobres son las que llevan la carga más pesada, como lo podemos ver en mi vecindario o en lugares como Camden, Nueva Jersey, que han sido devastados por lo que llamamos racismo medioambiental. Con esto queremos decir que algunos de nuestros vecindarios más pobres tienen muchos sitios «superfund» (este nombre proviene de que esos lugares están tan contaminados que se requerirían *fondos extra* —o superfondos para poder limpiarlos). De hecho, en esa zona hay más de estos sitios de los que tienen algunos estados en su totalidad. No se trata de catástrofes naturales: han sido provocadas por los seres humanos. Eso es lo que sucede cuando tomamos las aguas servidas de nuestras ciudades más grandes y las vaciamos en un espacio geográfico de pocos kilómetros. Literalmente se puede oler la contaminación en el aire de Camden. La zona costera, que fue lo que llevó a mucha gente a mudarse allí décadas atrás, está tan contaminada que se han colocado carteles que dicen «No pescar; No nadar; No entrar», que es precisamente lo que se supone que uno debe hacer en el agua.

Y no son solo las ciudades. Por ejemplo, consideremos áreas como Columbia, Mississippi, donde se han enterrado cincuenta y cinco tambores, de 190 litros cada uno, con desechos tóxicos en terrenos de la comunidad. Esos tambores comenzaron a filtrar tanto que podían producir combustión e iniciar un fuego.

La gente habla sobre lo cerca de Dios que la hace sentir la naturaleza. Nosotros hemos leído que Jesús subía a los montes a orar y que Dios se encontró con el pueblo en el desierto. Esta otra cara también es verdad: cuando perdemos contacto con la creación, podemos perder contacto con Dios. Cuando todo lo que vemos es desagradable, resulta difícil creer que existe un bello Creador. Así que parte de nuestra misión en

Simple Way es aquello a lo que Wendell Berry, granjero y teólogo, llama «practicar la resurrección».[1]

Una de las cosas más hermosas que podemos hacer aquí en Simple Way es plantar jardines en medio de la jungla de concreto de Filadelfia del Norte, y ver que los niños descubran el milagro de la vida y se enamoren del Creador de la vida. Los jardines tienen un lugar especial dentro de la historia humana. Después de todo, al principio Dios plantó a la humanidad en un jardín, en Edén. El acto de mayor redención de la historia comenzó en un jardín, en Getsemaní. Y la historia acaba en el Apocalipsis con la imagen de un jardín adueñándose de la Ciudad de Dios, con el río de vida fluyendo a través del centro de la ciudad y el árbol de la vida perforando el concreto de la zona urbana.

Ahora, al acercarnos a los quince años de vida comunitaria de Simple Way, tenemos media docena de lotes en los que cultivamos jardines. Y estamos viendo al vecindario volver a la vida. Vemos a los niños descubrir el milagro de la vida. Plantamos todo tipo de jardines comunitarios y hemos comenzando a desarrollar agricultura urbana.

Los chicos se entusiasman mucho cuando ven crecer los tomates por primera vez. Cuando cosechamos el primer pepino de la temporada, los chicos lo cortan en rebanadas y se lo pasan como si fuera la comunión. La búsqueda de papas es semejante a cavar en procura de un tesoro. Nunca olvidaré cuando uno de los niños arrancó una zanahoria de la tierra por primera vez. Con los ojos muy abiertos y una sonrisa de oreja a oreja, la levantó en el aire y dijo: «¡Esto es magia!». Y nosotros le respondimos: «No es magia. Es Dios. Y el Dios que hizo esa zanahoria te hizo a ti, y te ama». Cuantos más seres vivos ven, más se llenan de asombro hacia el Dios que ha hecho todas esas maravillas agrestes como las luciérnagas y las mariposas, los picaflores y las lombrices de tierra; y nos hizo a ti y a mí.

Cuando miramos el cemento, los edificios, la basura, los neumáticos descartados, todas esas cosas hechas por los seres humanos, a veces nos preguntamos si existe Dios. Cuando vemos la naturaleza, la vida, la belleza, no podemos evitar darnos cuenta de que hay un Dios.

Otra de las dimensiones de esto, en especial en lo que tiene que ver con los jardines y la comida saludable, es lo que muchas personas, como Michelle Obama, han comenzado a llamar los «desiertos alimentarios».

Ciertos estudios han mostrado que existe un correlato perturbador entre la densidad de las poblaciones y la cantidad de negocios de venta de comida. Lo que esos estudios han revelado vez tras vez es totalmente opuesto a lo que se esperaba: las áreas más densamente pobladas tienen una menor cantidad de negocios de alimentos saludables que las áreas con poca población; estas últimas cuentan con un mayor número de negocios de comida saludable.[2]

Hay una epidemia de obesidad, diabetes, hiperactividad y desnutrición en los barrios pobres. Los niños beben refrescos y comen comida chatarra mientras miran televisión porque no pueden obtener una buena comida debido a que los alimentos saludables no pueden competir económicamente con McDonad's. Siempre recordaré las inolvidables palabras de un niño del vecindario que años atrás dijo: «En nuestro barrio es más fácil conseguir un revólver que una ensalada». Sus palabras me partieron el corazón. Y continuaron durante todos estos años avivando una llama que nos motiva a intentar cambiar esa realidad.

Como cristianos, tenemos que considerar la cuestión medioambiental por muchas razones. Jesús con certeza habló de un Dios que se ocupa de los lirios y los gorriones, así que ese Dios debe ocuparse también de los osos polares y los pingüinos mientras se derrite el hielo de su entorno. Y a nosotros debería importarnos aun más porque las cuestiones del medio ambiente, la nutrición y la contaminación afectan a la gente. Y *sabemos* que Dios tiene locura por la gente.[3]

Stephen Bouma-Prediger, en su libro *For the Beauty of the Earth* [Por la belleza de la tierra], analiza minuciosamente algo de la mala teología que ha llevado a los cristianos a maltratar al planeta. Una de las cuestiones a las que le presta atención son a las imágenes de la tierra consumida por el fuego, que aparecen en algunos lugares como en la epístola de Pedro (2 Pedro 3.10). Esos versículos con frecuencia dicen que el mundo será «destruido» por fuego. Pero Stephen señala que esas palabras e imágenes son usadas en las Escrituras como un «fuego que refina», o sea que restaura la vida.[4] La manera teológica en la que pensamos puede establecer una gran diferencia en la forma en que vivimos. Sea que pensemos que el plan de Dios es restaurar la creación, o por el contrario quemarlo todo, eso afectará nuestra forma de andar sobre la tierra.

TONY: Pablo, en 1 Corintios, escribió acerca de un «fuego» que quemará el heno, la madera y los rastrojos, dejando solo el oro, la plata y las piedras preciosas (3.12–13).

Un problema real de la comunidad evangélica es que le ha permitido al movimiento de la Nueva Era robarnos el movimiento en defensa del medio ambiente. En el mismo instante en el que comenzamos a hablar sobre el medio ambiente, algunos de nuestros hermanos y hermanas evangélicos nos etiquetan como «de la Nueva Era». La verdad es que preocuparnos por el planeta es un mandato bíblico y debería ser *nuestra* preocupación como Cristianos de las Letras Rojas.[5]

SHANE: ¡Y la creación es sencillamente asombrosa! Este año pasado tuvimos luciérnagas en nuestro vecindario. No las había visto por allí durante los últimos doce años que he vivido aquí. Los niños estaban tan sorprendidos que corrían haciendo círculos. «¿Por qué brilla?», preguntó uno de ellos. Le dije: «Pienso que en realidad Dios se sentía muy creativo ese día: "¿Qué tal si hacemos un insecto cuya cola brille en la oscuridad?"».

TONY: La naturaleza, con todo su esplendor, existe para la gloria de Dios (Salmos 19.1). La Biblia dice que las estrellas, los planetas y las galaxias fueron creados para adorar a Dios; y el salmista llama a «los monstruos marinos y todos los abismos» (las ballenas) a cantar canciones de alabanza a Dios (Salmos 148).

Cuando la gente canta las palabras de la doxología, «Alabad a Dios, de quien fluyen todas las bendiciones, alábenle todas *las criaturas* de aquí abajo», me pregunto si alguien ha pensado alguna vez sobre esas palabras. Hay más en la naturaleza de lo que podemos discernir a través de una observación empírica y libre de misticismo. Hay algo muy espiritual en la naturaleza.

En el libro de Romanos, los hijos e hijas de Dios son llamados a rescatar la naturaleza: «Toda la naturaleza gime y pasa por duros trabajos en espera de que los hijos e hijas de Dios vengan a rescatarla de sus sufrimientos» (Romanos 8.21–22, paráfrasis).

SHANE: Poco después de los versículos acerca de que la creación gime, aparece Romanos 12.2, que dice: «No se amolden al mundo actual, sino sean transformados mediante la renovación de su mente». Debemos tener una imaginación renovada. Los profetas nos invitan a imaginar un mundo en el que convirtamos nuestras espadas en arados, y nuestras lanzas en hoces (Isaías 2.4). Transformamos las herramientas de muerte en herramientas de vida. Recientemente un amigo mío me enseñó a soldar. Literalmente tomamos un fusil AK-47, lo desmantelamos, y luego convertimos el cañón en una pala y el mismo fusil en una horquilla, una herramienta de labranza. Ahora solo necesitamos aprender como convertir un tanque en un tractor.

Y realmente precisamos de una imaginación así cuando de trata del medio ambiente. Los patrones actuales son terriblemente insostenibles. En Estados Unidos, que constituye el cinco por ciento de la población mundial, se están consumiendo casi la mitad de los recursos de la tierra. Si todo el mundo persiguiera el sueño americano, necesitaríamos cuatro planetas más. El mundo no puede solventar el sueño americano. La buena noticia es que Dios tiene otro sueño, y nos invita a ser parte de él haciendo que suceda.

Las corporaciones han sido astutamente malvadas al idear formas de lograr que nosotros compremos cosas que no necesitamos. Hay ingenieros que utilizan su imaginación para aquello que se opone a la vida: para diseñar semillas de modo que las plantas que ellos cultivan no se reproduzcan, y hagan necesario que la gente compre semillas todos los años. Hemos visto imaginaciones que han sido usadas para la muerte y la destrucción al crear cosas como la bomba atómica y la capacidad de perforar agujeros debajo del agua para obtener petróleo.

Me entusiasma estar vivo hoy. Porque veo imaginaciones usadas a favor de la vida, de la redención, del reino de Dios. Hay un grupo de ingenieros que han diseñado calesitas que bombean agua mientras los niños juegan en ellas. Así que crean patios de juegos para los niños de África y al mismo tiempo bombean agua para el pueblo.

Visité a un colega que ha creado un pueblo ecológico. Los inodoros utilizan el agua sucia de las piletas. Los lavarropas son accionados por bicicletas fijas. Tenemos un grupo de ancianas que rescatan de la basura las bolsas plásticas de la compras y hacen colchonetas al crochet para darles a las personas sin techo, de modo que las rellenen y duerman sobre ellas. Otro grupo de gente mayor jubilada junta trozos de género y hace bolsas de dormir para la gente de la calle, y nos envía camiones llenos de ellas. Utilizan corbatas para hacer los tirantes con que se las cuelgan del hombro para que sean más fáciles de llevar. ¡Había que encontrarle un uso a las corbatas en estos días! Imaginación.

Un proyecto realmente genial en Filadelfia es una «Estación de Aceite» en la que una comunidad de gente en recuperación produce biodiesel a partir de aceites vegetales ya usados que van recogiendo. Todo esto es realizado por personas que se están recuperando de adicciones como las drogas y el alcohol, muchas de las que no tenían empleos. En nuestro vecindario las drogas constituyen una de las mayores industrias, y ellos querían cambiar eso. Ahora tienen esta estación de biodiesel. La filosofía que respalda su negocio es que las cosas que descartamos todavía tienen valor. Algunas personas han sido tratadas como basura. Así que cuando recogen aceites vegetales descartados y hacen de ellos combustible para los automóviles, son guiados por una teología de la resurrección. Las cosas muertas pueden traerse de nuevo a la vida.

A otra granja urbana llamada Growing Power (Poder en Crecimiento), en Milwaukee, le dieron comienzo aquellos del vecindario que insistían en que la comida nutritiva no debería ser un privilegio solo a disposición de los que pueden solventarla. Tienen ahora granjas verticales, en menos de una hectárea de tierra, que alimentan a dos mil familias. Y en Brasil, mi amigo Claudio tiene pollos, conejos y cabras en un pequeño lote urbano. Y hasta produce jabón con sobrantes de aceite vegetal y enriquece el suelo con los desperdicios del café McDonald's.[6]

Detroit está experimentando con algunas granjas urbanas similares en los miles de lotes vacíos que pertenecieron a fábricas que solían proporcionar trabajo. Los lotes vacantes están siendo reclamados como tierra de cultivo. Nuestro último experimento de resurrección ha sido un nuevo invernadero, que quedó terminado la semana pasada. Lo construimos sobre la tierra abrasada por el fuego en la que nuestras casas se quemaron hace casi cinco años. Ahora nuestro parque ostenta un invernadero alimentado por energía solar, con un estanque de unos seis mil ochocientos litros de capacidad, que puede contener más de mil peces para fertilizar el agua en la que crecen las plantas, sobre lechos elevados por encima del tanque.[7] Este proyecto de agricultura en el agua conforma un sistema que integra la granja y los peces en una hidroponía (cultivo de plantas en ausencia de tierra, con absorción de los nutrientes de soluciones acuosas que circulan en un soporte de arena o gravilla) que imita lo que la naturaleza hace naturalmente. Construyendo sobre las técnicas más creativas en lo que es agricultura urbana, ahora estamos cultivando vida en aquellas ruinas post industriales en las que vemos el lado oscuro de la economía global cada día. Todas las mañanas nos despertamos en el lado equivocado del capitalismo. Pero vemos esperanza. Estamos construyendo un nuevo mundo en el cascarón del viejo. Vemos al césped penetrar el concreto. Vemos a nuestro vecindario volver a la vida, levantarse de los muertos. Ahora tenemos un pequeño oasis en medio del «desierto alimentario» de Filadelfia del Norte. ¡Y tendremos tacos de pescado para todos!

Me recuerda a la Nueva Jerusalén que vemos en el libro de Apocalipsis, en el que la ciudad de Dios es una ciudad jardín, un jardín urbano que se ha vuelto salvaje. Lo mejor del jardín y lo mejor de nuestras ciudades se han encontrado. Esta es nuestra visión en cuanto a cómo se deben restaurar las cosas.

TONY: Cuando el profeta Isaías dice que el león y el cordero se acostarán juntos (Isaías 11.6), quiere decir que otra vez la naturaleza contará con la restauración de una armonía apacible. Creo que cuando el pecado entró en el mundo, como lo describe Génesis, no solo afectó a los seres humanos, sino a toda la naturaleza. Vivimos dentro del contexto de lo que los teólogos llaman «una creación caída». Creo que es por eso que existe tanta violencia en el reino animal. Isaías continúa diciendo: «No harán mal ni dañarán en todo mi santo monte; porque la tierra será llena del conocimiento de Jehová, como las aguas cubren el mar» (11.9, RVR60). Esa es una buena expresión. Nos dice que cuando se cumpla la voluntad de Dios en la tierra como se hace en el cielo, la tierra será liberada de todo el daño que nosotros le hemos hecho. La armonía será restaurada nuevamente dentro de la creación de Dios.

Jesús dijo que este reino de paz ya está explotando en medio de nosotros. Él señaló: «El reino de Dios está entre ustedes» (Lucas 17.21). Veo señales de que el reino está aquí y ahora, y creo que ese reino está creciendo delante de nuestros ojos. Ser un pueblo del reino es unirnos a Dios en lo que él está haciendo y participar con Dios en rescatar la naturaleza del desastre que hemos hecho de ella.

SHANE: La transformación no comienza con los reyes y presidentes. Comienza con la gente. Isaías 2.4 dice: «(Los de mi pueblo) convertirán sus espadas en arados y sus lanzas en hoces. No levantará espada nación contra nación, y nunca más se adiestrarán para la guerra». Comienza con el pueblo de Dios que empieza a transformar aquello que producen muerte en cosas que producen vida. Todos los reyes y presidentes, y las naciones lo seguirán.

TONY: Según el concepto de los escépticos los esfuerzos pequeños y graduales como la jardinería difícilmente logren algo que cambie el mundo y sume a la armonía global. Pero Jesús dijo que el reino de Dios es como una semilla de mostaza. Las semillas de mostaza son cosas pequeñas, insignificantes a los ojos de la mayoría de nosotros. Son tan pequeñas que raramente las notamos; pero Jesús dice que crecen y crecen hasta convertirse en algo lo suficientemente grande como para que los pájaros que vuelan por los aires hagan sus nidos en él (Marcos 4.31–32). Jesús deja en claro que es a partir de esas cosas pequeñas que llegan los grandes resultados.

SHANE: La mayoría de las imágenes que Jesús ofrece del reino de Dios son pequeñas y sutiles. Semillas. La luz. La levadura. Cosas que ni siquiera podemos ver, pero que se extienden como locas. Y yo amo la metáfora de la semilla de mostaza en referencia al reino. La mostaza crecía como una hierba salvaje e invasora. Los judíos tenían leyes en contra de sembrar mostaza en sus jardines porque avanzaban sobre la totalidad del jardín, dejándolos solo con plantas de mostaza.

Sin embargo, la mostaza es una planta humilde. No crece inmensa como los cedros del Líbano o las secuoyas gigantes de California. La mostaza madura solo se eleva hasta los dos metros y medio o tres metros de altura, es apenas un modesto arbusto. Qué hermosa imagen nos provee el jardín acerca de la forma en que el reino de Dios se hace cargo del mundo: a través de una pequeña invasión, sutil y humilde de la bondad y la gracia.

TONY: En los pequeños proyectos y programas vemos un potencial para lograr cambios importantes. Sin embargo, a pesar de lo importantes que son las pequeñas cosas, todavía tenemos que lidiar con el panorama general y enfrentar las cuestiones medioambientales en un nivel macro.

No hace mucho fui a Buenos Aires por un compromiso en el que tenía que hablar. Viajé durante la noche, y cuando mi avión sobrevolaba Brasil, se elevó aproximadamente a unos 11.500 metros de altura. Para mi sorpresa, hasta donde alcanzaban mis ojos lo único que podía ver eran fuegos sobre toda la Amazonía. La gente estaba quemando el bosque tropical por dos razones. Una, para que resultara más fácil excavar y sacar los minerales enterrados en el suelo. Y la otra, igualmente importante, quitar los árboles para crear más tierra de pastoreo para el ganado. La tierra se ha transformado en un mundo que come carne, y cada vez hace falta más terreno para criar ganado y suplir esa carne.

Esto hace surgir una pregunta referida la cantidad de carne roja que consumimos. ¿Nuestros hábitos dietarios se relacionan con la destrucción del planeta? La mayoría de los científicos dirían que los estadounidenses comen demasiado y que además comen la comida equivocada. Nos abarrotamos de comida mientras muchos en el mundo están a las puertas de la muerte por la falta de proteínas en sus dietas. Los científicos señalan que si los granos que producen proteínas fueran consumidos directamente por las personas en vez de ser comidos por el ganado que luego nosotros comemos, la cantidad de proteínas disponibles para la gente pobre del mundo se aumentaría en un noventa por ciento.[8]

Todo está unido, y cuando creamos un desmadre en una parte de la creación de Dios, las ramificaciones reverberan a través de todo el planeta, y causan impacto sobre la gente a través de todo el mundo.

SHANE: Hasta los pequeños cambios implican sacrificio. Mantener la integridad como abolicionista en Europa en el 1800 implicaba que uno no colocaría azúcar en su té porque la industria del azúcar estaba sustentada sobre las espaldas de los esclavos. De la misma manera, debemos preguntarnos cuál es el costo de nuestra forma de vida. ¿El dolor de quién es el que sustenta nuestro estilo de vida? Es posible que tengamos que abandonar algunas cosas. Puede ser la carne, el aceite o el chocolate. No querríamos patrocinar a ninguna empresa que nos avergonzara. Podemos desear cultivar nuestra propia comida o hacer andar nuestros automóviles con aceite vegetal recuperado. Tenemos que vivir con una imaginación renovada y no conformarnos a los patrones de la muerte.

Algunas de las personas más alegres y vivaces que conozco viven muy cerca de la tierra, y pasan tiempo disfrutando la naturaleza. Jesús con toda certeza lo hizo y nos invita a hacer lo mismo. De hecho, la cultura de los primeros cristianos con toda probabilidad se pareciera más a la de los beduinos que conocimos en Tierra Santa que a la de los suburbios. Los cristianos nacidos en culturas indígenas en todo el mundo conectan su fe con el cuidado de la creación, y tienen mucho que enseñarnos.

Hay algunas buenas preguntas que deberíamos hacernos con respecto al progreso: ¿somos personas más felices? Estamos más ocupados, ¿pero nos sentimos más vivos? Estudios realizados siguen mostrándonos que los rincones más ricos de la tierra tienen las más altas tasas de soledad, depresión y suicidios. Con toda nuestra tecnología y cuestiones virtuales, los estudios señalan que cuantos más amigos virtuales tenemos, más solitarios nos sentimos. Tal vez sea tiempo de mirar hacia atrás, al jardín. No digo que todos deberíamos vestirnos con hojas de parra, pero quizá podríamos acercarnos un poco más a lo que Dios tuvo en mente para este mundo.

Los cristianos primitivos decían que la cruz coloca todo el mundo en su lugar y lo une de nuevo. La dimensión vertical de la cruz tiene que ver con reconciliar a la gente con Dios. La dimensión horizontal de la cruz tiene que ver con reconciliar a la gente unos con otros. Y el hecho de que la cruz esté anclada al suelo nos recuerda que Dios está restaurando toda la creación.

Diálogo sobre las mujeres

Jesús les dijo: «¿Por qué molestan a esta mujer?
Ella ha hecho una obra hermosa conmigo».

MATEO 26.10

TONY: Una de las cuestiones que ha causado más divisiones entre los evangélicos, anglicanos y católicos romanos tiene que ver con los roles que la mujer puede asumir en la vida de la iglesia. Los Cristianos de las Letras Rojas son muy conscientes de que Jesús reafirmó a las mujeres. Él invitó a María, la hermana de Lázaro, a sentarse con sus discípulos varones para estudiar la Torah (Lucas 10.38–42). Rompió con las expectativas sociales cuando permaneció a solas con la mujer samaritana y conversó con ella sobre temas religiosos (Juan 4.4–26). Quebrantó la ley rabínica cuando una mujer que estaba menstruando lo tocó (Mateo 9.20–22). El autor de Gálatas deja en claro que «en Cristo» la jerarquía religiosa que diferenciaba a los hombres de las mujeres había sido abolida (3.28). Sin embargo, hay muchos cristianos que, citando 1 Timoteo 2.11 al 15, declaran que las mujeres no deberían estar ni en el sacerdocio ni en el pastorado.

Shane, ¿qué les dicen a aquellos que les niegan a las mujeres el derecho a ser predicadoras y maestras en la iglesia? ¿No es esa negativa otra forma de rebajar la dignidad de las mujeres y por lo tanto deshumanizarlas?

SHANE: ¿Por qué querríamos perder la mitad de los maravillosos dones que Dios nos ofrece? Las Escrituras están colmadas de mujeres poderosas: profetas, líderes, discípulas. Se han escrito muchos libros sobre ellas. Entonces, ¿por qué confiar en las mujeres y considerarlas lo suficientemente agudas como para ser médicas, científicas, pilotos o trabajadoras sociales, pero no pastoras? ¿Confiamos en que las hermanas pudieran disparar un M16 pero no usar la espada del Espíritu? Algo anda mal.

Las mujeres están en el centro de los evangelios. Son algunas de las primeras evangelistas en proclamar la resurrección, y algunas de las discípulas más significativas (Lucas 8.1-3). Son las que permanecen junto a la cruz cuando todos los muchachos se van.

Lo que también queda en claro es que las mujeres pronto ascienden a un liderazgo clave dentro de la iglesia primitiva. Así como los primeros doce discípulos varones simbolizan a las doce tribus de Israel, vemos que también la comunidad de Dios continúa completándose cuando los gentiles de afuera se convierten en los de adentro y las mujeres comienzan a prestar servicio en posiciones clave.

Romanos 16 nos permite echarle una mirada a un equipo pastoral formado por un marido y su mujer: Andrónico y Junías.[1] Vemos en Hechos 18 a Priscila y Aquila, enseñando al evangelista Apolos. Las mujeres comparten el uso de la palabra y la oración durante el culto en 1 Corintios 11. Y en Romanos vemos que las mujeres son diaconisas. Pablo y los otros apóstoles convocan al liderazgo a mujeres tales como Evodia y Síntique en Filipo (Filipenses 4.2-3).

Indudablemente existen versículos que se pueden utilizar mal para mantener a las mujeres como rehenes, del mismo modo que hay versículos bíblicos que se usan para justificar la esclavitud. Y no es nuestro propósito ocuparnos de ellos. Existen personas fantásticas, como nuestros amigos de Christians for Biblical Equality (Cristianos por la igualdad bíblica) que han escrito infinidad de grandes artículos, muchos de los cuales pueden encontrar en su sitio web.[2]

El ministerio es una cuestión de llamado y de dones, y no de género, y sería una gran desgracia que en la iglesia perdiéramos la mitad de nuestros líderes dotados a causa de leer mal unos pocos textos. No debería ser necesario decir «los hombres y las mujeres son iguales», pero lo es. Esperamos que en otros diez años terminemos con la inequidad de género. Hasta entonces, puede ser que todos vivamos incómodos en medio de un estruendoso coro de hombres, mientras la iglesia está embarazada de mujeres listas para conducir, escribir y predicar pero a las que todavía se las mira con sospecha, o se las ignora.

Les concedemos a las mujeres los roles más vitales, tales como trabajar para levantar futuros líderes, enseñar en la escuela dominical, salir al campo misionero y conducir a la gente a Jesús, pero a menudo sobre un trasfondo, hasta casi de modo apologético, de que no pueden ser pastoras porque no tienen un aparato genital masculino.

Esta es la cuestión: las mujeres son tan completamente humanas como los hombres. Cuando Dios hizo a los primeros seres humanos, fuimos formados juntos a la imagen de Dios, hombre y mujer (Génesis 1.27). Alguien me dijo una vez: «Sí, pero las mujeres fueron hechas del costado del hombre». Y yo le respondí con un: «¡Y los hombres fueron hechos de tierra!». El hecho es que la intención era que nos ayudáramos el uno al otro. Al mirar la creación, notamos que en su mayor parte funciona mejor y de modo más igualitario que la especie humana. Hay especies en las que las hembras están a cargo y otras en las que son los machos los que están a cargo. Y la mayor parte de la naturaleza es mejor que nosotros en el apoyo que se dan el uno al otro y en el trabajar como equipo.

Nuestro hermano Ben Witherington lo ha expresado bien: «Fue la maldición original y no la bendición original la que se pronunció de la siguiente manera: "Desearás a tu marido, y él te dominará". El efecto de la caída sobre las relaciones humanas es que el "amar y acoger" se convirtió en el "desear y dominar", lo que conllevaba una sumisión unilateral de las mujeres a los hombres, algo que nunca estuvo en el plan de creación original de Dios».[3]

Desde el mismo principio nos encontramos con mujeres valientes, como las parteras que salvaron a los bebés de la mano del faraón. Y a lo largo de la historia vemos imágenes de mujeres en el mismo centro, hasta llegar al Apocalipsis, cuando nosotros, ya listos para unirnos con el amor de nuestra vida por la eternidad, somos incorporados a la Esposa de Cristo.

Si queremos saber lo que significa ser humanos, miremos a Jesús. Él hizo cosas que nosotros culturalmente consideramos femeninas, como llorar, y otras que nuestra cultura consideraría masculinas, como dar vuelta las mesas en el templo. Pero esas son cosas humanas. Y dado que Jesús es Dios, esas características son también divinas.

TONY: Es importante que nosotros desafiemos aquellas cosas que nuestra cultura considera femeninas o masculinas. El ser compasivo no necesariamente es algo femenino, pero nuestra cultura lo considera así. A veces escucho a algunos predicadores llamar a los hombres a ser «verdaderos hombres». Pero lo que generalmente quieren decir es que los hombres no demuestren nada de la delicadeza, sensibilidad y dulzura que nuestra cultura define como características femeninas. Un predicador prominente condenó al señor Rogers, la estrella del programa televisivo infantil de PBS *Mister Rogers' Neighborhood*, porque afirmaba que el señor Rogers les enseñaba a los muchachos a ser dulces, amables y gentiles, lo que según su pensamiento, los volvía como niñas. Nosotros, los Cristianos de las Letras Rojas, seguimos a Jesús, que *era* dulce, amable y gentil. Sin embargo, él también era fuerte y firme. Jesús tenía los atributos que nuestra cultura define como masculinos, y también muchas de aquellas características consideradas como femeninas. Él unió en sí mismo *todas* las características que hacen a un ser humano completo.

Dentro del sistema de valores de nuestra cultura, hemos dividido las características humanas entre los sexos y en consecuencia le hemos negado a cada sexo una parte de su humanidad. Jesús trascendió a esa dicotomía definida por la cultura. Tu declaración de que Jesús es el ser humano totalmente realizado dio justo en el blanco. No solo él es la revelación más plena de Dios (Colosenses 2.9), sino que es la *única* revelación de lo que significa ser completamente humano.[4] A medida que los hombres y las mujeres crecen para parecerse más a Cristo, cada sexo recupera aquellos atributos humanos que la sociedad ha reprimido en ellos.

SHANE: De modo que Jesús, la encarnación (el Dios cubierto de piel), juega con los niños, dibuja en la tierra, discute con los maestros de la ley. Le permite a su amado amigo colocar la cabeza en su pecho. Y Dios es como un padre, de manera que podemos decirle Abba (Papito), tal como Jesús. Dios es también como una madre que cuida a sus bebés (Lucas 13.34).

Jesús vive el desafío que implican nuestros estereotipos y prejuicios con respecto al género, pero también es maravillosamente subversivo en la forma en que legitima y le otorga poder a las mujeres. Una de las historias más escandalosas es aquella de su interacción con la mujer siro fenicia (en Mateo 15 y Marcos 7). Ella tiene un par de puntos en contra: es mujer y no judía. Pero esa valiente mujer se acerca a Jesús con audacia y le pide que sane a su hija. Jesús parece probarla, o más precisamente probar a los hombres que están a su alrededor con respecto a los límites que ellos le ponen a Dios. Jesús le dice: «Deja que primero se sacien los hijos... porque no está bien quitarles el pan a los hijos y echárselo a los perros» (Marcos 7.27). Creo que él destapa normas culturales gruesas, y levanta cuestiones con respecto a los de adentro y a los de afuera, a la igualdad y a la economía de la bendición divina. La mujer correctamente retrocede y dice: «Pero hasta los perros comen debajo de la mesa las migajas que dejan los hijos» (versículo 28). Jesús queda impresionado y aplaude su coraje. Sana a su hija, y probablemente le brinda un equivalente del primer siglo de lo que es un choque de manos. Sin duda, después de ese incidente, algunos hombres y personajes religiosos quedan frustrados.

TONY: Estoy de acuerdo en que las mujeres deberían tener los mismos derechos que los hombres en la iglesia, en lo que tiene que ver con predicar y enseñar. Cuando leo las Escrituras, encuentro que en Cristo a las mujeres se les da un estatus igualitario.

En el antiguo templo de Jerusalén había un muro de separación que dividía a los gentiles y a las mujeres (a los que solo se les permitía adorar en el atrio exterior) de los hombres judíos circuncidados que tenían el privilegio de adorar en el atrio interior en el que estaban, supuestamente, más cerca de Dios. Pero Efesios 2.14 dice que la pared de separación ha sido derribada por Cristo. Eso significa que, en Cristo, las mujeres y los gentiles tienen el mismo estatus que los hombres judíos. La ciudadanía de segunda clase que las mujeres y los gentiles tenían dentro del viejo sistema religioso ha sido abolida en Cristo.

Hay otras cosas en las Escrituras que le prestan apoyo a la idea de que las mujeres sean líderes en la iglesia. Por ejemplo, tres de las hijas de Felipe eran reconocidas como profetisas, lo que significa, en el lenguaje bíblico original, que eran predicadoras (Hechos 21.8–9). Las dos líderes de la iglesia de Filipo, Evodia y Síntique eran mujeres. Luego, en el libro de Romanos, Pablo escribe acerca de Andrónico y Junías, un hombre y una mujer, como de apóstoles compañeros. Los apóstoles detentaban los cargos de liderazgo más altos dentro de la antigua iglesia.

A través de todas las Escrituras, vemos que se va resquebrajando el antiguo sistema estratificado en el que los hombres judíos circuncidados estaban en lo más alto, con las mujeres y los gentiles por debajo de ellos. Debido a Cristo, ese sistema queda anulado.

Lo que es más, cuando se reparten los dones del Espíritu (Efesios 4.11), no hay ninguna indicación de que solo los hombres reciban los dones de enseñanza y predicación. Pablo dice que *todos* los cristianos (y eso incluye a las mujeres) que no ejercitan los dones que tienen con eso se niegan a lo que Dios desea (1 Timoteo 4.14).

SHANE: ¿Esto mismo no sucedió en tu propia familia?

TONY: Mi madre fue la mejor narradora de historias que he escuchado. Ella siempre deseó ser una predicadora pero vivió en un tiempo en el que no pudo serlo. Siempre tuve la sensación de que ella intentaba vivir su llamado a través de mí. Vez tras vez me decía: «Tú has sido traído a este mundo a predicar el evangelio, en especial a los pobres y oprimidos. *¿Entiendes eso?*». Ella había deseado llamarme Samuel, y me contaba la historia bíblica de Samuel una y otra vez. Tengo grabada en la memoria la historia de ese muchachito que escuchó una voz en la noche que lo llamaba al servicio de Dios. Mi madre me decía: «Oro cada noche para que escuches la voz de Dios llamándote a su servicio».

Bien, nunca escuché la voz de Dios, pero ciertamente escuché la voz de mi madre. No tengo seguridad en cuanto a dónde acabaron sus ruegos y dónde comenzó el llamado de Dios, porque se fusionaron en mi conciencia. Mi madre hizo que Dios y mi llamado me resultaran muy reales. Me parece triste que ella tuviera que vivir su deseo de ser una predicadora a través de su hijo porque no se le permitió vivirlo por sí misma, y en parte es a causa de lo que le sucedió a mi madre que abogo firmemente por que las mujeres sean predicadoras y maestras en la iglesia.

SHANE: Al igual que los feministas varones, necesitamos creatividad y valor. Pocos años atrás fui invitado a hablar en una conferencia. Luego de haber dicho que sí, noté que solo había hombres en el programa. Así que llamé a los organizadores de la conferencia y ofrecí dejarle mi lugar a una mujer. Y les di los nombres de alrededor de doce mujeres que entendía que podrían realizar una excelente tarea. No aceptaron mi ofrecimiento. Continué orando sobre esto y hablé con algunos amigos cercanos. Decidí no utilizar mi tiempo de alocución para pontificar sobre el asunto, pero me sentí compelido a hacer algo. Al orar, sentí que el Espíritu se movía. Seguí adelante y prediqué el sermón exactamente como lo había preparado. Solo que me puse una camiseta que decía: «Dios ama a las mujeres predicadoras».

TONY: Es un buen comienzo, pero el sexismo corre mucho más profundamente. Tenemos un sistema de valores en nuestra cultura que resulta opresivo y obliga a las mujeres a creer que se espera que ellas adapten su físico al peso prescrito por la sociedad y a tener un determinado tamaño de busto. Consideremos que la mayoría de las mujeres que modelan ropas y aparecen en las publicidades, junto con aquellas que nos presentan las noticias por televisión, no solo son jóvenes, sino también bellas según un estilo definido por la cultura. Muchas mujeres se hacen implantes de senos porque sienten que no dan la medida prescrita por nuestra sociedad sexista en lo referido a la dimensión de sus pechos. En Estados Unidos las mujeres han sido condicionadas a pensar que tienen que parecer muchachas de veintitrés años por siempre. El lifting facial y la cirugía plástica se están volviendo cada vez más comunes.

La feminista Kate Millett una vez dijo: «Un hombre de cuarenta y cinco años es maduro, pero una mujer de cuarenta años está obsoleta».[5] Ella no quiso decir que una mujer no fuera atractiva a los cuarenta, sino que si una mujer era atractiva a los cuarenta es porque no parece tenerlos. Así que muchas mujeres sienten que tienen que dedicar un esfuerzo extra a parecer jóvenes. Existe una industria cosmética multimillonaria que les provee servicios a mujeres que se sienten inseguras en cuanto a su apariencia debido a lo que nuestra sociedad sexista les ha hecho.

La socialización a la que estamos sometidos para que aceptemos valores sexistas comienza a una edad muy temprana. Les pasa a muchas niñas mientras juegan con sus muñecas Barbies. Aun cuando sea físicamente imposible tener un cuerpo como el de una muñeca Barbie, hay muchachas que se ponen a dieta, algunas hasta volverse anoréxicas, porque quieren ser tan delgadas como Barbie. La muñeca Barbie tiene efectos psicológicos desastrosos sobre más chicas de lo que nosotros sabemos.

SHANE: Cuando nuestra comunidad hace una recolección de juguetes para el tiempo de Navidad, no aceptamos ni revólveres de juguete ni muñecas Barbie. Sí a las muñecas que representan bebés. Pero no a las muñecas Barbie y a las armas de fuego de juguete. No hay lugar para ellos en el reino.

TONY: Hubo un tiempo en que las niñas jugaban con bebés de juguete. Cuando esas niñas les cambiaban los pañales a sus muñecos y fingían acunarlos para hacerlos dormir, se identificaban con el hecho de llegar a ser madres. Según el sociólogo George Herbert Mead, el juego con los muñecos bebés socializaba a las niñitas dentro del rol prescrito por la sociedad para las mujeres.[6] Para nada apoyo limitar el rol de la mujer al cuidado de bebés, pero me perturba que las muñecas Barbie les transmitan una imagen diferente a ciertas niñas susceptibles, que no solo les señale cómo deben ser, sino cómo deben verse, y les sugiera el rol al que deben aspirar como adultas.

Con demasiada frecuencia la iglesia alimenta el sexismo de nuestra sociedad. Ha habido momentos en que le pedimos a Miss Estados Unidos, o a Miss Universo (cuando eran cristianas) que dieran su testimonio acerca del lugar importante que ocupó Dios en la obtención de su éxito. Cuando las introducimos al circuito de los oradores para asegurarnos de que ellas den su testimonio en las iglesias y en los encuentros de jóvenes, estamos glorificando el sexismo que los concursos de belleza promueven.

La revista *Playboy* es otra abominación que alimenta el sexismo. La página central de cada revista le dice a las mujeres cómo tienen que ser para obtener un «10» en la mente de su marido o novio. Eso lleva a muchas mujeres a dedicarse al juego de ser objetos sexuales en lugar de personas reales. Algunas mujeres no consideran tener ningún valor a menos que se adapten al ideal de *Playboy*. La iglesia debería pararse en contra del sexismo, pero hasta aquí ha hecho muy poco al respecto. Demasiados líderes cristianos están molestos por lo que la revista *Playboy* le hace a la imaginación sexual de los hombres, pero ignoran lo que les hace a las mujeres representadas por aquellas páginas centrales de la revista y a las mujeres que no se parecen para nada a ellas.

Transformar a las mujeres en objetos sexuales resulta algo tan abominable como el tráfico sexual. Imaginemos que un hombre mira a su esposa de cincuenta y cinco años, que ya no tiene las formas que solía tener a los veintitrés, y entonces desea descartarla y dormir con una mujer joven que tenga las formas que nuestra cultura sexista considera necesarias para ser deseable. La prostituta que él busca para saciar a su apetito sexista generado socialmente bien puede ser una niña o una mujer que esté siendo objeto de tráfico.

No vamos a resolver el problema del tráfico sexual simplemente por arrestar a los hombres que trafican con mujeres o a los hombres que utilizan a esas mujeres. Habrá otros que ocupen sus lugares. Tenemos que tratar con la horrible realidad de que nuestra sociedad está adoctrinando a los hombres con conceptos funestos acerca de lo que puede encenderlos sexualmente. Esas cosas erradas forman parte de nuestra cultura, y es responsabilidad de la iglesia hacer que se levanten hombres que no se conformen a la cultura (Romanos 12.1–2) y que en cambio trabajen por cambiarla.

SHANE: Las cuestiones se han vuelto aun más complejas en el nivel global. En algunos casos extremos, las mujeres son maltratadas y hasta torturadas para forzarlas a someterse a una mutilación genital femenina. Debemos saber que esas cosas le importan a Dios. La manera en que son tratadas las mujeres es algo tan importante para Dios como la forma en que son tratados los hombres.

Y ya que estamos en esto, deberíamos decir que los salarios que se les pagan a las mujeres le importan a Dios también. Las mujeres realizan una parte muy grande del trabajo, pero reciben muy poco dinero y crédito. Hay un tremendo artículo en el *College Times* que articula la inequidad de género de una manera realmente útil.[7] Ellos simplemente proveen una lista de señales simples que indican que las cosas no son como deberían, incluyendo el hecho de que cuatro de cada diez empresas de todo el mundo no tienen mujeres dentro de los altos cargos y que las mujeres ganan menos que los hombres en el noventa y nueve por ciento de las ocupaciones. Las estadísticas no cambian el mundo, pero con seguridad pueden encender un fuego en nosotros de modo que cambiemos el mundo. Y, como Cristianos de las Letras Rojas, necesitamos descubrir cómo hacerlo.

Diálogo sobre el racismo

*Si estás presentando tu ofrenda en el altar y allí
recuerdas que tu hermano tiene algo contra ti, deja tu
ofrenda allí delante del altar. Ve primero y reconcíliate
con él; luego vuelve y presenta tu ofrenda.*

MATEO 5:23–24, PARÁFRASIS

TONY: Ni la iglesia ni la sociedad en su mayor parte han eliminado la división racial. El domingo a las once de la mañana todavía sigue siendo el momento de mayor segregación de la semana. Los dos estamos de acuerdo en que resulta una incongruencia llamarse cristianos y abrazar el racismo al mismo tiempo, ¿pero de qué manera has sido testigo de esto tú personalmente?

SHANE: Lo más difícil de este asunto es que nadie desea en realidad ser racista, excepto algunos tipos retorcidos como los miembros del Ku Klux Klan y los neo-nazis. Pero si definimos el racismo como un sistema para sacar ventajas basado en el color de nuestra piel,[1] muchos de nosotros estaríamos haciendo un aporte al racismo aun sin darnos cuenta. Lo hemos heredado. Lo hemos internalizado. Con frecuencia es algo sutil, pero hay momentos de revelación en los que comenzamos a ver. Cuando recién llegué a la Universidad Eastern, coloqué mi anuario de la escuela secundaria en la estantería, pero la tapa tenía la bandera de la Confederación, la de los sureños en la guerra de secesión de Estados Unidos. Algunos de mis amigos me miraban como diciendo: «¡Qué es eso!».

TONY: ¿Por aquello que la bandera de la Confederación simboliza para la mayoría de los afroamericanos?

SHANE: Exactamente. ¡Disparó algunas cuantas conversaciones interesantes durante los cinco minutos en que dejé esa cosa allí! Estoy agradecido por la gracia con la que mis amigos me hablaron al respecto. Yo no me daba cuenta de que una y otra vez decía cosas que mostraban mi ignorancia. Uno de mis compañeros de cuarto lideraba un grupo denominado Estudiantes Organizados en Contra del Racismo, así que aprendí mucho de él y comencé a ver las cosas con nuevos ojos. Y en Eastern, hasta desafiamos a algunos lugares en los que veíamos una sutil segregación. Yo dirigía el YATCH Club (siglas en inglés de Youth Against Complacency and Homelessness Today; en español: Jóvenes contra la autocomplacencia y la falta de techo hoy), pero veíamos que estaba mayormente formado por blancos. Así que mi compañero de cuarto y yo juntamos nuestros clubes e invitamos a Chris Rice y a Spencer Perkins, los autores de *More Than Equals: Racial Healing for the Sake of the Gospel* [Más que iguales: sanidad racial en beneficio del evangelio], que eran pioneros de la reconciliación (de paso, no es un mal libro).

Nos encontramos todos y reconocimos que ir al centro para andar por ahí con aquellos tipos sin hogar era algo por lo que se sentían atraídos más los blancos que los negros; al menos eso sucedía en nuestro grupo.

TONY: ¿Has captado alguna razón por la que, aún hasta ahora, cuando tratamos de reunir estudiantes de Eastern para ir a Filadelfia a brindar tutelaje a niños pobres de zonas marginales (mayormente niños afroamericanos) no logramos que la mayor parte de los estudiantes afroamericanos de nuestro campus quiera ir?

SHANE: Muchos de mis amigos afroamericanos que han crecido viendo el racismo y la injusticia se interesan más en tratar con las raíces de esa enfermedad y no tanto con los síntomas. Hay excepciones, por supuesto, pero muchos de aquellos individuos que han crecido siendo pobres quieren hacer algo más que darle un emparedado a otro. Quieren evitar que la gente necesite limosna.

Alguien como Bryan Stevenson sería un buen ejemplo. Él es el fundador de la Iniciativa de Justicia Igualitaria, que lucha por los derechos legales de la gente pobre. Él puede sentirse menos inclinado a alimentar a la gente que a intentar cambiar las cosas que los mantienen hambrientos. Pero tenemos que celebrar lo que hacen todos. Algunos le dan pescado a la gente. Otros le enseñan a pescar. Otros preguntan: «¿Quién es el dueño del estanque? ¿Y por qué cuesta tanto una licencia para pescar?»

Uno de mis pasajes favoritos de las Escrituras sobre este tema, es el libro de Filemón en el que Onésimo, un esclavo, es enviado de nuevo a su amo, pero ya no como esclavo sino, tal como Pablo le instruye a Filemón, como un hermano. Aunque se trata de un acto de desobediencia civil, también afecta la manera en la que pensamos del evangelio.

En tanto los patrones del evangelio llaman a una movilidad hacia abajo de los ricos y poderosos, también muestran como otros individuos son elevados de la pobreza y la opresión. Los últimos que se vuelven primeros, y los primeros convirtiéndose en los últimos. Los poderosos son echados de sus tronos, los de las clases más bajas son levantados (Marcos 10.31). Las montañas son aplanadas y los valles elevados.

Un buen amigo de mi vecindario tuvo una charla de corazón a corazón conmigo hace algunos años y señaló algo profundo: «Cuando alguien se muda al vecindario, todos piensan que es un héroe; pero cuando uno no abandona el vecindario, la gente piensa que es un fracaso total».

Dios está salvando a algunas personas de los ghettos de la pobreza y a otras de los ghettos de las riquezas. Entonces, según dijo una de mis hermanas afroamericanas, «A veces somos levantados y nos damos cuenta de que necesitamos descender de nuevo a todo ese caos». Ella había crecido en un lugar realmente difícil pero logró ir a la escuela, y ahora siente que Dios la está llamando a regresar a su vecindario. Tenemos que darnos cuenta de que Dios está haciendo algo grande en el mundo, y nosotros somos parte de eso. Pero los caminos de toda la gente no son iguales a los nuestros. Debemos enseñar aquello que nos ha sucedido a nosotros y estar prontos a escuchar la historia de otras personas. La liberación que han recibido puede haber sido un poco diferente.

TONY: En los ministerios que se llevan a cabo en zonas marginales, y que yo he ayudado a desarrollar a través de la Asociación Evangélica para la Promoción de la Educación, se realiza un esfuerzo deliberado instando a los chicos a permanecer en la escuela y luego continuar y cursar toda la facultad. Pero no les decimos que el propósito de la educación es obtener las credenciales que cuentan para alcanzar él éxito socioeconómico. Les enseñamos a los estudiantes latinos y afroamericanos que el propósito de la educación es equiparlos para ser agentes más eficaces de Dios para colaborar con él para cambiar el mundo. No me sorprende que luego de la facultad muchos de ellos regresen a sus antiguos vecindarios como maestros, pastores, abogados, trabajadores sociales o empresarios.

SHANE: El racismo, ese sistema que permite obtener ventajas basándose en la raza, es real. Existe un estudio, analizado en el libro *Freakonomics*, según el que dos curriculum vitae idénticos fueron enviados a una cantidad de compañías.[2] La única diferencia entre ellos eran los nombres: en uno decía Greg y en el otro DeShawn. Una y otra vez Greg obtuvo el puesto en lugar de DeShawn. Estamos en problemas.

Para comprender la realidad del racismo, todo lo que tenemos que hacer es buscar en las prisiones; según las estadísticas, uno de cada tres hombres negros es encarcelado en algún momento de su vida.[3] Son estadísticas increíbles. Los eruditos señalan que en Estados Unidos no hemos abolido por completo la esclavitud. Simplemente ha cambiado de forma.[4] La Decimotercera Enmienda, para abolir la esclavitud, dice: «No deberá existir dentro de Estados Unidos ni esclavitud ni servidumbre involuntaria, a excepción de que sea un castigo por un crimen por el que el implicado haya sido debidamente condenado». Tenemos todo un legado, una cicatriz, que la esclavitud y el racismo nos han dejado. Poblaciones enteras muestran una tendencia hacia el crimen a causa de la economía, o se ven forzados a crear economías subterráneas (como juntar chatarra, vender agua en las esquinas, introducirse en el costado más oscuro del tráfico sexual, contrabandear DVDs, y entrar en el negocio de las drogas). He escuchado a una jueza afroamericana decir que se dio cuenta del papel que jugaba la economía en los crímenes cuando le tocó presidir un juicio en contra de alguien que había robado carne de un negocio de comestibles para alimentar a su familia. Nunca olvidaré una Navidad, años atrás, en la que un hombre joven de nuestro vecindario acabó en la cárcel por haber robado un negocio. Más tarde supimos que fue para asegurarse de que su familia recibiera regalos en Navidad. Así que la clase, la raza y el factor económico, todo eso crea una ponzoñosa matriz de injusticia que deja a mucha gente atrapada y paralizada.

Sophia Kerby escribió un excelente artículo que señala las formas que tiene la inequidad racial. La gente de color continua siendo encarcelada de una manera fuera de proporciones, controlada y sentenciada a muerte según índices significativamente mayores que su contraparte blanca. Más aún, las disparidades raciales en el sistema de justicia criminal amenazan a las comunidades de color, privando de derechos a miles de individuos al limitar su derecho a votar, y denegándoles a millones de otras personas el acceso al empleo, a la vivienda, a los beneficios públicos y a la educación.

A la luz de estas disparidades, resulta imperativo hacer que la reforma de la justicia criminal evolucione para convertirse en uno de los temas más urgentes entre los derechos civiles del siglo veintiuno para los Cristianos de las Letras Rojas.[5]

Las disparidades raciales han privado a la gente de color de sus derechos civiles más básicos, haciendo de la reforma de la justicia criminal una de las cuestiones más urgentes de nuestro tiempo en cuanto a derechos civiles. A través de encarcelamientos masivos y de la exagerada presencia de individuos de color dentro del sistema de justicia criminal y del sistema carcelario, las personas de color han experimentado un impacto adverso sobre ellos mismos y sus comunidades a partir de las barreras que han encontrado al intentar reintegrarse a la sociedad y al procurar involucrarse en el proceso democrático. Eliminar las disparidades raciales inherentes a las políticas y prácticas de la justicia criminal de nuestra nación debe estar en el centro de un movimiento por la justicia racial en Estados Unidos, renovándolo, reenfocándolo y energizándolo.

Lo que aún resulta más perturbador es que haya personas que hagan ganancias en las prisiones, y que ofrezcan los servicios de algunos prisioneros porque no tienen que pagarles un salario mínimo. O sea, lo que se ha dado en llamar «el complejo industrial de la prisión». Y con esa Decimotercera Enmienda ahora tenemos una población entera de personas viviendo en la prisión que son, de cierta manera, esclavos de los tiempos modernos. A veces trabajan por un dólar diario.[6] Algunas de las compañías más grandes del mundo utilizan a los presos como trabajadores para elaborar sus productos. De hecho, la Expo Prisión llegó a Filadelfia y expuso sobre maneras de beneficiarse de la labor carcelaria. Una de las cosas más perturbadoras con la que me tropecé mostraba que los prisioneros eran usados para producir armamento para el ejército de Estados Unidos. Prisioneros que ganan veintitrés centavos por hora en las prisiones federales de Estados Unidos están construyendo misiles. Son los prisioneros los que ensamblan los componentes de los Boeing F-15 de combate y los helicópteros Cobra, de Bell. El trabajo de los prisioneros produce buscadores de visión nocturna, uniformes de camuflaje, y armaduras para colocar sobre el cuerpo.[7] Hay algo en esto que resulta profundamente inquietante.

Durante los pasados cincuenta años, se han cerrado industrias en vecindarios como el mío, y muchas personas han tenido que volverse a algún tipo de acción criminal para sobrevivir. Se estima que hemos perdido cerca de 200.000 puestos de trabajo. Tenemos 700 fábricas abandonadas. Con el tiempo, muchos individuos que no pueden encontrar trabajo acaban volcándose a algún tipo de actividad ilegal como la venta de drogas (la heroína resulta uno de los negocios más redituables en donde yo vivo), y son arrestados, y van a la cárcel. Más del cincuenta por ciento de ellos por ofensas no violentas. Antes de mucho tiempo, acaban realizando tareas para las fábricas como una nueva forma de trabajo, y solo pueden ganar un dólar o dos por día. Uno de mis amigos en prisión me dijo que juntan el poco dinero que obtienen para ayudar a otros reclusos que no pueden trabajar para obtener las cosas que necesitan, como papel higiénico.

En Filadelfia es posible ver esta ironía: hay tres prisiones a corta distancia del National Constitution Center (Centro Nacional Constituyente) en el que se encuentran la campana de la libertad y la constitución. Literalmente, a una cuadra de esas prisiones se esbozó la Declaración de Independencia en la que se declaraba que todas las personas han sido creadas iguales y con el derecho a la vida, la libertad y la búsqueda de la felicidad. Podemos ver lo lejos que tenemos que ir para la realización de este sueño. Por suerte hay una línea en la Declaración de Independencia que señala: «Siempre que cualquier forma de gobierno se vuelva destructiva de estos fines, el pueblo tiene el derecho de alterarla o abolirla». Amén a eso.

TONY: Tenemos que identificar algunas de las formas en las que Jesús abordó el racismo. Consideremos ese maravilloso pasaje de Lucas 4, en el que le dice a los congregados en la sinagoga de su ciudad natal de Nazaret que el Espíritu del Señor está sobre él y que ha venido a traer buenas nuevas a los pobres, vista a los ciegos, libertad a los cautivos, y a proclamar el «año del favor del Señor», al que Levítico 25.10 se refiere como «el año del jubileo».

La gente de su pueblo natal estaba asombrada. Pensaban que Jesús podría ser el Mesías prometido por Dios. Estaban entusiasmados con él, y se sentían orgullosos porque les parecía que su propia ciudad había producido al Salvador de Israel. Pero Jesús perdió la adoración de ellos cuando añadió que había pueblos gentiles en lugares como Siria y el Líbano que podrían recibir las buenas nuevas del evangelio antes que ellos. Él declaró que aquellas personas de otros grupos étnicos tenían más probabilidades de aceptar su mensaje y recibirlo como Mesías que ellos.

La gente de aquella sinagoga se puso furiosa. Arrastraron a Jesús hasta los límites del pueblo e intentaron arrojarlo por un precipicio. Les encantaba la idea de que un muchacho de su ciudad natal fuera el Mesías, pero deseaban que fuera un Mesías solo para los judíos. La idea que Jesús había sugerido en cuanto a que gente de otros grupos raciales y étnicos formaran parte de su reino sobre bases igualitarias y que serían más receptivos a su evangelio que ellos, fue más de lo que podían soportar.

El teólogo afroamericano Howard Thurman escribió extensamente con respecto al racismo y estaba convencido de que está tan arraigado dentro de nuestra psiquis que sería necesario un milagro para arrancarlo y limpiar de él nuestras mentes.[8] Estoy de acuerdo con él, y es por eso que creo que tenemos que abrazar un tipo de espiritualidad que nos haga nuevos. Solo rindiéndonos a una invasión mística de nuestras almas por parte del Espíritu Santo podemos tener la expectativa de ser limpiados del racismo que se nos ha inculcado a través de la socialización. Thurman dejó en claro que no había forma de deshacerse del racismo sin esa obra milagrosa de Dios.

SHANE: Aun la manera en que hemos aprendido a visualizar este evento necesita ser repensada. Cuando hablamos de que Jesús se sentó junto a la mujer samaritana, a veces tenemos la imagen de ese Jesús blanco que nos aparece en la cabeza. Tenemos que detenernos y recordar que Jesús en realidad tenía la piel oscura. Jesús no era de Suecia. Lo que está en juego, en realidad, es la manera en que eso infecta nuestro cristianismo. En las palabras de Frederick Douglass, un ex esclavo y héroe de los derechos civiles: «Entre el cristianismo de esta tierra y el cristianismo de Cristo reconozco la diferencia más amplia que pueda imaginar; tan amplia como para que el aceptar a uno como bueno, puro y santo implique la necesidad de rechazar al otro por malo, corrupto y retorcido... Yo amo el cristianismo puro, pacífico e imparcial de Cristo; por lo tanto, odio el cristianismo de esta tierra, corrupto, parcial e hipócrita, que conserva los esclavos, que golpea a las mujeres, que roba las cunas. En verdad, no veo una razón, que no sea la más deshonesta, para llamar cristianismo a la religión de este país».[9]

TONY: Aquellos que llevan a cabo un trabajo misionero en estos días son muy conscientes de que en tiempos pasados con frecuencia hemos presentado a Jesús ante la gente de otras razas como si fuera la encarnación de lo que significa ser un estadounidense blanco. El Jesús que presentamos no era el Jesús de las Escrituras. Ciertamente no lo presentamos como un semita del Medio Oriente. Es por eso que el líder afroamericano Malcolm X llamaba a la gente de color a abandonar el cristianismo. Malcolm X les decía a sus hermanas y hermanos afroamericanos algo como esto: «Están adorando a un Jesús de ojos azules y cabellos rubios. Se les ha dado un retrato de Jesús en el que él es la encarnación de toda esa gente blanca, y si adoran a ese Jesús, estarán adorando a una encarnación de su opresor. Eso, finalmente, hará la liberación imposible, porque ustedes no se podrán rebelar contra su opresor si han sido embaucados para que piensen que su opresor es Dios».[10]

Malcolm X nos obliga a preguntarnos si el Jesús presentado al pueblo afroamericano es o no el Jesús que encontramos en las letras rojas de la Biblia, o acaso no haya sido nada más que la encarnación de todo lo que tiene que ver con la gente blanca. Si esto último es así, entonces algo del trabajo misionero primitivo ha sido un instrumento de opresión satánica, que llevó a la gente oprimida a adorar a una encarnación de su opresor.

Es importante que reconozcamos que hay una buena razón para que las Escrituras nos digan que Dios no desea que se hagan imágenes de talla de él, ni que tampoco se pinte ningún cuadro de él. Porque es muy probable que lo representemos a nuestra propia imagen, y por lo tanto transformemos la adoración a Jesús en adoración a nosotros mismos, lo que sería idolatría.

SHANE: Es importante que desafiemos las presunciones sin fundamento que derivamos de la imagen de alguien. Uno de los muchachos de mi vecindario tiene alrededor de dieciséis años, es afroamericano, y mide casi 2,13 metros de alto. Dondequiera que va, la gente le pregunta: «¿Juegas al básquet?». De hecho, es bueno en el básquetbol; aunque no le enloquece. Pero es un poeta increíble. Así que le aconsejé que la próxima vez que alguien le pregunte si juega al básquet, le diga: «No, soy poeta. No tengo tiempo para los deportes».

TONY: Hace un tiempo tuvimos un estudiante grande y alto trabajando en nuestra oficina, que podía jugar al básquetbol, pero al que no le gustaba ese juego. Era un verdadero intelectual. Ese joven tuvo que soportar muchas molestias de parte de otros estudiantes negros, compañeros suyos, porque no quería ser definido como un atleta. A causa de su actividad fue acusado de actuar como un blanco.

Los investigadores de campo que trabajan en nuestros programas del ministerio de extensión en comunidades urbanas me cuentan acerca de adolescentes negros que tienen miedo de estudiar mucho y sacar buenas notas porque los otros estudiantes negros podrían acusarlos de actuar como blancos o atacarlos. Conozco a una estudiante negra de la escuela secundaria que estaba interesada por la música clásica, a la que sus compañeras negras le arrebataron el estuche del violín de las manos y luego aplastaron el violín hasta hacerlo pedazos, y la acusaron de actuar igual que una «muchacha blanca engreída».

SHANE: Una de las respuestas que un montón de gente le da al racismo es que deberíamos ser ciegos a los colores. Pero la verdad es que la unidad no implica uniformidad. Significa que vemos el color, que vemos la diversidad, y la celebramos. La uniformidad es aburrida. Escuché a un erudito hablar sobre el versículo de Gálatas que dice: «Ya no hay judío ni griego, esclavo ni libre, hombre ni mujer, sino que todos ustedes son uno solo en Cristo Jesús» (3.28), y él señalaba que había sido mal traducido. No es «hombre» y «mujer», sino que una mejor traducción sería: «No hay masculinidad ni feminidad». Las categorías en las que anteriormente hemos ubicado a la gente ya no funcionan, por haber obtenido una nueva identidad en Cristo. Aunque todavía tengamos nuestra genitalidad y color de piel, eso no nos define. Hay una paradoja inherente en las palabras «no hay hombre ni mujer»; después de todo no usamos todos el mismo baño. Pero vemos que somos más que una genitalidad, más que un color: somos familia, una familia hermosa y diversa. Todos hemos sido hechos una nueva creación en Cristo.

Hay un pastor en Filadelfia, Manny Ortiz, que dice: «No es tarea de la iglesia ni destruir ni mantener las identidades étnicas, sino reemplazarlas por una nueva identidad en Cristo, que nos fundamenta más que las identidades terrenales».

Esa nueva identidad nos une más de lo que nuestra diversidad nos divide.[11]

Diálogo sobre la homosexualidad

Este mandamiento nuevo les doy: que se amen
los unos a los otros. Así como yo los he amado,
también ustedes deben amarse los unos a los
otros. De este modo todos sabrán que son mis
discípulos, si se aman los unos a los otros.

JUAN 13:34–35

SHANE: Tony, el matrimonio gay es un tópico que divide a la gente. Pero yo sé que tú tienes una postura clara sobre eso. ¿Podrías introducirnos en la perspectiva que respalda tu pensamiento?

TONY: Aunque creo que el gobierno no debería legalizar los matrimonios entre personas homosexuales, pienso que tampoco debería legalizar los matrimonios entre heterosexuales. De hecho, el gobierno tendría que quedar completamente afuera del tema del matrimonio y en lugar de eso concentrarse en trabajar por derechos civiles para todos los ciudadanos. Debería tratar del mismo modo a las parejas homosexuales que a las heterosexuales, garantizándoles los mismos derechos y privilegios. Tanto las parejas homosexuales como las heterosexuales deberían poder ir al municipio y registrarse como parejas que desean ser reconocidas legalmente como pertenecientes el uno al otro, y contar con los mismos derechos civiles con que cuentan todos los ciudadanos que quieren entrar en una relación comprometida. Luego, si una pareja deseara llamar matrimonio a esa relación, tendría que ir a una iglesia y dejar que la iglesia realizara la ceremonia.

Cuando George W. Bush dijo, «El matrimonio es una institución sagrada», yo concordé con él.[1] Pero si el matrimonio es una institución *sagrada*, ¿por qué está involucrado el gobierno? ¿No es prerrogativa de la iglesia llevar a cabo las ceremonias sagradas y declarar casadas a las parejas?

SHANE: ¿No pregunta la gente cómo es que algunas iglesias casan a las parejas homosexuales y otras no?

TONY: Lo hacen, y yo te respondo: «¡Eso es correcto!». Porque soy un bautista que cree en la autonomía de la iglesia local, creo que cada iglesia debería tener el derecho a decidir por ella misma sus propias reglas y normativas con respecto al matrimonio. Debe ser la iglesia local la que decida a quién quiere casar.

Por lo tanto, mi esposa, que cree en el matrimonio gay, asiste a una iglesia en la que llevan a cabo ceremonias para casar a personas gay, mientras que yo voy a otra iglesia en la que no lo hacen. Ambos somos bautistas y pertenecemos a la misma denominación bautista norteamericana, pero vamos a dos iglesias diferentes.

Deténganse a pensar en esto: ¿querríamos que el gobierno decidiera quién puede tomar la santa Comunión y quién no? ¿Querría la iglesia pasarle al estado el rito del bautismo, diciendo: «Al gobierno le toca decidir quién puede ser bautizado y quién no»? Si creemos que el matrimonio es un sacramento, o una ordenanza santa, ¿por qué dejar en manos del gobierno la determinación de quién puede entrar bajo el pacto del matrimonio?

Como Cristianos de las Letras Rojas, deberíamos pensar mucho acerca de las cuestiones de los gays y las lesbianas. En tanto que nadie sabe qué es lo que causa el tener una orientación homosexual, *sí* sabemos que la gente no elige ser homosexual. He conocido una cantidad de hombres cristianos gays que dicen haber caminado por las noches, yendo y viniendo, y clamando a Dios por liberación, cuya orientación sexual no ha cambiado. Muchos de ellos han pasado por largos períodos de consejería, esperando que eso los llevara a lograr una orientación heterosexual, pero fue inútil. A veces actúan como si Dios les hubiera jugado una mala pasada porque creen que Dios los creó para ser homosexuales, y por lo tanto los ha predestinado a la perdición.[2]

No estoy diciendo que la gente nazca homosexual. Nadie sabe con seguridad qué es lo que causa que la gente se vuelva lesbiana o bisexual, o desee ser transexual. Sin embargo, creo que la orientación sexual es algo que sucede tan temprano durante el desarrollo de los niños que ellos nunca recuerdan haberla elegido. Lo que resulta igualmente importante es que el cambio de orientación sexual es extremadamente raro. Con frecuencia los intentos por cambiar la orientación sexual a través de lo que se llama terapia reparadora pueden producir un gran daño psicológico.

La iglesia necesita enfrentar estas realidades, y creo que está comenzando a hacerlo. Muchas iglesias están empezando a ver que tratamos con individuos lastimados que se hallan en situaciones que no han elegido, y que sufren mucho, con frecuencia por la manera en que los trata la iglesia y por la información equivocada que a veces ha difundido sobre ellos. Cuando escucho a algunos predicadores radiales decir algo erróneo como: «Los muchachos se vuelven gays porque tienen padres débiles o ausentes», tengo ganas de gritarles: «¡Eso es algo completamente equivocado! Y con ese tipo de expresiones están produciendo un sufrimiento innecesario».

La mayoría de los padres de personas gays, cuando descubren que sus hijos son homosexuales, realizan un auto examen extremadamente doloroso. Aun cuando esos padres acepten a un hijo gay o a una hija lesbiana, saben que la vida va a ser ardua para su hijo. Esos padres no necesitan que un predicador que no sabe de qué habla les diga: «Tienen que enfrentar el hecho de que su hijo es gay porque ustedes fracasaron como padres». Resulta horroroso culpar a los padres cuando no hay evidencia que corrobore esa declaración neofreudiana de que es un padre débil o ausente el que produce un hijo homosexual. Aquellos padres ya están soportando sufrimientos y vergüenza de parte de la iglesia, y no necesitan que alguien les coloque una culpa extra.

SHANE: Cuando estuve en la India, trabajé en el primer hogar de la Madre Teresa, el Hogar para Moribundos. Había allí docenas de voluntarios, algunas de las personas más extraordinarias que jamás haya conocido. Cada día viajábamos juntos de ida y de vuelta en los ómnibus. En una de esas ocasiones, una de las voluntarias me confió que era gay. Estaba luchando por descubrir qué hacer con eso, y cómo llevar una vida que honrara a Dios siendo lesbiana. Mientras hablábamos, le pregunté si había pensado en hablar con la Madre Teresa al respecto. Me dijo que lo había estado pensando.

Así que unos pocos días después le volví a preguntar si había hablado con la Madre Teresa. Me dijo que sí. Cuando quise indagar cuál había sido su respuesta, la mujer se sonrió y señaló: «No dijo mucho». Eso solo ya era profundo, pero yo seguí intentando. «Bueno, pero dijo algo, ¿no?». Mi amiga respondió: «Mayormente escuchó. Pero luego de que acabé de abrirle mi corazón, me preguntó si estaba dispuesta a leer las Escrituras en la misa del día siguiente».

¿Cuánta belleza tiene eso? Muy a menudo pensamos que nuestra tarea es presionar a la gente, y en realidad constituye una falta de fe en que el Espíritu ya esté trabajando en ellos, conduciéndolos. Creemos que el Espíritu no puede obrar sin que nosotros saltemos en su ayuda para asegurarnos de que la gente sepa lo que dice la Biblia, o esto, o aquello.

Con demasiada frecuencia confundimos nuestro rol. Nuestro amigo Andrew Marin, autor de *Love Is an Orientation* [El amor es una orientación], que constituye un gran recurso para tratar con este tema, dijo que cuando se le preguntó a Billy Graham sobre la cuestión gay, dio esta respuesta: «Es tarea del Espíritu Santo convencer, la de Dios juzgar y la mía amar».[3]

Cuando recibimos a aquellos que están fuera de orden, nos metemos en un lío. Recuerdo que cuando estaba en Easter conocí a un muchacho que se hizo muy amigo mío. Me dijo que era gay y que toda su vida le habían dicho que él era un error. Con lágrimas corriéndole por el rostro, me contó que quería matarse porque: «¿Cómo puede ser que Dios cometa errores?».

Recuerdo que pensé: *si este muchacho no puede encontrar un hogar en la iglesia, ¿entonces en qué nos hemos convertido? Y si él no puede encontrar un amigo en mí, ¿entonces en qué me he convertido?*

TONY: Me pregunto cuántas personas como él viven sus vidas en una desesperación silenciosa. Algunos hasta son arrastrados al suicidio. El Departamento de Salud de Estados Unidos afirma que el suicidio de hombres y mujeres jóvenes por causa de su orientación sexual es la segunda causa de muerte entre los adolescentes.[4] La única cosa que la supera estadísticamente es el conducir en estado de ebriedad. No sé de qué más se ocupa la iglesia, pero si al tratar con gays, lesbianas, bisexuales y transexuales, contribuye a llevar a la gente al suicidio, algo está mal con aquella iglesia.

SHANE: Nuestros amigos del Grupo Barna hace algunos años llevaron adelante un estudio en el que le preguntaban a jóvenes no cristianos acerca de su percepción con respecto a los cristianos.[5] Descubrieron que la respuesta más frecuente que daban cuando se les preguntaba qué era lo que pensaban al escuchar la palabra *cristiano*, era «anti homosexual».[6] Debería rompernos el corazón el hecho de que a menudo seamos más conocidos por los asuntos a los que nos oponemos que por los que apoyamos. Nos conocen mejor por aquellos a los que hemos excluido que por aquellos a los que hemos abrazado. Eso no era lo que la gente pensaba cuando se encontraba con Jesús. Los individuos no tenían un encuentro con Jesús para luego salir diciendo: «Hombre, con seguridad no le gustan los tipos gays».

TONY: Ni tampoco se pensaba así sobre aquellos que pertenecían a la iglesia primitiva. Los no cristianos no decían de los cristianos del primer siglo: «Observen lo anti gays que son los cristianos». En lugar de eso, señalaban: «Miren cómo se aman los cristianos unos a otros».

Hay pasajes de las Escrituras que la gente utiliza para emitir juicios sobre las personas gays, lesbianas, bisexuales y transexuales.

Existen al menos siete pasajes de las Escrituras a los que ellos se remiten corrientemente, pero resulta interesante notar que ninguna de las letras rojas tiene nada que decir sobre este tema. Jesús nunca habló sobre la homosexualidad, y no era porque no conociera su existencia. Él conocía, e indudablemente apoyaba, las enseñanzas sobre el erotismo dentro del mismo género tal como se encontraban en Deuteronomio y Levítico, pero nunca mencionó nada sobre ellas en sus dichos registrados. Los homosexuales no estaban en su lista de los diez principales referida a la gente a la que se debía condenar. Los número uno de su lista eran los líderes religiosos que tenían la política de «imponer pesadas cargas a la gente y no hacer nada por levantarlas», según Mateo 23.4. Lamentablemente, demasiadas personas de la iglesia con frecuencia hacen que las cargas que llevan las lesbianas, los gays, los bisexuales y los transexuales se vuelvan cada vez más pesadas, pensando que esa es la manera de conducir a esos hijos de Dios al arrepentimiento, cuando, en muchos casos, los llevan a la desesperación.

En lugar de ello, deberíamos equivocarnos para el lado de la gracia, como un capellán colega conocido mío lo demostró bellamente. Una mujer joven llegó cierta vez a su oficina llorando porque había sido puesta en descubierto. La noticia de que era lesbiana andaba rodando todo el campus. Sabía que era solo cuestión de tiempo para que la noticia llegara a su padre, que era uno de esos predicadores austeros que, con regularidad sistemática vapuleaba a los gays y lesbianas con el uso de las Escrituras y predicaba en contra de ellos desde el púlpito. Ella le dijo: «Cuando mi padre se entere de que soy homosexual, va a rechazarme. Lo sé. Y tengo que decírselo porque le va a llegar, y prefiero ser yo la que se lo cuente».

El capellán del colegio le respondió: «No tienes que decírselo tú. Se lo diré yo. Quédate sentada ahí». Levantó el teléfono, llamó a aquel predicador y le dijo: «Su hija está aquí en mi oficina. Durante los últimos dos años ha demostrado ser una de las mejores cristianas que tenemos en el campus. Conduce un grupo de estudio bíblico que entiendo es el que cuenta con la asistencia más fiel, y resulta el estudio bíblico más eficaz aquí en nuestra institución. También está en el grupo de alabanza que dirige los servicios en la capilla del colegio. Tengo que decir que es un vivo testimonio de lo que Jesús quiere que sea una joven cristiana».

El padre inmediatamente arrancó con una respuesta entusiasta. «Esa es mi hija», dijo. «Cuando está en casa durante los meses de verano, el programa juvenil realmente repunta. Ella logra que vengan más adolescentes al grupo de jóvenes durante el verano que los que asisten durante cualquier otra época del año. Visita a los ancianos y hace llamadas al hospital. La gente habla sin parar sobre lo santa que es».

El capellán lo interrumpió y le dijo: «Entonces estamos de acuerdo. Su hija es una maravillosa mujer cristiana, y en los próximos treinta segundos voy a descubrir si *usted* es digno de ser llamado su padre».

Pienso que esa sería la manera en la que Jesús hubiera manejado la situación. Quizás habría señalado: «Antes de decir nada sobre su hija, tal vez usted debería echarse una buena mirada a usted mismo».

Sé que en tanto Jesús nunca habló de la cuestión de la homosexualidad en aquellas letras que aparecen en rojo, sí lo hizo específicamente con respecto al divorcio y al recasamiento en el Sermón del Monte, y que emitió palabras fuertes sobre ese asunto (Mateo 5.31–32). Me parece hipócrita que esta comunidad evangélica de la que los dos formamos parte, esté lista para abalanzarse sobre parejas que mantienen relaciones sexuales sobre las que Jesús nunca hace mención, y que, sin embargo, generalmente se muestre benévola con los divorciados y recasados de la iglesia. No me malinterpreten: yo creo que se puede defender el divorcio dadas ciertas circunstancias, pero las personas gays suelen preguntar: «Si ustedes los cristianos pueden mostrarles benevolencia a ellos, ¿les queda algo para nosotros?».

SHANE: En uno de los lugares en los que hablé recientemente, el pastor se me acercó de antemano y mencionó que había dos hombres gays sentados en primera fila. Me dijo: «Solo quería asegurarme de que usted lo notara, de modo que pudiera decir algo si lo desease». Le respondí: «No estoy seguro acerca de lo que usted tiene en mente. A mí me gustaría decir que estoy realmente contento de que ellos se hayan sentido bienvenidos en su iglesia». Eso no era lo que él tenía en mente.

Siempre le digo a nuestra comunidad que nosotros deberíamos atraer a la gente que Jesús atraía y frustrar a la gente a la que Jesús frustraba. En verdad, nunca es nuestra meta frustrar a nadie, pero vale la pena notar que la gente que constantemente se mostraba agitada ante él eran los santurrones, la elite religiosa, los ricos y los poderosos. Y que la gente que estaba fascinada con él, con su amor y su gracia, eran individuos que ya habían sido heridos y excluidos, individuos que no tenían mucho que perder, que sabían muy bien que estaban quebrantados y necesitaban un Salvador. Y eso es lo que significa ser iglesia. Escuchamos un susurro que nos dice que en verdad somos personas quebradas y pecadoras, pero que también lo son todos los demás. Y también escuchamos el susurro de la gracia en cuanto a que somos hermosos y amados, creados a la imagen de Dios, igual que todos los demás. Es importante reconsiderar la manera en que pensamos sobre el pecado. Dios odia el pecado porque ama a la gente. Y el pecado lastima a la gente. El pecado está por debajo de lo que el amor demanda de nosotros. Se nos recuerda que el versículo lema del evangelicalismo, Juan 3.16–17, dice: «Porque tanto amó Dios al mundo, que dio a su Hijo unigénito, para que todo el que cree en él no se pierda, sino que tenga vida eterna. Dios no envió a su Hijo al mundo para condenar al mundo, sino para salvarlo por medio de él». Jesús no vino a condenar al mundo sino a salvarlo.

TONY: Al analizar la sexualidad, tomo conciencia de lo poco que hemos desarrollado la línea de una teología del sexo entre nosotros los cristianos. Hasta que no desarrollemos una teología satisfactoria, nos resultará difícil a cualquiera de nosotros, responder muchas de las preguntas con respecto a lo que es correcto y lo que es erróneo al evaluar la conducta sexual.

Estaba analizando la moralidad sexual con algunos de mis alumnos en la Universidad de Pennsylvania y me di cuenta de que en su pensamiento secular ellos tenían un concepto claro de lo que significaba cometer pecados sexuales. Dado que no creían en Dios, les pregunté cómo determinaban lo que era el pecado y cuáles eran las cosas correctas o erróneas. Su definición de pecado merece una consideración seria. Ellos afirmaron que pecado es cualquier cosa que deshumanice a otra persona.

¿La mentira deshumaniza a la otra persona? ¡Sí!

¿El adulterio deshumaniza a la gente? ¡Sí!

«El pecado no es simplemente la violación de esta ley, o de aquella, o de la otra», dijeron. «Es cualquier cosa que deshumanice a otra persona».

Ustedes y yo sabemos que hay algunos matrimonios en los que la esposa o el esposo es deshumanizado en la relación. La manera en que uno de los dos está siendo tratado puede resultar tan humillante, tan degradante y tan deshumanizadora, que aunque no hayan quebrantado ninguna ley prescrita por la religión ni hayan cometido adulterio, hay pecado envuelto en esa relación.

Cuando se trata de la sexualidad, la Biblia usa dos palabras para el acto sexual. Una de ellas es *acostarse*. Hay lugares en la Biblia en la que dice refiriéndose a ciertos actos de interacción sexual que «tal persona *se acostó* con tal otra». En el lenguaje de la calle aún hoy hay personas que dicen que van a salir y acostarse con otra. La palabra *acostarse* es muy descriptiva, y en el mundo de hoy hay relaciones sexuales en las que las personas son deshumanizadas por que se las trata como cosas, y cuyo único propósito es liberar las urgencias de la libido. En esas relaciones sexuales, la gente solo experimenta el «acostarse».

Pero la Biblia también tiene otra palabra para las relaciones sexuales. Es la palabra *conocer*. Por ejemplo, leemos que Adán *conoció* a Eva. Existe una diferencia entre tener una relación en la que una persona se acuesta y una relación en la que una persona llega a *conocer* a la otra persona. Pablo dijo muy elocuentemente con respecto a ese tipo de amor: «Ahora conozco de manera imperfecta, pero entonces conoceré tal y como soy conocido» (1 Corintios 13.12). Ese tipo de intimidad humaniza, en tanto que el solo acostarse deshumaniza y resulta pecaminoso. La iglesia debería tomar una postura en contra de la deshumanización de la gente, sea que se trate de homosexuales o de aquellos que están dentro de un matrimonio heterosexual. Llamar a las personas gays «abominación», como lo hacen algunos religiosos críticos de los gays, constituye un pecado, porque los deshumaniza. Presionar a las personas para que se mantengan en un matrimonio deshumanizado es, según creo, pecado también.

Hay algunos que me desafían diciendo que el libro de Levítico dice que tales personas son abominación. ¡Están en lo cierto! Viene inmediatamente después del versículo que dice que tocar la piel de un cerdo muerto es una abominación para Dios... lo que coloca al Super Bowl de la Liga Nacional de Fútbol en un serio cuestionamiento (Levítico 11.7–11).

Independientemente de las diferencias que los cristianos puedan tener sobre este tema controversial, deberíamos concordar en que los gays, lesbianas, bisexuales y transexuales son el prójimo al que debemos amar como nos amamos a nosotros mismos (Mateo 22.39).

Diálogo sobre la inmigración

Fui forastero, y me dieron alojamiento.

MATEO 25.35

SHANE: Un tema recurrente en las Escrituras, del Antiguo Testamento al Nuevo, es que debemos acoger a los extranjeros. En cierto punto las Escrituras nos instan a cuidar y recibir a los extranjeros porque podemos estar hospedando ángeles sin darnos cuenta (Hebreos 13.2). El Evangelio de Mateo dice que cuando recibimos a un extraño, estamos recibiendo a Cristo (Mateo 25.37–40). Así que cuando hospedamos a alguien, bien podríamos estar alojando a un Jesús de incógnito; o por lo menos a un ángel. Esta es una razón muy buena para darles la bienvenida a los inmigrantes.

Recuerdo haber oído acerca de una pequeña comunidad de cristianos en la frontera entre Estados Unidos y México que se preocupaba mucho por la inmigración. Ellos habían creado toda una red de casas cristianas hospitalarias que recibían a gente necesitada de un hogar. Tenían abogados que ayudaban a esos individuos a conseguir la documentación debida cuando era preciso.

Ellos dieron comienzo a un servicio de adoración maravilloso y profético a lo largo de la frontera. Los cristianos que vivían en México se acercaban hasta el muro donde los cristianos que vivían en Estados Unidos se encontraban con ellos. Cantaban, adoraban a Jesús, y luego se servían la Comunión los unos a los otros arrojando el pan y las botellas de vino por encima del muro. El muro, creado por la gente, por los gobiernos de este mundo, no constituye una barrera para el pueblo de Dios, que es uno en el Espíritu.

Los Cristianos de las Letras Rojas no debemos esperar que los políticos nos digan cómo tratar a la gente; la Biblia nos lo dice. Podemos notar un mandato claro en cuanto a recibir a los extranjeros desde Levítico hasta Santiago. De hecho, Santiago llega más lejos al decir: «La religión pura y sin mancha delante de Dios nuestro Padre es ésta: atender a los huérfanos y a las viudas en sus aflicciones, y conservarse limpio de la corrupción del mundo» (Santiago 1.27). No esperemos a que Washington DC legisle el amor. Debemos ser aquellos que le muestren hospitalidad al mundo y que den testimonio de un Dios cuyo amor no se detiene en los límites de una nación.

Los muros son cosas peligrosas, sean cercas hechas con estacas puntiagudas, celdas en una prisión, muros de seguridad, barrios cerrados, cubículos en las oficinas, burbujas académicas o un apartheid en Tierra Santa. Pero Dios es un Dios de reconciliación que tiene bastante práctica en eso de derribar muros.

Una de las últimas imágenes que aparecen en el Apocalipsis es la de la Nueva Jerusalén, y allí dicen las Escrituras: «Sus puertas nunca serán cerradas» (Apocalipsis 21.25, RVR60).

TONY: No solo el Nuevo Testamento presenta argumentos a favor de recibir a los extranjeros como si fueran conciudadanos, como tú lo señalas, sino que también aparece en la Biblia Hebrea. En lo que llamamos el Antiguo Testamento, leemos que a los antiguos se les recordaba constantemente que debían tratar al extranjero con justicia y amor, porque ellos mismos en otro tiempo habían sido extranjeros en la tierra de Egipto (Deuteronomio 10.19). Dios deseaba que ellos recordaran que cuando fueron extranjeros, aquellos judíos hubieran querido que la gente les mostrara amabilidad y amor. Dios quería que ellos trataran a los demás como hubieran deseado ser tratados.

Tenemos una visión corta de la historia. Les decimos a los extranjeros indocumentados que vienen de México: «No pueden cruzar la frontera y establecerse en nuestra tierra», pero raramente nos detenemos a pensar que varios de los estados del sudoeste una vez fueron *su* tierra, y que se las arrebataron generaciones anteriores de estadounidenses. Me alegro de que algunos cristianos estén intentando ayudar a esos extranjeros en su camino hacia una mejor vida aquí en Estados Unidos al proveerles alojamiento seguro en casas que han establecido a lo largo de la frontera.

La verdad es que, en un sentido, muchos de nosotros somos inmigrantes ilegales, o hijos de inmigrantes ilegales. ¡Pensémoslo! ¿Los europeos que vinieron aquí y les quitaron la tierra a los nativos americanos tenían el derecho legal a hacer eso? ¿Los padres y madres fundadores de Estados Unidos tenían derecho a atravesar el Océano Atlántico y arrebatarles la tierra a aquellos que ya estaban viviendo aquí?

SHANE: Esa es la historia, ¿no es verdad? Además, todos somos ilegales en el reino, y Jesús nos hizo entrar en él. Eso debería llevarnos a mostrar mayor gracia aun hacia este mundo en cuestiones como la inmigración. Bob Ekblad, autor de *Reading the Bible with the Damned* [Leer la Biblia con los desgraciados], escribió un artículo sobre lo mal que se sienten sus amigos que no cuentan con documentación mientras tratan de conseguirla.[1] Muchos experimentan una cantidad de cosas, menos gracia, de parte de algunos cristianos que solo continúan diciéndoles que está mal que quebranten las leyes. Bob habla sobre Jesús como «el Buen Coyote» que constantemente les ofrece su gracia a los de afuera y trae a los ilegales al reino. (*Coyote* es el nombre que usan con frecuencia los individuos que ayudan a la gente a cruzar la frontera ilegalmente).

Jesús es aquel que nos metió en el reino de Dios cruzándonos por sobre la frontera, y ni siquiera nos ha cobrado el derecho a ser ciudadanos. Jesús siempre se ha metido en problemas por recibir a los «ilegales» en el banquete. Se lo acusaba de ser un glotón y un borracho por haber andado con la gente equivocada. Pero constantemente él desafió y frustró a los fariseos, que pensaban que era obedeciendo todas las reglas y guardando todas las leyes que se entraba al cielo.

Como lo dijo el apóstol Pablo, hablando de Jesús: «Él vino y proclamó paz a ustedes que estaban lejos y paz a los que estaban cerca. Pues por medio de él tenemos acceso al Padre por un mismo Espíritu. Por lo tanto, ustedes ya no son extraños ni extranjeros, sino conciudadanos de los santos y miembros de la familia de Dios» (Efesios 2.17–19).

Toda la Biblia está llena de gente de afuera convertida en la de adentro por la gracia. El nacimiento de Moisés es escandaloso, porque él fue introducido ilegalmente, de contrabando, en este mundo, en un acto de desobediencia civil. Su madre lo salvó de la espada y lo hizo flotar en el río, y la hija de Faraón se lo apropió y lo crió ilegalmente con una nodriza hebrea (que en realidad era su verdadera madre), según Éxodo 2. A Rut, «la moabita» (en código, «la forastera»), le muestra hospitalidad Booz, con quien luego se produce un bello romance, y aquel matrimonio intercultural forma parte de la genealogía que nos lleva hasta Jesús (Rut 2—4). O sea que Jesús tenía una bisabuela «ilegal». Aun el nacimiento de Jesús entra dentro de esta dinámica. Nació sin que hubiera lugar para él en el mesón. Nació en el camino, durante un trayecto; era un refugiado. Y ahí fue que Herodes comenzó a matar a los pequeños. Hay muchos elementos que reflejan la situación de aprietos que sufren los inmigrantes contemporáneos y los que buscan asilo.

Uno pensaría que los cristianos, cuyo Salvador nació como un bebé refugiado, sin hogar, serían las personas más solidarias y compasivas.

Uno de los mayores debates producidos en la iglesia primitiva fue con respecto a si los gentiles debían ser recibidos en la iglesia o si esta era solo para los judíos; o si acaso los judíos debían entrar primero (Hechos 11). La respuesta les llega con una claridad inconfundible. La gracia de Dios es inmensa. ¡Y por ella este gentil está muy agradecido!

Así que si hemos experimentado esta clase de hospitalidad de parte de Dios, no podemos sino extenderla a otras personas, en especial a aquellos que son más vulnerables y marginales. Tenemos un Dios que ha estado convirtiendo a los foráneos en nativos durante miles de años.

TONY: En un sentido espiritual, nosotros los cristianos gentiles somos todos extranjeros. La Biblia declara que como tales hemos sido injertados en Israel (o asimilados a ellos), según Romanos 11.17–25. Es por la gracia de Dios que hemos sido convertidos en ciudadanos del nuevo Israel (Efesios 2.14–23).

SHANE: La iglesia tiene toda una historia en cuanto a ser un «santuario» que les provee refugio a los individuos en crisis sin hacerles preguntas. Hay un nuevo movimiento de este tipo en Filadelfia, llamado el Movimiento del Nuevo Santuario, cuya misión es «dar a conocer las injusticias que enfrentan los inmigrantes, tanto documentados como indocumentados».[2]

Hay gran cantidad de otros ejemplos de aventuras de hospitalidad de riesgo. Recientemente en mi vecindario una congregación comenzó por abrir el edificio de la iglesia, como muchas congregaciones lo hacen alrededor del mundo, a los sin techo, de modo que ellos tuvieran un lugar seguro y abrigado para dormir por las noches. El gobierno de la ciudad escuchó acerca de ellos y comenzó a tomar medidas.

Al pastor le dijeron que no se les permitía tener un refugio, porque no contaban con los permisos apropiados, ni tampoco se los concederían porque la ciudad no deseaba tener un albergue allí. Pero uno no se puede meter con los pentecostales.

Así que la congregación oró y el Espíritu se movió. Volvieron a hablar con los funcionarios de la ciudad y les anunciaron que ellos seguirían no teniendo un refugio, pero que tendrían una reunión de avivamiento todas las noches desde las 8 p.m. hasta las 8 a.m. Fue fantástico ver cómo los noticieros cubrieron la historia.

La ciudad no se animó a detener ese avivamiento: ¡fue algo maravilloso! Comenzaban con canto, adoración y participación de la gente. Luego de unas dos horas, el pastor se ponía en pie y decía: «Bien, con esto concluye el servicio formal de esta noche. Las siguientes ocho horas serán de una meditación silenciosa. Que todos pasen una buena noche». ¡Hasta donde sé, esas reuniones de avivamiento todavía continúan! Ese es el valor que necesitamos.

TONY: Aquí, en Wayne, Pennsylvania, hay una iglesia refugio. Allí le dan alojamiento a extranjeros indocumentados, a los que algunos llamarían inmigrantes ilegales. Al reverendo Luis Cortés, que ayudó a fundar la organización Clérigos Hispanos de Filadelfia, no le gusta la etiqueta de «inmigrantes ilegales». Él dice que sería mejor referirnos a aquellos hermanos y hermanas como «inmigrantes indocumentados».

Algunos del sector político conservador de nuestra sociedad dicen que no podemos simplemente permitirles cruzar nuestras fronteras, sin realizar ningún tipo de control, a todas las personas que deseen hacerlo; y tienen razón. Dicen que hace falta tener algo a lo que llaman «un muro alto», para asegurarnos de que aquellos que desean venir no sean criminales, o traficantes de drogas, o gente con enfermedades contagiosas. Lo que dicen tiene cierto mérito. No se debería permitir que ingresaran a este país aquellos a los que no se les haga una averiguación de antecedentes. Deberíamos saber si un potencial inmigrante tiene antecedentes criminales o si es un traficante de drogas o un terrorista. Deberíamos tener alguna evidencia de que va a realizar una contribución positiva a nuestra sociedad. Y eso se puede realizar. La gente que quiere venir aquí podría ser revisada en la embajada en sus propios países antes de cruzar la frontera y luego, en los puntos de entrada, deberían tener que presentar los documentos que mostraran que son personas respetuosas de las leyes.

Por otro lado, si queremos evitar que la gente venga ilegalmente a nuestro país, tenemos que hacer más fácil su entrada legal. Al presente, si una persona desea venir a Estados Unidos y conseguir un trabajo legalmente, eso puede llevarle unos dos o tres años. A veces requiere pagarles importantes sumas de dinero a abogados para que consigan la tarjeta verde emitida por el gobierno, necesaria para encontrar un empleo legal. Los inmigrantes pobres no tienen los medios para sostenerse durante ese tiempo de espera, ni el dinero para pagar a los abogados que manejan el papeleo necesario para conseguir las tarjetas verdes. No debería sorprendernos, entonces, que tantos evadan todo el sistema legal y se abran paso a través de las fronteras. El gobierno debería emitir tarjetas verdes de inmediato, una vez que las personas están en condiciones de ser admitidas en nuestro país.

Debería haber una puerta amplia para los inmigrantes. Deberíamos estar preparados para darles la bienvenida a esas personas, no solo por el bien de ellos, sino también por el de nuestro propio país. Estados Unidos necesita a esos inmigrantes. Si no lo creen así, intenten hablar con los agricultores de los estados limítrofes del sur.

SHANE: Resulta opresivo sentirse un ilegal, en especial cuando uno está haciendo todo lo posible, saltando a través de todos los aros burocráticos que colocan en el camino, esperando mes tras mes, intentando tener toda la documentación legal en orden.

Uno de mis amigos más cercanos en Filadelfia es un pastor coreano llamado Taehoo Lee. Él está en la junta directiva de Simple Way y se lo considera una especie de héroe en Filadelfia del Norte como líder de los mejores campamentos de verano, con cientos de niños. Es un tipo increíble que se ha estado entregando a sí mismo completamente en algunos de los vecindarios más duros de Filadelfia durante más de quince años. Así que este año él ha pasado por todos los procesos legales que le permitan quedarse aquí y continuar realizando la maravillosa obra que lleva a cabo en la ciudad. Sin embargo, tuvo que esperar meses sin que le dijeran nada. Tiene muy buenos abogados trabajando para él. Ellos le decían que si no recibía noticias hasta determinado tiempo, estaba en peligro al permanecer más tiempo del que le concedía su visa. Si se quedaba aquí, se arriesgaba a no poder regresar nunca; o a no poder regresar por años, tal vez para siempre. Así que tuvo que tomar una decisión: quedarse aquí y arriesgarse hasta que fuera posible que le dieran luz verde, o cancelar todos sus campamentos de verano y pagar miles de dólares para volver a Corea, donde no tenía nada. Dejar indefinidamente su automóvil y su casa, con todas sus cosas adentro (está en una zona marginal). Era absurdo. Finalmente, Taehoo fue obligado a cancelar todos los campamentos. Y ahora está en Corea. Todavía no ha recibido noticias acerca de cuándo podrá volver a Estados Unidos, si es que alguna vez se lo permiten. Su casa fue violentada y robada recientemente, y él todavía sigue esperando.

Esta historia y cientos de otras similares se repiten cada día. Teníamos una monja católica de la India que trabajaba día tras día en la recuperación de drogadictos en Filadelfia; acaba de ser enviada de nuevo a su patria. Todo lo que Taehoo y la hermana Garetti desean hacer es entregar sus vidas como misioneros, amando a Dios y a su prójimo, viviendo prácticamente con nada y ocupándose de algunas de las personas más vulnerables aquí. A ambos los han enviado de vuelta.

TONY: Jim Wallis estaba en una iglesia presbiteriana de Arizona cuando se enteró de que la directora de educación cristiana de la iglesia, que había nacido en México (la habían cruzado a través de la frontera cuando era un bebé, creció aquí, y fue a la escuela superior y al seminario aquí, antes de convertirse en líder dentro de su iglesia), acababa de ser informada de que era una inmigrante ilegal. Ahora ella está pasando por un largo proceso para intentar convertirse en una residente legal, y todavía se cuestiona el tema de si se le permitirá permanecer en Estados Unidos.

SHANE: Creo que estas historias muestran el costado humano de esta cuestión. Hay muchas más. Conozco personas que están esperando sus papeles y mientras tanto viven sin agua ni servicios. Conocemos a una antigua familia de El Salvador que ha llevado una vida increíble: han vivido profundamente y visto muchísimo. Ahora los tratan como a criminales.

A veces abordamos las cuestiones sin tener la gente de la que hablamos sentada a la mesa de conversaciones. El problema no es que esta gente no se preocupe por los inmigrantes; el tema es que no conocen a muchos de los inmigrantes. Cuantas más historias escuchamos, más percibimos que no se trata solo de algunas excepciones. Por supuesto, la gran ironía es que si miramos un par de generaciones atrás, encontraremos a algunas de estas personas en nuestra propia familia. Hemos desarrollado amnesia y olvidado que la mayoría de nosotros tenemos ascendientes que fueron inmigrantes.

TONY: Mi padre vino a este país, y según los registros que están en la Isla Ellis, fue investigado allí para asegurarse de que no fuera un peligro para el pueblo estadounidense. Los funcionarios de inmigración se aseguraron de que no fuera un criminal y de que no tuviera ninguna enfermedad de las temidas. Mi padre llegó aquí con treinta y cinco dólares en el bolsillo. A la semana siguiente de llegar, ya tenía trabajo y fue capaz de ganar el dinero suficiente como para criar una familia, comprar una casa, y compartir el sueño americano. Eso ya no es posible. Mi papá vino en un momento en el que las puertas estaban ampliamente abiertas. Ahora Estados Unidos la ha vuelto angosta. Cuando llegan inmigrantes, queremos que sean portadores de capacidades sofisticadas. Les hacemos espacio a aquellos que son doctores, ingenieros o científicos, y por consecuencia, ejercemos un drenaje de las mentes calificadas de los países pobres. Estados Unidos ya no dice más: «Dame a tus pobres y a aquellas masas apretujadas», como está escrito en la base de la Estatua de la Libertad. En estos días lo que les decimos a los países desfavorecidos es: «Dennos aquellos que tengan un doctorado, sus ingenieros, sus médicos; y, sí, aceptaremos a algunos pocos pobres también».

SHANE: En Filadelfia, en la calle Second Street, existe un mural cerca del área histórica, apenas a un par de cuadras de la Campana de la Libertad y del Centro Constituyente. El mural tiene algo más de nueve metros de alto por algo más de treinta metros de largo, y muestra imágenes de la lucha por la libertad aquí en Estados Unidos: temas como los derechos civiles, el doctor King, mujeres, trabajadores, agricultores y americanos nativos. Y luego, expuesta en forma prominente debajo de aquellas imágenes está la cita tomada de la inscripción de la Estatua de la Libertad.

Dame aquellos que están cansados, tus pobres,
Tus masas apretujadas que anhelan respirar libres,
La mezquina negativa de tus vastas playas
Envía a aquellos, los sin techo, arrojados por la tempestad, hacia mí,
¡Levanto mi lámpara delante de la puerta dorada!

Hubo ciertos individuos sin techo que comenzaron a dormir bajo el mural (está debajo de una pasarela elevada, así que se mantiene seco), pero eso está ubicado en el distrito histórico, lo que implica una gran cantidad de turismo. La ciudad no deseaba que las masas apretujadas se interpusieran en el camino, así que colocaron un vallado alrededor del mural para evitar que ellos durmieran allí.

TONY: Has señalado un punto importante: que a la gente pobre se le están haciendo muchas cosas horribles, y nosotros no prestamos atención a ello. Esto sucede debajo de nuestras narices. Está sucediendo en Nueva Jersey, y está sucediendo en Pennsylvania, precisamente alrededor de donde vivimos nosotros.

SHANE: He tenido el privilegio de conocer a un grupo de trabajadores agrarios de Florida conocidos como la Coalición de Trabajadores de Immokalee. Han estado a la vanguardia de las cuestiones referidas a los derechos humanos, particularmente porque se relacionan con la esclavitud de los días modernos. He ido a Immokalee para visitarlos y he marchado cientos de kilómetros a su lado.

Esos trabajadores le han puesto un rostro a la cuestión de la inmigración y han señalado la horrible cara de la esclavitud de nuestros días, y así se han ganado el corazón de mucha gente. Algunas denominaciones cristianas completas se han unido a sus campañas y a algunos ocasionales boicots. De hecho, han logrado que casi una docena de los principales minoristas se unieran a su campaña para acabar con el abuso hacia los trabajadores migrantes.

El gran tema ahora es que, debido a que las principales cuestiones referidas a la inmigración se han vuelto más visibles, las otras injusticias van quedando ocultas. Ellos han logrado que tres casos de esclavitud actuales vayan a juicio, y uno de ellos fue resuelto a favor de gente que era encerrada en la parte de atrás de un camión Penske y obligada a orinar en un rincón del vehículo cerrado, debido a que no se le permitía salir. Quedaban encerrados durante la noche, y se los

sacaba durante el día para que trabajaran; luego eran coloca-
dos de nuevo en aquel lugar. Otros casos tuvieron que ver con
unas cien personas confinadas dentro de un espacio de tierra
en contra de su voluntad. Esas personas literalmente fueron
confinadas dentro de un vallado en ese terreno, y este asunto
solo salió a la luz cuando un hombre que se unió al grupo pudo
escapar para exponerlo. Estos casos fueron a juicio, pero es
imposible saber cuántos otros más existen, en parte porque
se hace que la gente sienta y actúe como menos que seres
humanos, ya que son tratados de ese modo.

Como Cristianos de las Letras Rojas, necesitamos preguntarnos cuáles son esos rostros humanos. Cuestiones como la
inmigración y la esclavitud no tienen que ver con ideologías;
tienen que ver con que los seres humanos han sido hechos
a la imagen de Dios. Y lamentablemente, con frecuencia no
tenemos idea de quiénes son esos rostros invisibles.

Diálogo sobre desobediencia civil

«Mi reino no es de este mundo», contestó Jesús.
«Si lo fuera, mis propios guardias pelearían
para impedir que los judíos me arrestaran.
Pero mi reino no es de este mundo».

JUAN 18.36

TONY: Shane, tú tienes mucho apoyo de parte de personas que dicen: «Debemos enfrentar al poder con la verdad», pero que luego se molestan cuando practicas la desobediencia civil. Tú estás dispuesto a ser arrestado cuando crees que el gobierno no está cumpliendo con la voluntad de Dios y es necesario oponérsele. Sé que has sido arrestado ocasionalmente, como cuando te uniste a aquellas personas en situación de calle que eran puestos en prisión por pernoctar en las veredas de Filadelfia. Cuando dormiste en la calle junto con ellos, ¡quebrantaste la ley! ¿Cómo reconcilias el infringir la ley y ser arrestado con lo que el apóstol Pablo dijo en Romanos 13.1–2? El señalaba allí: «Todos deben someterse a las autoridades públicas, pues no hay autoridad que Dios no haya dispuesto, así que las que existen fueron establecidas por él. Por lo tanto, todo el que se opone a la autoridad se rebela contra lo que Dios ha instituido. Los que así proceden recibirán castigo».

¿Cómo se puede tomar seriamente ese pasaje de las Escrituras y aún así pensar que la desobediencia civil es una manera aceptable de enfrentar al poder con la verdad?

SHANE: Sin lugar a dudas necesitamos someternos a las autoridades, pero yo creo que hay dos maneras diferentes de hacerlo. Una es obedecer las buenas leyes, y la otra es sufrir las consecuencias por desobedecer las malas leyes.

Es un deber divino no cooperar con la maldad. Así que Pablo, que escribe en Romanos 13 que debemos obedecer a las autoridades, es el mismo que dice en Efesios: «Porque nuestra lucha no es contra seres humanos, sino contra poderes, contra autoridades, contra potestades que dominan este mundo de tinieblas, contra fuerzas espirituales malignas en las regiones celestiales» (Efesios 6.12). Utiliza exactamente la misma palabra: *autoridades*. En algún punto tenemos que reconciliarnos con el hecho de que Pablo, que se sometía a las autoridades, también fue arrestado por rebelarse a las autoridades.

TONY: Siempre me resulta divertido el hecho de que Pablo escribiera para decirle a la iglesia en Roma que se sujetara a los poderes superiores mientras él estaba en la cárcel por desobedecer las reglas del sistema.

SHANE: Hay una tradición cristiana con respecto a la desobediencia civil desde el principio. La supervivencia de Moisés se debió a un acto de desobediencia civil: su mamá lo colocó en un cesto y lo dejó flotando en el río en medio de una matanza de bebés sancionada por el estado. La historia del Éxodo es una marcha clandestina: Dios liberando a los esclavos de Egipto. Se produjo una colisión con el poder cuando Sadrach, Mesach y Abed-nego desobedecieron las órdenes reales y fueron arrojados al horno de fuego. Daniel sirvió en la corte del rey pero no comió la comida real. Finalmente, su alianza con Dios, que no hacía concesiones, lo llevó a la jaula de los leones. Los profetas siempre hablaron como santos agitadores. Jeremías fue encarcelado, Juan el Bautista fue decapitado, y luego, llegando al fin de la historia, en Apocalipsis, Juan es exiliado en la isla de Patmos. Tenemos toda una historia llena de alborotadores santos, así que esta cuestión resulta insoslayable a través de las Escrituras.

Jesús nació en forma similar a Moisés, en medio de lo que se convirtió luego en un genocidio, debido a que Herodes mandó matar a los niños pequeños de esa tierra. A los magos prácticamente se les ordenó que fueran a verlo y volvieran para informarle a Herodes dónde estaba Jesús, pero fueron detenidos por los ángeles a través de un sueño en el que se les mandó ir por un camino diferente. Practicaron la desobediencia civil al no volver a Herodes. Pablo y Silas estaban en la cárcel y allí, literalmente, irrumpieron ángeles y los liberaron. Todo el libro de Filemón está escrito a un amigo al que se le hablaba de la necesidad de recibir de nuevo a un esclavo fugitivo, pero no ya como esclavo sino como hermano. El libro de Filemón tiene que ver con la obediencia a lo divino ante la esclavitud y la injusticia.

Luego, por supuesto, está Jesús, que constituye uno de los ejemplos más espectaculares de la clase de imaginación que necesitamos para enfrentar la injusticia. Jesús fue maravillosamente subversivo en su interacción con los recaudadores de impuestos, al sacar su impuesto de la boca de un pez. Él se mantuvo silencioso delante de Herodes, cuestionando su autoridad. Jesús fue acusado de revelarse ante las autoridades y declarar que era rey. Creo que la razón por la que lo acusaron fue porque Jesús realmente *se estaba* sublevando ante las autoridades y declarándose rey. Pero fue santo y humilde al hacerlo. Precisamente en línea con Efesios 6, él luchó contra los principados y potestades. Jesús casi nos prometió que nos meteríamos en problemas por causa del evangelio y que nos arrastrarían a la corte. Básicamente lo que dijo fue: «Si el mundo los aborrece, tengan presente que antes que a ustedes, me aborreció a mí» (Juan 15.18). Así que no deberíamos sorprendernos si nuestra fidelidad a Jesús nos conduce a la cárcel. Si analizamos un poco la historia, encontraremos que tenemos compañía.

Cuando hablamos sobre lo que las Escrituras dicen con respecto a la desobediencia civil, resulta importante que notemos que la meta del pueblo de Dios nunca es quebrantar la ley; la meta del pueblo es obedecer a Dios. No tiene que ver con la desobediencia civil, sino con la obediencia a lo divino. Hay un hilo que se percibe constante a través de las Escrituras, y a través de la historia, que tiene que ver con buenas personas que quebrantan las malas leyes.

Los cristianos del primer siglo pasaron por tiempos en los que descubrieron que era necesario practicar la desobediencia civil. Como leemos en Hechos 5.29 (RVR60), cuando las autoridades gubernamentales les demandaron que ellos terminaran con su predicación del evangelio, la respuesta que dieron fue: «Es necesario obedecer a Dios antes que a los hombres». Y, como sabemos, ellos continuaron realizando su tarea de evangelización.

Elaine Pagels, en su libro *Revelations* [Revelaciones] describe la manera en que los cristianos primitivos directamente quebrantaron la ley al practicar su fe cuando los emperadores romanos intentaban extinguir el cristianismo a través de convertirlo en una religión ilegal. Ella señala que, aunque generalmente tolerante, el «emperador y filósofo Marco Aurelio, que no tuvo tolerancia con el cristianismo, descubrió que el estado, con todo su poder, no podía impedirles a los cristianos realizar actos de desobediencia civil y expandir el evangelio a todo lo largo y ancho».[1]

Los cristianos primitivos fueron buenos en cuanto a practicar la obediencia a lo divino. El historiador de los tiempos primitivos Minucio Félix señaló: «Practican un culto lascivo, porque se llaman indiscriminadamente unos a otros hermano y hermana y bajo la cubierta de esos nombres la fornicación se convierte en incesto».

Orígenes, otro historiador de la época, dijo, respondiendo a Celso: «Los cristianos forman sociedades secretas entre ellos, que existen fuera de los sistemas de muros y de la comunidad oscura y misteriosa que se fundamenta en las revueltas para aprovechar las ventajas que se desprenden de ellas».

Al considerar a la iglesia primitiva, tengo la sensación de que cada vez que ellos decían «Jesús es el Señor», estaban diciendo «el César no lo es». Se trataba de una definición nueva y radical sobre quiénes eran; tenía que ver con una confrontación al poder, pero una confrontación humilde.

A través de todos los movimientos de la historia, existe un precedente de resistencia humilde. Durante el movimiento de los derechos civiles, el doctor King señaló repetidamente que necesitábamos buenas leyes. Sabemos que necesitamos leyes de tránsito, y las luces rojas son algo bueno; pero cuando hay un incendio en pleno desarrollo, los bomberos tienen que ignorar la luz roja y pasar para apagar el fuego.

A veces las crisis urgentes de nuestro mundo nos demandan que avancemos a pesar de las luces rojas para poder salvar a aquellos que están en peligro. Y siempre lo hacemos con la humildad de Cristo.

TONY: El sometimiento a las autoridades no implica una obediencia ciega. Estoy de acuerdo con cualquiera que diga: «Una ley injusta no es una ley en lo absoluto».

Shane, ¿cómo le respondes a la gente que pregunta qué es lo que debió haber hecho la iglesia en la Alemania nazi?

SHANE: Bueno, deberíamos haberle interferido el camino a Hitler. Él llegó al poder con la Biblia en sus manos, mientras la mayor parte de la iglesia se mantuvo al margen. ¿Pero Dios había llevado a Hitler al poder? Ciertamente no es la voluntad de Dios que aquellos que detentan el poder maten masivamente a la gente, pero tenemos que retrotraernos y mirar el origen de los reinados y del poder mundano.

La Biblia deja en claro que los reyes no fueron idea de Dios, sino de nosotros. Desde el mismo principio, cuando el primer rey ocupó ese lugar, a Dios no le gustó la idea. No se suponía que Israel tuviera un rey, pero ellos lo pidieron, así que lo obtuvieron. Dios les dijo explícitamente que el rey iba a oprimirlos, convertirlos en esclavos, quitarles su dinero, y hacer que pelearan en sus guerras (1 Samuel 8). Dios declaró: «En mi ira te di rey, y en mi enojo te lo quité» (Oseas 13.11).

Entonces, ¿los reyes y los líderes políticos han sido ordenados por Dios? Sí, porque nosotros se lo pedimos; y continuamos sufriendo por ello. Así como hubo reyes buenos y malos en la Biblia, hay gobiernos buenos y malos hoy. Pero nosotros hemos sido llamados a ser un pueblo distinto de lo que son ellos; siempre habrá cosas en los gobiernos que no estarán en línea con el corazón de Dios.

Creo que Estados Unidos es una nación cristiana solo cuando se parece a Jesús. Hay algunas cosas que hace nuestra nación de las que me siento orgulloso, y hay algunas otras que me llevan a sentir profunda vergüenza y pena como cristiano.

TONY: Exactamente. Uno puede vivir en la mejor Babilonia del mundo, pero siempre sigue siendo Babilonia. Y somos llamados a «salir de ella» (Apocalipsis 18.4) y reconocer que en última instancia nuestra ciudadanía pertenece a otro reino.

Todos los principados y poderes del mundo tienen la tendencia a afirmar que están haciendo la voluntad de Dios. Cuando crucificaron a Jesús, la clase dirigente religiosa y los líderes políticos que lo colgaron en la cruz básicamente dijeron: «Estamos cumpliendo con la voluntad de Dios». Pueden haber hecho declaraciones piadosas, pero, ¿cómo podían haber hecho la voluntad de Dios si estaban crucificando a su Hijo? Todo lo que necesitamos es echarle una buena mirada al Calvario para ver que aquellos que ocupan los puestos de poder no siempre hacen la voluntad de Dios. Si la hicieran, Jesús no habría sido clavado en la cruz. Es por eso que Pablo escribió en Colosenses que la crucifixión de Cristo expuso a los principados y a las potestades que lo clavaron a esa vieja y escabrosa cruz como poderes que estaban al servicio de propósitos malignos, sin que importaran sus declaración en cuanto a ser los defensores de la ley y el orden (2.15).

SHANE: ¿Entonces hay lugar para la desobediencia civil según la tradición cristiana? ¡Por supuesto que sí! ¿Hay lugar para llevar máscaras y arrojar bombas Molotov a través de las ventanas? ¡Por supuesto que no!

Tenemos una tremenda historia de resistencia no violenta, pero a través de un camino peculiar de combatir el mal. Dejamos expuesta la injusticia al sufrir con aquellos que sufren. El doctor King dijo: «Tenemos que sacar a la luz la injusticia y hacer que esa injusticia resulte tan incómoda que obligue a prestarle atención».

Y eso fue lo que el movimiento de los derechos civiles hizo: la gente vio que personas desarmadas eran golpeadas, atacadas por los perros, empapadas con mangueras (y otras maldades del racismo). Jesús hizo precisamente eso en la cruz: sufrió sin ejercer violencia, experimentó el odio y la maldad sobre él, y los desenmascaró. El apóstol Pablo dice que Jesús exhibió públicamente a los poderes y a las autoridades en la cruz (Colosenses 2.15).

El teólogo menonita John Howard Yoder llamó a esta idea una «subordinación revolucionaria».[2] A través del sufrimiento, más que por el conflicto armado, desenmascaramos la maldad y exhibimos la injusticia. Cuando mis amigos y yo fuimos a la cárcel en Filadelfia por alimentar a los sin techo y dormir en los parques públicos, hicimos que se levantaran grandes interrogantes acerca de la pertinencia de las leyes contrarias a los sin techo que la ciudad estaba dictando. Finalmente nos encontraron no culpables. Y hasta el juez dijo: «Si no fuera por la gente que quebranta las malas leyes, no tendríamos la libertad que tenemos ahora. Todavía tendríamos la esclavitud. Esa es la historia de este país desde el Tea Party de Boston hasta el movimiento por los derechos civiles. Estos individuos no son criminales: son luchadores por la libertad». De hecho, hasta los oficiales de policía fueron a la corte a argumentar que las leyes eran erróneas. Y todo eso porque nosotros quebrantamos leyes malas, y abierta y voluntariamente sufrimos las consecuencias.

TONY: ¿Fue parecido a lo que experimentaste en Irak?

SHANE: Al volver de Irak en 2003, descubrimos que realmente habíamos quebrantado la ley. Estábamos faltando a leyes sancionadas por Estados Unidos; nuestros médicos, médicos misioneros, llevaban medicinas a un país enemigo. Nos dijeron que podíamos enfrentar hasta doce años en prisión por violar las reglas.

Cuando llegamos a la corte, la primera cosa que dijo el juez fue: «¡Vaya, este es un caso realmente difícil! Creo que el estado tendrá que enfrentar algunos desafíos para poder probar este caso!». Nosotros estábamos dispuestos a sufrir por lo que habíamos hecho, dispuestos a ir a la cárcel por ello, y eso hizo que la gente enloqueciera. La gente decía: «¡Eso es una locura!» Hasta el juez dijo: «¡Esto es una chifladura!».

En lugar de pasar un tiempo en la cárcel, acabamos con una multa de $20.000, que con gusto pagamos con dinero iraquí. Esa suma hubiera correspondido a $20.000 dólares estadounidenses antes de la guerra, pero ahora valía alrededor de U$S 8. Pensemos en ello como un acto de haberle guiñado el ojo al César, y mientras practicar una subordinación revolucionaria. Requiere creatividad enfrentar las leyes injustas y los desafíos de hoy.

Consideremos a Martin Luther King Jr. y a tantos otros héroes que a través de la historia lucharon por la libertad. Cuando se trata de someterse a los castigos del gobierno, o de los «poderes», como los llama Pablo, nadie de los tiempos modernos constituye un mejor ejemplo que el doctor King. Cuando él quebrantó aquellas leyes de Alabama referidas al derecho de hacer demostraciones en contra del racismo, a las que consideraba injustas e inconstitucionales, también se presentó para ser arrestado y fue a la cárcel en Birmingham.

Resumiendo lo que decía King: «Ustedes pueden quemarnos nuestras casas, y nosotros seguiremos amándolos. Ustedes pueden arrojarnos a la cárcel y echarnos agua con la manguera, ¡y nosotros seguiremos amándolos! Pueden amenazar la vida de nuestros hijos, y nosotros seguiremos amándolos, ¡y estén seguros de que vamos a ganarles por cansancio a través de nuestro amor!».[3] Esta es la historia de nuestra fe. Como decían los cristianos primitivos: «La gracia es capaz de quitarle el filo la espada más afilada». Esta es la clase de movimiento al que quiero pertenecer.

TONY: También eso es precisamente lo que Jesús enseñó en el Sermón del Monte.

SHANE: ¡Sí! Él escogió algunas situaciones posibles que a la gente le resultaban familiares. Si alguien peca y te hace mal, pon al descubierto la injusticia y exhíbela. Si alguien te pide el abrigo, quítate toda la ropa. Esto es algo real: se le puede demandar a alguien que se quite la capa. Expongamos la codicia del que lo hace. Quitémonos toda la ropa y digámosle: «¡Puedes llevártelo todo, pero no me puedes quitar la dignidad!». Y creo que eso es lo que estamos llamados a hacer. Exponer esa injusticia con una subordinación revolucionaria.

Les enseño a los niños de mi vecindario que uno se puede meter en problemas por hacer cosas erradas, pero que también uno se puede meter en problemas por hacer lo correcto. Así que la pregunta es: ¿estamos haciendo cosas que honran a Dios? ¿Aun si colisionan con los reinos de este mundo? Hay infinidad de leyes malas que han existido a lo largo de la historia, así que el hecho de que sean legales no las vuelve correctas. Era legal tomar personas de África, esclavizarlas y tratarlas como a animales, pero no era correcto. Puede haber sido legal quitarles esta tierra a los americanos nativos, pero eso no era justo. Puede ser legal vender rifles de asalto en Filadelfia del Norte, pero eso no lo hace correcto. Puede ser legal crear armas capaces matar a cientos de miles de personas a la vez, pero eso no lo hace bueno. Puede haber sido legal clavar a nuestro amante Salvador a una cruz, pero eso no lo volvió justo.

TONY: Shane, yo vi esa subordinación revolucionaria durante la guerra de Vietnam, cuando enseñaba en la Universidad de Pennsylvania. Había algunos estudiantes protestando, con demostración de actitudes muy obscenas y destructivas. En cambio había otros que querían oponerse a la guerra y se resistían a ser reclutados en una forma decente y respetuosa. Recuerdo tres jóvenes que se acercaron a mí, angustiados, y me dijeron: «Profesor, tenemos un problema. Creemos que esta guerra en Vietnam es inmoral. Nuestra conciencia no nos permite formar parte de ella, pero a los tres nos han entregado la notificación del servicio selectivo (para ser seleccionados y cumplir con el servicio militar) y se espera que nos presentemos para ingresar al ejército. Nos oponemos a esta guerra y no deseamos apoyarla convirtiéndonos en soldados, así que estamos considerando salir del país e irnos a Canadá».

En respuesta, les dije: «Si realmente van a ser cristianos en esta cuestión, *no se irán* a Canadá. Se presentarán a la oficina del servicio selectivo y dirán: "¡Arréstennos! Entendemos que esta guerra es inmoral, pero nos sometemos a la jurisdicción de un gobierno que dice que va a castigar a cualquiera que viole la regla legal que indica que uno debe presentarse para cumplir con el servicio militar"». Entonces les expliqué por qué ese era el único recurso para un cristiano creyente como ellos.

¡Aquellos estudiantes lo hicieron! Fueron a la cárcel porque creyeron que, según lo dice Romanos 13, se les requería someterse a «las autoridades superiores» (versículo 1, RVR60). Solo permanecieron en la cárcel dos días, porque el gobierno no deseaba tener hombres cristianos, buenos y honorables, detrás de los barrotes, y que se esparciera la noticia de que esos excelentes jóvenes, por causa de su conciencia, se oponían a la guerra. El gobierno quería que se viera a todos los que protestaban en contra de la guerra como hippies que arrojaban piedras a las ventanas, que bloqueaban el tránsito y creaban tumultos. Deseaban dar solo imágenes negativas de los manifestantes, y con certeza no una imagen de alguien que está tras las barrotes y declara: «Estoy aquí en nombre de Jesucristo».

Hay lugar para la resistencia justa, en especial cuando el gobierno nos llama a una acción que violenta los valores cristianos. Esos jóvenes que se resistieron a la guerra estaban señalando que uno no tiene que acompañar al sistema. Puede llegar un tiempo en el que marchar junto con el sistema sea inmoral, y entonces lo único que se puede hacer es ponerse de pie y decir: «¡No!». Eso fue lo que hicieron Sadrach, Mesach y Abed-nego, según aquella historia que aparece en la Biblia, cuando se les ordenó adorar a la estatua de oro de Nabucodonosor, y si no, ser arrojados al horno de fuego. Ellos le dijeron al rey: «Vamos a hacer lo que Dios nos manda, y si se nos dice que nos inclinemos y adoremos al rey, ¡vamos a decir que no! Y si ustedes nos arrojan al fuego, tal vez Dios nos libre; o quizá Dios no nos libre. Pero independientemente de lo que Dios haga, ¡vamos a seguir diciendo que no!» (Daniel 3.16–18, paráfrasis).

SHANE: Y también Daniel. Hay algunos profetas que son voces en el desierto, como Juan el Bautista, y también profetas que se paran sobre sus pies en las cortes imperiales, como Daniel. Él se abstenía de la comida del rey. Su filosofía era básicamente: «Voy a servir en la corte del rey, pero no voy a beber la bebida del rey». Protegía su alma. Y se metió en problemas.

Podemos tener cualquier empleo en tanto estemos dispuestos a ser despedidos en cualquier momento por no hacer concesiones en cuanto a nuestra fe o a nuestra conciencia. Y, por supuesto, algunos empleos hacen que eso resulte difícil. Como trabajar en un negocio de pornografía.

¿Pero, y qué del servicio militar? ¿O de trabajar para alguien que venda armas, o para una compañía que continuamente cometa abusos contra los derechos humanos en otros países, o que destruya el medio ambiente? ¿Qué debe hacer un cristiano?

Para los cristianos primitivos el bautismo significaba que uno había sido hecho una nueva criatura. Se moría a la vieja vida, se la ahogaba allí, y uno se levantaba como una nueva persona. Eso también implicaba elegir una nueva carrera a veces, si uno era escultor de ídolos, o trabajaba coordinando las luchas de los gladiadores, o si servía militarmente.

Vivimos en una sociedad mucho más liberal, que quiere lograr todo a la vez, pero a veces eso simplemente no resulta. Sería imposible saber con exactitud lo que haría Jesús si viviera en Estados Unidos en lugar de haber vivido en la Roma del primer siglo. Pero no puedo evitar pensar que él encontraría la formar de hacer una crítica creativa a las prioridades del imperio en el que vivimos, del mismo modo en que cuestionó al imperio en el que él vivía. Roma y Estados Unidos tienen algunas cosas en común, incluido el hecho de que el punto más alto de su presupuesto es el gasto militar. Necesitamos considerar el coraje de los cristianos primitivos en su rebelión para descubrir cómo ser fieles a Cristo en el mismo corazón del imperio. Ellos se rehusaron a inclinarse ante el dinero. Insistieron en morir antes que matar. Se negaron a prometer lealtad a nada que no fuera Cristo, incluyendo Roma y el César. Y, al igual que Jesús, fueron acusados de traición e insurrección (Lucas 23.2). Su identidad en Cristo sobrepasaba a su identidad nacional. Su fidelidad a Cristo venía antes que su obediencia al César, aunque eso los pusiera tras las rejas o les costara la vida. Y con frecuencia fue así.[4]

17

Diálogo sobre el dar

*Cuídense de no hacer sus obras de justicia
delante de la gente para llamar la atención.*

MATEO 6.1

SHANE: Un estudio que acabo de ver muestra que los jóvenes están dando menos que nunca antes a la iglesia. Pero un segundo descubrimiento de ese estudio señala que estos jóvenes son la generación más generosa que jamás haya existido.[1] Estamos dando más que nuestros padres y abuelos, pero no le confiamos a la iglesia nuestro dinero. Eso hace surgir todo tipo de buenas preguntas.

Debido a que hemos crecido con Internet, tenemos un sentido muy claro de la desesperante disparidad económica de nuestro mundo. El mundo se ha achicado, y ahora podemos saber lo que sucede en Sudán y en Siria en cualquier momento. Minutos después de una catástrofe, como un tsunami, un terremoto o un huracán, podemos medir los daños y comenzar a buscar maneras de ayudar en lugares como Haití e Indonesia.

Eso también implica que vemos la disparidad entre los ricos y los pobres. Notamos las contradicciones: hay gente que muere en África porque no tiene mosquiteros que cuestan tres dólares y evitarían la malaria, mientras algunas congregaciones de la iglesia discuten sobre si necesitan o no un calentador de agua para el bautisterio.

Naturalmente, muchos jóvenes cristianos están donando mucho más a asociaciones sin fines de lucro y a algunas ONG de lo que dan a la iglesia porque quieren marcar una diferencia en el mundo y no están seguros de que la iglesia sea el mejor administrador de su dinero para lograr ese fin.

TONY: Si Jesús hubiera tenido la opción de invertir su dinero en un ventanal con vitrales o en alimentar a niños que se mueren de hambre en Haití, ¿qué hubiera elegido? La iglesia ha sido algo irresponsable al gastar el dinero, y los jóvenes lo saben. Søren Kierkegaard, sentado en una catedral, exclamó: «¡Tanto dinero gastado en construir edificios para honrar a alguien que dijo "Yo no habito en templos hechos de manos"!».

Jim Wallis, fundador de *Sojourners*, cree que un presupuesto es un documento moral, y que cuando uno mira el presupuesto de una iglesia, sabe a qué se dedica esa iglesia y qué es lo que valora. En muchos casos, uno descubre que los presupuestos de las iglesias muestran que están centradas en ellas mismas. La realidad es que muchas iglesias gastan poco en alguien o algo que no pertenezca a la iglesia. Cuando uno analiza el presupuesto de cualquier iglesia, probablemente encuentre que la iglesia solo paga sus cuentas y se hace cargo de sus propias necesidades. Se ha dicho que la iglesia tendría que ser el único club del mundo que existiera en beneficio de aquellos que no son miembros. Pocos de los presupuestos de las iglesias dan evidencias de eso.

SHANE: Hay un buen estudio sobre la mayordomía en la iglesia, denominado el proyecto de la Tumba Vacía. Se trata de un informe anual que sale para mostrar de qué manera gastan su dinero las iglesias, desglosado por denominación. Básicamente permite que la gente sepa qué se hace con su dinero. Se percibe que cada año se gasta más dinero en forma interna, en cosas como personal y mantenimiento del edificio. En general, más del noventa por ciento de las ofrendas que damos a la iglesia los domingos por la mañana quedan dentro del edificio (algunas denominaciones destinan apenas un dos por ciento a las necesidades misioneras en el exterior). Esto constituye la antítesis de lo que hacía la iglesia primitiva. El libro de Hechos señala que las ofrendas eran puestas a los pies de los apóstoles y distribuidas entre aquellos que estaban en necesidad (4.35).

TONY: No es para sorprenderse que los jóvenes, viendo en qué gastan el dinero las iglesias, digan: «No creo que Jesús gastaría en eso los recursos». Entonces aparecen celebridades como Bono, que vienen y convocan a la gente a responder a las necesidades de los pobres. Y aquello hace resonar una cuerda dentro de ellos.

Si yo voy a una conferencia de jóvenes y pregunto cuántos están dispuestos a gastar treinta y cinco dólares por mes para apoyar a un niño necesitado de un país en desarrollo a través de organizaciones fundamentadas en la fe, como Compasión Internacional o Visión Mundial, obtendré una respuesta mucho mayor que si pido lo mismo ante un grupo importante de adultos de buen pasar. La gente joven quiere aportar dinero en aquellos lugares que produzcan una diferencia a favor de los pobres. Desafortunadamente, no es la iglesia.

SHANE: Un amigo teólogo, Ray Mayhew, realizó un estudio sobre los diezmos y ofrendas en la Biblia, rastreando desde las Escrituras Hebreas hasta el Nuevo Testamento. Lo que descubrió es que le hemos causado un terrible perjuicio a la intención original de Dios, que era crear un sistema de redistribución de las riquezas para el cuidado de los pobres.[2]

En Simple Way, nuestros estudios sobre la economía bíblica se han convertido en un catalizador que ha disparado nuevos proyectos. A uno de ellos lo llamamos el Diezmo Relacional, en el que cristianos de todo el mundo aportan un diezmo (el diez por ciento de sus ingresos) a una fundación, y el cien por ciento de eso va a cubrir las necesidades de amigos, y vecinos. Básicamente decidimos no meternos con el resto de la iglesia, sino tratar de quitar la viga de nuestro propio ojo. Después de todo, la mejor crítica a algo equivocado es practicar algo mejor. No es perfecto, pero se trata de un proyecto interesante, anclado en una buena teología, inspirado por la iglesia primitiva, y con contenido. Pocas semanas atrás, a un amigo mío, que vive en la vereda de enfrente, le cortaron los neumáticos y le rompieron la ventana. Presenté la necesidad ante la comunidad del Diezmo Relacional de la que formo parte, y nosotros pudimos llevar esa carga con él y arreglarle el automóvil. Él se conmovió tanto, que ahora quiere unirse a nosotros. Esta es solo una de las maneras en las que podemos encarnar el evangelio que proclamamos con nuestras bocas. E imitar a la iglesia primitiva, al dar expresión a una comunidad que fascinaba a las personas por la manera en que compartían y en que amaban a la gente.

A pesar de que las investigaciones muestren lo contrario, cada vez hay más iglesias que se convierten en la excepción y crean fondos con diezmos relacionales, o tienen un pozo común que pueda suplir las necesidades a medida que se presentan. Conozco algunas que se han sentido de tal manera compelidas por el llamado a amar a nuestro prójimo como a nosotros mismos, que por cada dólar que gastan internamente se aseguran de que otro dólar salga hacia el exterior, sea para excavar pozos de agua en África o reparar una escuela de la localidad a la vuelta de la esquina. Otras congregaciones han decidido hacer campañas de jubileo[3] junto con sus campañas para reunir capital, en las que nivelan el dinero que recaudan internamente con del dinero que comparten con el resto del mundo. Tengo muchas esperanzas.

Hay una congregación grande de Michigan que dijo, al comenzar a construir un nuevo edificio: «No estamos seguros de que este sea exactamente el lugar en el que deberíamos invertir todos nuestros recursos», así que declararon un año de jubileo. Dejaron el edificio en suspenso y donaron U$S 400.000 para aliviar la pobreza extrema. Volvieron a comenzar la construcción al año siguiente, y yo no puedo dejar de pensar que Dios estuvo contento por la forma en que hicieron las cosas. No es que sea esto o aquello, pero si van a realizar una campaña para reunir capital, consideren realizar un jubileo junto con ella.

TONY: Oswald Smith, el fundador de la iglesia People's Church, en Toronto, Canadá, desafió a su gente a apoyar la obra misionera. Por cada dólar que gastaban en mantener la iglesia, invertían otro dólar en la obra misionera, en particular entre los pobres. Esa iglesia ha ganado muy buena reputación, creo que en gran parte por su compromiso de dedicar dinero a las misiones entre los pobres.

SHANE: Algunas personas razonarían: «Bueno, ¿y cómo van a sostener la institución?». Creo que esa es una pregunta interesante. Tenemos algunas cosas que aprender de los pastores bi-vocacionales. Es común que los pastores de las zonas marginales y de muchos lugares del mundo tengan otras capacidades que les ayuden a pagar las cuentas. Los pastores de mi vecindario también son electricistas y carpinteros. En la Biblia encontramos que Pablo hacía carpas, que Pedro era pescador, y que Jesús era carpintero. Podemos llegar a necesitar hacer algo así, dado que muchas denominaciones están sangrando económicamente al intentar sostener a pastores que tal vez tengan apenas un puñado de miembros. También habría que mencionar algo en cuanto a la forma en que los católicos han vivido juntos en comunidad, haciendo voto de pobreza como clérigos y como líderes de la iglesia. Eso ayuda a que las cosas resulten más sustentables, en especial cuando se agrega un pequeño negocio como el de hacer velas o vino, cosas en lo que los monjes son buenos.

Podríamos también recoger algunas pistas dejadas por los Alcohólicos Anónimos, cuya organización declara: «No tendremos personal pago, no seremos dueños de edificios. Esta es una fraternidad orgánica y nos reuniremos en los sótanos y en los parques». Es descentralizada, amateur, maravillosamente redentora, y se parece a otro movimiento: la iglesia primitiva.

TONY: Ese es un buen punto, ya que las iglesias no siempre necesitan edificios. En China existen pocos edificios de iglesias, y las iglesias que tienen edificios tienden a ser controladas por el estado y, en términos de lograr convertidos, son las menos eficaces. Las iglesias más eficientes, por otro lado, son las «iglesias de hogar», en las que las personas comparten unas con otras lo que tienen e intentan vivir su fe con un profundo compromiso y a través de una manera de dar sacrificada. Según el Centro para Misiones al Mundo, de Pasadena, California, como resultado de esto, la cantidad de cristianos en China creció de novecientos mil en 1945 a casi ochenta millones hoy. Este crecimiento explosivo se produjo porque son iglesias vitales, llenas de vida y generosas.

Kierkegaard tiene otra historia que creo que vale la pena recordar aquí.

SHANE: Lo citamos tanto que deberíamos en realidad colocar al hermano Søren como coautor.

TONY: El contaba: «Fui a una iglesia en Copenhague y me senté en un banco con almohadones. El ministro, vestido con una túnica de terciopelo, abrió una Biblia dorada, marcó el lugar de la lectura con un señalador de satén, y mientras la luz del sol atravesaba a raudales los vitrales de la ventana que había detrás de él, leyó: "Si alguien quiere ser mi discípulo, que se niegue a sí mismo, que tome su cruz y que me siga"». Entonces Kierkegaard dijo: «Miré a mi alrededor en aquella iglesia, ¡pero nadie se reía!». Estaba tratando de enfatizar lo disparatado de hablar sobre un Jesús que nos llama a sacrificarnos por los pobres y luego gastar tanto dinero en los edificios de la iglesia.

Siempre que entre los cristianos hablamos acerca de dinero, no falta alguien que cuestione el tema de sacrificar la buena vida, a la luz de aquella cita de Jesús: «A los pobres siempre los tendrán con ustedes, y podrán ayudarlos cuando quieran; pero a mí no me van a tener siempre» (Marcos 14.7).

SHANE: Es importante recordar el contexto de ese versículo. Jesús está rodeado de pobres y de marginales. De acuerdo con al menos uno de los evangelios, Jesús se halla en la casa de Simón el leproso cuando una mujer que ha sido terriblemente dejada de lado entra y derrama perfume sobre sus pies (Marcos 14.3). Los pobres literalmente lo rodean. Cuando los discípulos se disgustan a causa del valor del perfume, Jesús los reprende (después de todo, vemos lo que Judas hace por el dinero, ya que vende a un hermano por treinta piezas de plata).

Ellos están más preocupados por el dinero que por la gente, en especial por aquel que tienen delante de ellos.

Así que a veces escuchamos a algunos decir: «Los pobres siempre estarán con nosotros» como una forma de excusarse de la acción, una manera de decir: «En realidad nosotros tenemos que preocuparnos por salvar las almas, y no por la pobreza, porque Jesús dijo que los pobres siempre estarían aquí». Pero una mejor lectura del texto sería: «Siempre estaremos con los pobres». Debemos preguntarnos: «Entonces, ¿dónde están los pobres? ¿Están entre nosotros?». Debido a una mala teología, nos encontramos lejos de los sufrimientos de los que Jesús estaba tan cercano.

Notemos también que Jesús cita, palabra por palabra, Deuteronomio 15, que comienza diciendo: «Entre ustedes no deberá haber pobres» (versículo 4). Y Dios da mandamientos sobre cómo tenemos que cuidar a los pobres y darles la bienvenida a los forasteros y a los extranjeros. La iglesia debería estar con los pobres, y ellos deberían estar entre nosotros como lo estuvieron con Jesús.

De hecho, lo que sigue en Deuteronomio después de «gente pobre en esta tierra, siempre la habrá» es esto: «por eso te ordeno que seas generoso con tus hermanos hebreos y con los pobres y necesitados de tu tierra». Jesús no nos excusa de la acción; nos llama a ella. La pobreza es nuestra responsabilidad.

Por supuesto, Santiago fue más lejos al decir: «La religión pura y sin mancha delante de Dios nuestro Padre es ésta: atender a los huérfanos y a las viudas en sus aflicciones, y conservarse limpio de la corrupción del mundo» (Santiago 1.27).

TONY: También tengo que recoger lo que nuestro amigo John Perkins señaló con respecto a lo dicho por Jesús al gobernante rico y joven en Marcos 10: «Anda, vende todo lo que tienes y dáselo a los pobres» (versículo 21). Juan creyó que Jesús estaba diciendo aquello no solo porque los pobres necesitaban ayuda, sino también porque sabía que el dar a los pobres haría mucho por aquel joven y rico dirigente. Lo cambiaría.

Pocas cosas nos transforman más que el dar a los pobres, porque cuando nos encontramos con ellos, con frecuencia sentimos que nos estamos encontrando con el mismo Jesús *en* ellos. Cuando les damos a los pobres, es muy probable que sintamos que le estamos dando a Cristo de una forma mucho más directa que cuando colocamos nuestro dinero en el plato de las ofrendas en la iglesia. Estas donaciones no se deben descontar de lo que damos a la iglesia. Dar a la iglesia es importante. Pero no tan importante como dar a los pobres. No hay forma de lograr una fórmula con respecto a la manera en que un cristiano tiene que dividir el porcentaje de las donaciones que entregará a la iglesia y el porcentaje que les dará a los pobres. Esas decisiones con respecto a los donativos deben tomarse individualmente, luego de analizar el presupuesto de nuestra iglesia, para verificar con cuánta responsabilidad se están gastando los recursos económicos.

La pregunta importante que tenemos que hacernos al dar es esta: ¿Estamos gastando nuestro dinero de la manera en que Jesús desea que se gaste? Por ejemplo: ¿tenemos un automóvil caro? ¿Podríamos comprar un automóvil de segunda mano por una fracción del costo del otro, que nos resultara igualmente útil? Puede ser que no resultara tan confortable y no nos diera el mismo estatus que un BMW o un Mercedes, pero contaríamos con todo el dinero sobrante para usarlo con el fin de cubrir las necesidades de otros. Consideremos otras preguntas que se relacionan con el estilo de vida: ¿realmente necesitamos todas las habitaciones que tenemos en nuestra casa? ¿Cuántos vestidos y trajes realmente nos hacen falta? ¿Cuántos pares de zapatos precisamos? Jesús dijo: «El que tiene dos túnicas, dé al que no tiene» (Lucas 3:11, RVR60). ¿Nos estaba diciendo que es erróneo tener un excedente de tales cosas cuando otros padecen necesidad de ellas?

SHANE: Lo que excede no solo les causa un daño a los pobres, sino también a los ricos. Resulta interesante que en los evangelios el hombre rico comienza preguntándole a Jesús como obtener la vida. Cuando uno considera los rincones más ricos del mundo, encuentra allí las más altas tasas de soledad, suicidios y depresión. Algunos de los individuos más ricos del mundo acaban siendo los más tristes. No hablo solo de las celebridades. Las personas comunes de todo el mundo se preguntan: *¿dónde puedo encontrar vida, amor, alegría?* Y he aquí la gran paradoja: si queremos encontrar la vida, tenemos que entregarla a otros. La manera de librarnos de las posesiones es comenzar a darlas. De otra manera son ellas las que nos poseen a nosotros. Y descubrimos, como lo dijo la Madre Teresa que «Cuanto más tenemos, menos podemos dar».[4]

La salvación con frecuencia se manifiesta a través de soltar las posesiones. No se trata de una prescripción para lograr la salvación, sino de una descripción de lo que es la salvación. ¡Cuando nacemos de nuevo deseamos compartir! Nos damos cuenta de que tenemos hermanos que no conocíamos, y de que algunos de ellos están sufriendo mucho.

Zaqueo constituye otro buen ejemplo de lo que es un hombre rico; un recaudador de impuestos que se encuentra con Jesús y decide dar la mitad de lo que tiene a los pobres. Y Jesús lo celebra con él, diciendo: «Hoy ha llegado la salvación a esta casa» (Lucas 19.9). Ni siquiera sabemos si Zaqueo hace una oración, pero sí sabemos que se encuentra con Jesús y es transformado en su economía. Queda libre. Y también su familia.

TONY: Lo que Jesús le dice a Zaqueo es básicamente esto: «¡Vamos a tu casa y celebremos! ¡Hagamos una fiesta!». Siempre hay espacio para una celebración dentro del contexto de cumplir con nuestra responsabilidad hacia los pobres. El mensaje es simple: la buena administración requiere que cada uno de nosotros considere los recursos financieros de que dispone, que gaste el diez por ciento en celebraciones, como nos dice Deuteronomio (14.22–27), y que entonces se pregunte: «¿Cómo gastaría Jesús este dinero?». Donde ponemos nuestro tesoro es donde está nuestro corazón. Eso revelará nuestro nivel de compromiso.

PARTE III

EL MUNDO DE LAS LETRAS ROJAS

Diálogo sobre los imperios

Mi reino no es de este mundo.

JUAN 18.36

TONY: Shane, tu usas mucho la palabra *imperio* cuando te refieres a Estados Unidos. ¿Qué es lo que quieres decir, y por qué la utilizas?

SHANE: Yo hablo de imperio porque Jesús hablaba de imperio. Casi cada vez que Jesús abría la boca, hablaba acerca del «reino», del reino de Dios. Pero la palabra *reino* era la misma que nosotros traducimos como «imperio». Jesús sacaba mucho de su vocabulario del léxico imperial de sus días (usaba imágenes del poder y las hacía girar sobre la cabeza de la gente. Tronos. Banderas. Señor. Evangelio. Salvador. Coronas. Todas esas eran imágenes utilizadas mucho antes de Jesús, pero se usaban para hablar del Imperio Romano y del César. Ya había un imperio en la tierra, pero Jesús proclamaba otro distinto. Ese es el tipo de cosas que nos meten en problemas.

Hay muchas cosas que el evangelio antiimperialista de Dios quiere decirnos a nosotros en Estados Unidos. Tenemos un arsenal de armas que es mayor que la de todo el resto del mundo junto. Contamos con un pequeño porcentaje de la población mundial, el cinco por ciento, pero usamos alrededor de la mitad de los productos de la tierra.[1] En muchos sentidos, Estados Unidos es la envidia del mundo, como sucedía con Roma. No se trata de que Estados Unidos sea el mismo imperio que Roma o Babilonia, pero hay muchas similitudes. No tenemos estatuas del césar, pero tenemos el Monte Rushmore (conjunto de esculturas talladas en un monte). No tenemos los mismos ídolos que los imperios del pasado, pero contamos con otros nuevos. Podemos notar patrones de inequidad en nuestro imperio que se parecen mucho a las injusticias que encolerizaron a Jesús y a los profetas.

Así que cuando oímos a Jesús hablar acerca de un imperio alternativo al de Roma, nos parece maravilloso y por completo pertinente. Escuchamos a Jesús decir: «Yo traigo paz, pero no de la manera en que Roma la trae» (Mateo 10.34). Esas palabras hallan eco en un mundo que se ha cansado de las guerras de Estados Unidos. Observamos a Jesús criticar la manera en que los gobernantes del mundo «se enseñorean unos sobre otros» (Marcos 10.42), y quedamos perplejos al verlo agacharse a lavar los pies; cuesta imaginar a un político haciendo eso. Al montar un asno durante la celebración de la Pascua, hace una parodia acerca del poder. Los reyes no montan en asnos. Es como si un presidente llegara en un monociclo a su asunción. Y por supuesto, la corona de Jesús está hecha de espinas. Toda su vida y enseñanzas es una sátira a la política.

Algunas veces las personas escuchan un mensaje antiimperialista y equivocadamente lo toman como un mensaje anti Estados Unidos. Yo no creo que Jesús sea anti Roma o anti Estados Unidos; él es pro mundo. Nos desafía a lograr una identidad más profunda. Dios continuamente nos invita a «apartarnos», que es lo que la palabra *santo* significa (Hebreos 10.10). Tenemos que salir del imperio y convertirnos en un nuevo tipo de nación: un pueblo global, transnacional, maravilloso, una comunidad amada cuya identidad y cuyo hogar están en Cristo.

Una de las imágenes finales que aparecen en las Escrituras es el llamado a salir de Babilonia. Tenemos una nueva identidad: un nuevo «nosotros». «Nosotros, el pueblo» es mayor que nuestra nación.

Había toda una teología detrás del imperio en Roma. Estados Unidos tiene algo similar. George W. Bush dijo esto en su discurso Estado de la Unión 2003: «Hay poder, poder que opera maravillas, en la bondad, idealismo y fe del pueblo de Estados Unidos».[2] Colocar «la fe del pueblo de Estados Unidos» donde los antiguos himnos del evangelio colocaban «la sangre del Cordero» constituye una teología peligrosa. Y en 2007 Barack Obama declaró, en el programa de David Letterman: «Este país todavía es la mejor esperanza que queda sobre la tierra». Esta es otra teología que se parece mucho a la de los imperios anteriores.

Como cristianos, la nuestra es una manera diferente de tener esperanza. Nuestra esperanza no descansa en los mercados ni en Wall Street. Nuestra esperanza no está en Estados Unidos. No, hemos encontrado la luz del mundo y la mejor esperanza que en verdad queda sobre la tierra, que es Jesús. Resulta interesante que a los cristianos primitivos se los llamara «ateos» porque habían perdido su fe en Roma y la habían puesto en Cristo. Pero aquello fue mal entendido y a muchos se los acusó de traición: que nadie se atreviera a perder la «fe» en el César, porque él era aquel que, según creía la gente, iba a mantener unido al mundo. Toda la seguridad descansaba en sus ejércitos. Pero no es así con nosotros: nosotros hemos colocado toda nuestra fe, esperanza y seguridad en las manos de Dios. Dios no necesita de nuestras armas de fuego para traer el reino.

TONY: Con frecuencia ciertos predicadores usan el libro de Apocalipsis para predecir el futuro. Algunos de ellos declaran haber descifrado lo que representan esas extrañas criaturas que se encuentran en el libro. Ya saben, como el ángel con seis alas y todo el cuerpo cubierto de ojos. Esos predicadores relacionan aquellas imágenes con sucesos que acontecen en nuestra sociedad contemporánea, y el mantra que tienen en común es: «¡Estamos viviendo en los últimos días! Estamos viviendo en los tiempos de Laodicea». Ven a Laodicea, una ciudad de la que se habla en el Apocalipsis, como un símbolo de la decadencia de nuestro país y de la tibieza de la iglesia que resultará evidente justo antes de que Jesús regrese.

Lo que leemos en el libro de Apocalipsis merece otra interpretación. Este libro nos desafía a vivir la vida de las Letras Rojas, una vida contracultural (Apocalipsis 18—19). Casi todos los eruditos bíblicos estarían de acuerdo en que este libro fue de ayuda para la iglesia primitiva, que pasaba por dificultades al tratar de descubrir cómo debían vivir los cristianos dentro del contexto del Imperio Romano, cómo mantenerse fieles a Cristo en medio de él.

Entre los eruditos de la Biblia prácticamente no se cuestiona que cuando los cristianos usaban la palabra Babilonia, eso era un código para referirse al Imperio Romano.[3] Cuando decían que Babilona estaba en decadencia y próxima a caer, querían decir que el Imperio Romano estaba decadente y próximo a caer. Al usar un nombre en clave, aquellos cristianos primitivos esperaban escapar al castigo por ser desleales al Imperio Romano. Una vez que entendemos este uso de la palabra Babilonia, Apocalipsis 18 y 19 se vuelven increíblemente relevantes para nosotros en nuestras sociedades contemporáneas.

Todavía hoy la palabra Babilonia, en código, se refiere a cualquier sociedad dominante en la que la comunidad cristiana se encuentre inmersa. Si uno forma parte de la comunidad cristiana de Francia, su Babilonia es Francia. Si uno forma parte de la comunidad cristiana en Brasil, su Babilonia es Brasil. Tú y yo somos ciudadanos de Estados Unidos de América. Nuestro sistema social dominante son Estados Unidos de América. No me malinterpreten. Amo a nuestro país. ¡Creo que es la mejor Babilonia sobre la faz de la tierra! Pero sigue siendo Babilonia. No es el reino de Dios. Apocalipsis 18 y 19 tiene que ver con todas las Babilonias que fueron antes del Imperio Romano y con todas las Babilonias que ha habido desde entonces.

Antes que nada, las Escrituras nos dicen que Babilonia está condenada a caer (Apocalipsis 18.2). Tarde o temprano, cada una de las Babilonias colapsa. No se necesita ser un Bill Gaither para cantar «Reyes y reinos pronto pasarán».[4] Todos los reinos de este mundo van a pasar, incluyendo el reino al que llamamos Estados Unidos de América. Decir otra cosa sería decir que nuestra nación es el Reich (imperio) que durará por mil años, y eso es hacer de nuestra nación algo eterno e inmortal, lo que constituye idolatría.

Cuando nuestra Babilonia caiga, como dice el Apocalipsis que sucederá, habrá dos consecuencias que seguirán. La primera será que los mercaderes llorarán porque todo lo que habían invertido se desvaneció (Apocalipsis 18.11–15). Al colapsar el sistema socioeconómico con el que han estado comprometidos, perderán todo lo que les daba sentido a sus vidas. La Biblia explica que el sistema caerá porque «ya no habrá quien les compre sus mercaderías» (Apocalipsis 18.11). Si nuestros establecimientos comerciales no quieren creer que la gente de otros países no comprará más lo que se produzca en Estados Unidos, entonces por lo menos deberían considerar que hasta nosotros, los estadounidenses, no estamos comprando mercadería de Estados Unidos. Aquellos que quieran argumentar en contra solo tienen que revisar las etiquetas de sus camisas. No están hechas en Estados Unidos. No hace falta ser economista para comprender que si nuestro país no puede vender lo que produce, nuestro sistema socioeconómico va a colapsar.

La segunda cosa que sucederá cuando Babilonia se desplome será que agotará los recursos no renovables a un ritmo increíble. En dos versículos el Apocalipsis los enumera: madera, marfil, plata, oro, aceite, maderas preciosas, bronce, hierro. Y la lista continúa. Estas Escrituras señalan que finalmente un consumo tan exhaustivo destruirá a cualquier Babilonia (Apocalipsis 18.12–13). Los cristianos tienen que leerlo y tomar lo que está escrito allí como una advertencia. Esos recursos no renovables no son cosas malas. Las necesitamos para vivir, pero podemos agotarlas.

Luego de considerar lo que está sucediendo en Estados Unidos estos días, resulta fácil concluir que, al igual que la Babilonia descrita en Apocalipsis 18 y 19, Estados Unidos también colapsarán. ¿Tiene algún sentido invertir nuestra vida en un sistema social que va a colapsar? ¿No sería mejor que nos desengancháramos del estilo de vida prescrito por este «Imperio Babilónico» e invirtiéramos todo lo que somos y tenemos en el reino de Dios, que nunca pasará?

SHANE: Dios nos llama a salir de Babilonia, y la imagen que se da en el Apocalipsis es literalmente una imagen sexual, de adulterio; lo que nos muestra que estamos adulterando en contra de Dios con los poderes de este mundo y sus mercados. Babilonia se describe como la «gran ramera», o la «gran prostituta» (Apocalipsis 9.2). Los mercaderes de la tierra han cometido adulterio con ella, y el mandato es salir.

Un teólogo consideró el lenguaje sexual y dijo que esto se podría transliterar como *coitus interruptus*, «sal de ella».[5] Deja de cometer adulterio con Babilonia, la seductora.

Es importante notar que Babilonia nos seduce. Hay un esplendor, un atractivo, una fascinación. Estados Unidos también es cautivante y hermoso. Pero tenemos que tener cuidado de no conformarnos con ese falso esplendor que se queda corto con respecto a Dios.

En un momento, el Apocalipsis aun dice que Babilonia ofrece su copa, lo que evoca una imagen al estilo de la Estatua de la Libertad (16.19). Pero la copa está llena de la sangre de los santos, de la gente que ha muerto por causa de ella (Apocalipsis 17.6). Es casi exactamente lo opuesto a la copa de la Eucaristía. La sangre del Cordero. La copa que Babilonia ofrece está llena de la sangre de aquellos a los que ella ha matado, y la copa de Jesús está llena de su propia sangre para acabar con todo derramamiento de sangre.

¡Me encanta esa imagen! Es como si la grandiosa conclusión de las Escrituras que escribe Juan en el exilio estuviera llena de imágenes antiimperialistas que estimulan nuestra imaginación. Y nos invitan a salir de Babilonia y escribir los próximos capítulos de la historia de Dios. Esos nuevos capítulos no estarán en la Biblia, pero serán la historia que siga acerca de un Dios que está llamando a la gente a ser sal y luz, a ser un tipo diferente de pueblo.

TONY: El nivel de nuestro consumo como estadounidenses es tan astronómicamente alto que obviamente no hay suficientes recursos como para sostener nuestro estilo de vida como ricos y, al mismo tiempo suplir lo que el resto del mundo necesita para poder cubrir sus necesidades básicas.

Según los estudios más recientes, alcanzaremos un punto crítico en cuanto a nuestro acceso a los recursos no renovables el 7 de mayo de 2062.[6] Cuando eso suceda, habrá una caída de nuestra Babilonia, y aquellos que hayan invertido en nuestra Babilonia en verdad llorarán.

Las buenas nuevas es que Apocalipsis 19 comienza con palabras de celebración. Cuando Babilonia caiga, además de los mercaderes que lloran, habrá otro grupo de gente gritando: «¡Aleluya! ¡Aleluya! ¡La gran ramera ya no está!» (versículo 3). Esas serán las personas que han vivido las letras rojas de la Biblia.

Babilonia es llamada ramera porque el sistema es muy seductor. Las rameras seducen. Nadie cuestiona que el sistema socioeconómico estadounidense es poderosamente atractivo. Sus mercaderes, a través de ingeniosas técnicas de mercado, nos seducen para que ansiemos sus productos. La publicidad no solo atrae a aquellos de nosotros que tenemos dinero; también seduce a los que son pobres. En las calles de Filadelfia hay chicos pobres robando y matando porque la publicidad de la televisión los ha convencido de que necesitan zapatillas Nike y otras cosas que «es obligatorio tener».

SHANE: Esa es una parte, pero hay mucho más. El sistema nos vende todo aquello que nosotros no somos, como si resultáramos incompletos sin ello. Los muchachos pobres desean parecer ricos. Y los ricos desean parecer pobres. Los muchachos de las zonas marginales desean parecer ricos, así que se consiguen oro, se procuran teléfonos celulares, se hacen de automóviles nuevos que rentan. Y en cambio, en los barrios residenciales, uno puede descubrir quiénes son los muchachos más ricos porque se ven como los más mugrientos. Cuesta mucho parecer pobre. Se pueden comprar jeans desgastados y rotos por cien dólares. Acabo de ver camisas con manchas de café hechas a propósito (camisas nuevas con salpicaduras de café) que se venden por setenta y cinco dólares. Así que a los muchachos pobres se les venden cosas de ricos, y a los ricos, harapos. Así están las cosas. Tiene que ver con el mito de que hay que comprar determinadas cosas para ser alguien.

TONY: Debido a lo que Babilonia le ha hecho a su gente, es comprensible que los ciudadanos del reino de Dios, juntamente con los ángeles, canten «¡Aleluya!» cuando cae Babilonia. Se regocijan porque ya no existe ese sistema seductor con su estilo de vida corrosivo y su economía de explotación. Tal celebración es posible por dos razones.

La primera es que Babilonia ya no puede seducir a la población del mundo para llevarla a su estilo de vida destructivo. Y la segunda, que todo lo que han invertido ellos sobrevivirá a la caída de Babilonia. Porque habrán colocado sus tesoros en el cielo. Habrán dedicado sus vidas a hacer aquellas cosas que tienen un significado eterno. Habrán elegido invertir sus vidas en aquel otro reino: el reino de Dios.

A la luz de esto, tenemos que preguntarnos: «¿De cuál de los reinos voy a ser ciudadano? ¿Formaré parte del reino al que la Biblia llama "Babilonia", o me comprometeré con el nuevo reino que Cristo está creando?». Estas preguntas les resultan relevantes en especial a los estudiantes que se gradúan y tienen que decidir en dónde invertir sus vidas. Precisan decidir si acabarán llorando con los mercaderes o cantando «¡Aleluya!» con el pueblo de Dios.

SHANE: Debemos recordar que la historia de Babilonia no acaba simplemente con la destrucción de todas las cosas; termina con la llegada de la Nueva Jerusalén, la Ciudad de Dios.

TONY: Un día los reinos de este mundo serán desplazados por el reino de nuestro Dios, y él reinará para siempre. Es muy importante recordar eso cuando estamos en peligro de enfatizar demasiado el poder de Estados Unidos y de enamorarnos de lo que simboliza. Con mucha frecuencia, cuando entro a una iglesia veo una bandera cristiana a un costado del altar y una bandera estadounidense en el otro costado. Me gusta mucho más la iglesia de Filadelfia del Sur que despliega la bandera de cada una de las naciones del mundo en los costados del santuario. Lo hacen para reconocer que todos hemos sido reunidos en Cristo. Intentan proclamar con toda esa diversidad de banderas el mensaje de que Cristo nos hace un solo pueblo. Es una casa de adoración para todas las naciones.

Me causa preocupación el que solo se exhiba la bandera de una nación, cualquiera sea, al frente de una iglesia. ¿No es la iglesia un lugar en el que declaramos nuestra ciudadanía como perteneciente a un nuevo reino que abraza a toda la humanidad en un solo pueblo en Cristo? La Biblia dice que en Cristo no hay judío ni griego, esclavo ni libre, bárbaro ni escita, varón ni mujer (Gálatas 3.28). Esa unidad en la identidad debería resultar evidente en todas y cada una de las iglesias.

En cierta ocasión iba en automóvil hacia el aeropuerto de Atlanta, cuando pasé frente a dos iglesias que tenían cruces de madera en el jardín de adelante, en cada caso con la bandera de Estados Unidos flameando sobre ellas. A mí eso me asusta. Cuando la bandera estadounidense reemplaza a Jesús en la cruz, algo anda mal. Amo a este país, pero le otorgo a Cristo la preeminencia. No deseo que Dios y el país se fundan de tal modo que uno no sepa dónde acaba el cristianismo y dónde comienza el patriotismo. Las Escrituras nos llaman a ser buenos ciudadanos. No hay dudas al respecto. Pero no hemos sido llamados a llegar tan lejos como uno de nuestros patriotas más notables, cuando dijo: «¡Nuestro país! Que en su trato con las naciones extranjeras siempre esté en lo correcto; pero esté en lo cierto o esté equivocado, ¡es nuestro país!».[7] Esa clase de patriotismo nacionalista es idolatría. Sería mejor decir: «¡Nuestro país! Que siempre esté en lo cierto; pero cuando esté equivocado, haré mi mejor esfuerzo por enderezarlo».

SHANE: Escuché a un teólogo decir que un ídolo es cualquier cosa por la que moriríamos, mataríamos o por la que sacrificaríamos a nuestros hijos. Yo diría que, dada esa definición, cualquier bandera con certeza puede convertirse en un ídolo.

Lo mismo ocurre con otros símbolos. Los cristianos primitivos tenían en su dinero al César y no a Dios. Nosotros hemos hecho lo opuesto. Hemos intentado hacer de Estados Unidos la esposa de Cristo, ocupando el lugar de la iglesia. Hemos intentado bautizar a Estados Unidos. Hay todo un trasfondo teológico en la mística de Estados Unidos, su excepcionalidad,[8] lo manifiesto de su destino: realmente se vuelve confuso. El nombre de Dios está en los billetes estadounidenses, y la bandera de Estados Unidos está en el altar de Dios en muchas iglesias.

El patriotismo es peligroso porque puede crear una restricción del campo visual que nos lleve a actuar como si nuestro pueblo fuera más valioso que otros pueblos, simplemente llevados por cuál sea su proximidad geográfica a nosotros, o por su color de piel, o por el idioma que hablen. Protegemos a nuestra familia o a nuestra nación con un fervor idolátrico. También sugeriría que esto es exactamente lo que Jesús quiere dar a entender cuando les dice a los discípulos que deben renunciar a sus propias familias para seguirlo (Lucas 14.26). Debemos tener un amor mucho más grande que el amor miope de la biología, de lo tribal, de lo étnico o de lo nacional.

Tiene que ver con la identidad. Y cuando vamos a Cristo, nos convertimos en una nueva creación. Recuerdo una historia que escuché cuando estuve en Ruanda. Un grupo de militantes Hutu entró a una de las aulas de una escuela cristiana. Irrumpieron allí y les pidieron a todos los niños que se alinearan junto a las paredes opuestas, según sus tribus, sin duda para masacrar a los niños Tutsi. Pero un niño se paró y dijo: «No tenemos ni hutus ni tutsies; solo tenemos cristianos. Todos somos hermanos y hermanas». Y toda la clase se mantuvo junta. El evangelio nos da nuevos ojos. Cualquier identidad étnica o nacionalista puede resultar peligrosa si sobrepasa nuestra identidad como hermanos y hermanas en Cristo.

TONY: Eso fue lo que sucedió en la Alemania nazi. Toda nación tiene la tendencia a constituirse como sagrada, a elevarse a un estatus divino. Hombres y mujeres jóvenes que se muestran reticentes a entregar sus vidas sin reservas a Cristo y su reino están dispuestos a ir a la guerra y literalmente dar sus vidas por su país. No hay nada malo en amar al propio país tanto como para estar dispuestos a levantarnos en defensa de él, aun a costo de nuestra vida; pero nuestro compromiso con Cristo debería trascender a aquello. He visto padres que se sentían orgullosos de que sus hijos fueran a morir por Estados Unidos, pero que se pondrían furiosos si sus hijos desearan ir al África o a Asia como misioneros.

Cuando los cristianos dicen que Estados Unidos es la última gran esperanza que le queda al mundo, están contradiciendo el mensaje de Jesús, que se presenta a sí mismo como la esperanza del mundo. Deberíamos oponernos a ese tipo de pensamiento. Demasiados de nuestros compañeros cristianos creen que tenemos la obligación de ir a otras partes del mundo a edificar las naciones, lo que generalmente significa hacer que las otras naciones sean como la nuestra.

No entienden que, hermosa como es nuestra nación estadounidense, no tenemos el derecho de imponerles a otros lo que nosotros somos. Cuando usamos el poder militar para lograrlo, las consecuencias pueden resultar desastrosas. Un ejemplo: muchos estadounidenses pensaron que nuestro gobierno estaba haciendo lo correcto al tratar de crear una democracia en Irak. En lugar de ello, la intervención de Estados Unidos durante la guerra Irán-Irak de la década del ochenta acabó creando un régimen totalitario.

La democracia, como les he dicho a mis alumnos vez tras vez, no constituye una sociedad en la que la mayoría gobierna, sino una sociedad en la que resulta seguro pertenecer a la minoría. Los estadounidenses se inclinan a pensar que se crea democracia cuando cada ciudadano tiene el derecho a votar, y ese es un concepto erróneo. En 2005, luego de la ejecución del dictador iraquí Saddam Hussein, se realizaron elecciones libres y abiertas en Irak. La mayoría shiita ganó y procedió a establecer una república islámica. Ahora, por primera vez en la historia de Irak, los cristianos son perseguidos y se queman iglesias en Bagdad. Anteriormente, los cristianos iraquíes vivían en paz con los otros ciudadanos iraquíes y eran libres de practicar su fe y hasta de evangelizar. Me gustaría señalar que antes de la segunda Guerra del Golfo, tuve una invitación del vicepresidente de Irak, que estaba bajo las órdenes de Saddam Hussein y era cristiano, para ir y realizar reuniones de evangelización. En ese entonces había libertad religiosa. Pero ahora que los shiitas han tomado control del país a través de elecciones libres, esa libertad religiosa está restringida y los cristianos son perseguidos. El regocijo por la finalización de la dictadura opresiva de Saddam Hussein se ha cambiado a causa de lo que les ha estado sucediendo a las hermanas y hermanos cristianos.

Irak ha bajado de 1,5 millones de cristianos a alrededor de medio millón.[9] La cantidad de cristianos se ha reducido en unos dos tercios. Están huyendo fuera de Irak a Jordania y otros países, en busca de refugio. Algunos de esos refugiados cristianos viven rayando la inanición debido a que Jordania no puede alimentarlos. Los jordanos no cuentan con suficientes puestos de trabajo ni para su propio pueblo, así que ni pensar en los cientos de miles de refugiados que han huido hacia allí. Todo esto ha sucedido a causa de las buenas intenciones de Estados Unidos de procurar crear una democracia en Irak.

Tenemos que dejar de exportar lo que somos nosotros a otras naciones. Debemos reconocer la soberanía de los otros países y no andar por allí creyendo que tenemos el llamado mesiánico a convertir las otras naciones en lo mismo que somos nosotros.

No nos damos cuenta de la rica tradición con que contamos en este país. Una de las razones por las que amo a Estados Unidos es porque cuando tenemos elecciones y gana la mayoría, la minoría no tiene que preocuparse de que la mayoría se organice para perseguirla. Irak nos muestra cuáles son los resultados cuando ese no es el caso. Podemos vivir en la mejor Babilonia del mundo, pero solo es porque los otros sistemas políticos y económicos son mucho peores.

Diálogo sobre la política

*Denle al césar lo que es del césar
y a Dios lo que es de Dios.*

MATEO 22.21

TONY: Shane, tengo una pregunta que puede hacer que te retuerzas un poquito. Al oírte hablar y leer tus libros, siempre pareces sugerir a los cristianos que no participen del proceso político y que el activismo político resulta algo inútil.[1] ¿He comprendido correctamente tu postura?

SHANE: Para mí la pregunta no es si *somos* políticos, sino *de qué manera* somos políticos. Necesitamos comprometernos políticamente, pero de un modo peculiar. Jesús y los cristianos primitivos tenían una imaginación política maravillosa. Dieron vuelta y pusieron patas arriba todas las suposiciones y las ideas sobre el poder y las bendiciones.

Los cristianos primitivos percibían que había profundos conflictos con el imperio en el que vivían y con la política, como siempre. Sin mostrar preocupación, ellos cruzaban los límites de las políticas partidarias y construían amistades subversivas. Y nosotros deberíamos hacerlo también. No tener inclinaciones partidarias no implica que seamos apolíticos. Deberíamos rehusarnos a ser absorbidos por las esferas políticas, e intentar sacar lo mejor de cada una de ellas. Eso fue lo que Jesús hizo: desafió lo peor de cada esfera y luego sacó lo mejor de cada una de ellas. Por eso vemos que esenios, zelotes, herodianos, fariseos y saduceos seguían a Jesús y aun se unían a su movimiento. Pero tenían que convertirse en nuevas criaturas. Tenían que soltar algunas cosas. Jesús desafió al sistema de recaudación de impuestos de Roma y a la espada de los zelotes.

Así que, para responder la pregunta, me comprometo con la política local porque afecta a las personas que amo. Y me comprometo en la política nacional porque afecta a las personas que amo.

Los gobiernos pueden hacer muchas cosas, pero hay otras muchas que no está en ellos hacer. Un gobierno puede aprobar buenas leyes, pero ninguna ley logra cambiar el corazón humano. Solo Dios puede hacerlo. Un gobierno tiene la posibilidad de proporcionar buenas viviendas, pero la gente puede tener una casa sin tener un hogar. Es posible que mantengamos a la gente con vida a través de una buena atención médica, pero de todos modos las personas pueden no sentirse realmente vivas. El trabajo comunitario de amor, reconciliación, restauración es una obra que no podemos dejar librada a los políticos. Es la obra que nosotros hemos sido llamados a realizar. No podemos esperar que los políticos cambien el mundo. No podemos esperar que los gobiernos legislen sobre el amor. Y no permitimos que sean las políticas las que definan la manera en que debemos tratar a las personas; al contrario, el modo de tratar a las personas le da forma a nuestras políticas.

TONY: De modo que no estás haciendo un llamado a que no nos involucremos en política. En lugar de eso tú adviertes a los cristianos que no deben poner toda su confianza en los poderes políticos. Los llamas a ejercitar una participación que acompañe el proceso político para poder hablarle la verdad constantemente al poder en aquellas áreas en las que el poder parece estar afirmándose de maneras contrarias a la voluntad de Dios.

SHANE: Nuestra meta es buscar primero el reino de Dios. ¿Cómo sería si Jesús estuviese a cargo de mi manzana, de nuestra ciudad, de nuestro país, de nuestro mundo? Eso es lo que tenemos que imaginarnos cuando soñamos con el reino de Dios sobre la tierra. Y alcanzamos a echarle algunos cuantos vistazos a partir de los evangelios: los pobres son bendecidos y los ricos enviados vacíos, a los poderosos se los arroja de sus tronos, a los humildes se los exalta, los pacificadores y los mansos son bendecidos y a los soberbios se los dispersa (Lucas 1.51–53).

Y trabajaremos con cualquiera que desee trabajar con nosotros mientras intentamos llegar al reino: sea que se trate de reducir la pobreza o eliminar el aborto, realizar algo significativo por el medio ambiente, cambiar leyes incorrectas, o tratar de asegurarnos de que los más vulnerables reciban cuidados.

Pero nuestra forma de tener esperanza es peculiar. Cuando veo carteles con el nombre de Barack Obama y la palabra *esperanza* debajo, siento vergüenza. Nos preparamos para la desilusión cuando nuestra esperanza se apoya en cualquier cosa que no sea Jesús.

Así que cuando se trata de votar, no lo considero como un lugar en el que depositar nuestra esperanza, sino como una lucha con los principados y poderes de este mundo. Votar es algo así como ejercer un control de daños. Intentamos disminuir la cantidad de daño causado por los poderes. Y para los cristianos, el votar no es algo que llevamos a cabo cada cuatro años. Votamos cada día. Votamos por la manera en que gastamos el dinero y por las causas que apoyamos. Votamos por la cantidad de combustible que usamos y por los productos que compramos. Nos alineamos a través de las cosas todo el tiempo. Prometemos lealtad cada día con nuestras vidas. La pregunta es: ¿esas cosas están en línea con el reino del revés de nuestro Dios, en el que a los pobres, a los mansos, a los misericordiosos y a los pacificadores se los declara «bienaventurados»?

TONY: Hemos hablado sobre los impuestos, sobre financiar al imperio, y sobre la gente que con frecuencia cita el versículo que transmite el pensamiento de Jesús acerca de si debemos pagar. En ese pasaje de las Escrituras, como tú recordarás, Jesús pidió una moneda y entonces preguntó: «¿De quién es esta imagen y esta inscripción?». Cuando la respuesta que se le dio fue «Del césar», él respondió: «Denle, pues, al césar lo que es del césar, y a Dios lo que es de Dios» (Marcos 12.13–17). Cuéntame cómo interpretas tú eso en el contexto del reino de Dios.

SHANE: Hay dos ocasiones en que las autoridades interrogaron a Jesús con respecto a los impuestos. En una ocasión, él pidió prestada una moneda. (El hecho de que no tuviera una resulta significativo). Les preguntó a los que lo interrogaban de quién era la imagen en esa moneda, y luego dijo: «Denle al césar lo que es del césar» (Mateo 22.21). En la otra ocasión, instruyó a Pedro que fuera a sacar un pez, indicándole que el pez tendría una moneda de cuatro dracmas en su boca para darle al recaudador de impuestos (Mateo 17.27). (¡Inténtalo el día en que tienes que pagar los impuestos!).

Ambas historias generalmente se interpretan como prueba de que los cristianos simplemente deben someterse a las autoridades y dar al césar lo que pida de nosotros (notemos que sin que importe mucho que el césar sea un dictador o alguien elegido por la gente, malvado o benevolente). Pero parece que Jesús se traía algo más ingenioso bajo la manga.

En ambas instancias, a Jesús se le hace una pregunta directa, a ser respondida por sí o por no: «¿Pagas tus impuestos?». En los dos casos, su respuesta subvierte la pregunta, yendo más profundo al desafiar sus presunciones básicas. Él no soslaya las preguntas; las trasciende. Fuerza a reflexionar a los que lo escuchan, contribuyentes y recaudadores de impuestos. ¿A qué tiene derecho el césar con exactitud? ¿Qué es lo que tiene la imagen del césar y que es lo que lleva la imagen de Dios? ¿Qué es lo de césar y qué lo de Dios?

Yo, en lo particular, aprecio mucho la artimaña del pez. Es dura, como si Jesús le guiñara un ojo al césar, diciéndole: «Oh, sí, césar puede quedarse con sus monedas... yo hice al pez». César puede quedarse con sus tontos metales; después de todo, él puede continuar haciendo más monedas aunque no valgan ni diez centavos. Pero las monedas no tienen vida en ellas mismas. La vida humana está marcada por la imagen de Dios, y el césar no la posee.[2] En una nación en la que un porcentaje muy alto de los impuestos se usa con fines militares, y por lo tanto en última instancia para perseguir cuestiones relacionadas con la muerte, esta enseñanza debería llevar a cada contribuyente cristiano a hacer una larga pausa y preocuparse. Una vez que le hemos dado a Dios lo que es de Dios, no queda mucho para césar.

TONY: Jesús parece decir que a pesar de que la imagen del césar está en la moneda, *uno* tiene que decidir si esta le pertenece al césar o a Dios. Jesús pregunta: «¿Van a usar su dinero de la manera en que el césar desea que sea usado, o quieren usarlo de la forma en que Dios desea que lo usen?». Les devuelve la decisión a aquellos líderes religiosos que intentan ponerle una trampa con sus preguntas. Cada uno de ellos tendrá que decidir si el dinero en cuestión finalmente le pertenece al césar o debe ser usado de la manera en que Dios lo desea. Cuando existe un conflicto entre lo que Dios pide y las demandas del gobierno, cada uno de nosotros debe enfrentar una decisión importante con respecto a los impuestos.

Hemos hablado un poquito acerca de los impuestos y de los gastos militares. Pero hay una pregunta relacionada con esto que la gente me hace regularmente: «¿En qué lugar de la Biblia podemos encontrar alguna justificación para que el gobierno nos cobre impuestos y luego use nuestro dinero para ayudar a la gente pobre?». Los que suelen preguntarme van más allá: «Estoy de acuerdo con usted en que Jesús nos llama a dar respuesta a las necesidades de los pobres, ¿pero eso no es tarea de la iglesia? En la Biblia no encuentro que diga que sea tarea del gobierno ocuparse de la gente pobre». Por supuesto, no mencionan el hecho de que la iglesia no lo está haciendo. Lo que es más, no reconocen que las necesidades de los pobres son tan masivas que la iglesia no cuenta con los recursos económicos como para suplir esas necesidades.

En tanto veo que el gobierno en ocasiones ha desperdiciado el dinero de los contribuyentes, y debo admitir que con demasiada frecuencia sus programas son ineficaces, también noto las cosas buenas que hace. Mi tarea como ciudadano es lograr que el gobierno haga más cosas bien hechas y menos trabajo ineficiente que se desperdicie. No tengo dudas en mi mente en cuanto a que Dios es mayor que la iglesia y que la iglesia será usada en los emprendimientos de Dios, pero no solo la iglesia. En el trabajo que Dios realiza en el mundo, todos los principados, todos los dominios, y todos los tronos serán usados.

Si vamos al libro de Colosenses, encontraremos que todos los principados y poderes fueron creados por Dios y para los propósitos que Dios tiene en el mundo (Colosenses 1.16–17). Es tarea del gobierno, que es uno de esos principados y poderes, hacer la voluntad de Dios así como es tarea de la iglesia institucional cumplir con la voluntad del Señor. Si la iglesia fracasa en cumplir con la voluntad de Dios, yo soy llamado a ayudarla a descubrir y hacer esa voluntad; y también estoy llamado a ayudar al gobierno a hacer lo mismo. No solo se espera que yo desafíe al gobierno a hacer la voluntad de Dios, sino que haga lo mismo con los otros poderes. Estos principados y poderes incluyen a las estructuras corporativas tales como sindicatos, y empresas como General Motors, Ford, IBM, Apple y Walmart. Tengo que preguntarles a esas entidades suprahumanas si están funcionando de acuerdo con la voluntad de Dios, porque ellas se imponen sobre la gente e influyen sobre sus vidas cotidianas.

Si un gobierno que es capaz de librar de la pobreza a una cantidad enorme de personas en África falla en hacerlo, entonces los cristianos deberían confrontarlo para que haga la voluntad de Dios; en especial cuando el gobierno de nuestro propio país toma el cuarenta por ciento de los recursos del mundo para hacer posible nuestro estilo de vida de clase media próspera, a pesar del hecho de que constituimos tan solo el cinco por ciento de la población mundial.[3]

Consideremos la crisis del sida en África, a la que el presidente George W. Bush abordó asumiendo un compromiso de diecinueve mil millones de dólares.[4] Nuestro pueblo debería brindarle apoyo a semejante esfuerzo. No es algo de los demócratas, ni tampoco de los republicanos. Es algo que Dios está llamando al gobierno a hacer para beneficiar a toda la humanidad. Los gobiernos han sido creados, según dice Romanos 13, para hacer el bien a sus ciudadanos, y tenemos derecho a resistir a los gobiernos que no hacen lo que es bueno para su pueblo. También tenemos la responsabilidad de alentar a los gobiernos que actúan de maneras beneficiosas.

En Mateo 25.31–46 leemos que Dios juzgará a las naciones según la manera en que cada nación se haya ocupado de los pobres y de aquellos que están en prisión y por la forma en que hayan aceptado a los extranjeros. Notemos que Dios responsabiliza a las naciones, y no solamente a la iglesia, por el cuidado de los pobres. Ese pasaje de las Escrituras responde a aquellos que cuestionan si existe o no una responsabilidad nacional en cuanto al cuidado de los necesitados.

Dado el tiempo en el que vivimos y las grandes necesidades que tienen los pobres tanto en Estados Unidos como en todo el mundo, se requiere que la iglesia y el estado trabajen juntos para que aquellos que se encuentran en situación de pobreza reciban el bien que necesitan. Mi esperanza es que los Cristianos de las Letras Rojas trabajen juntos con esa finalidad.

Diálogo sobre la guerra y la violencia

*Guarda tu espada... porque los que a
hierro matan, a hierro mueren.*

MATEO 26.52

SHANE: Tengo una pila de cartas de soldados que dicen cosas
como: «Siento que estoy tratando de servir a dos señores, a
mi Dios y a mi país, y no sé cómo reconciliar la cruz con un
arma de fuego. No sé de qué manera amar a mis enemigos
y a la vez prepararme para matarlos». Uno de ellos señala:
«Siento que estoy peleando por algunos sustantivos abstractos, como *libertad* y *democracia*, pero eso no se percibe como
el evangelio».

Llega un momento en el que tenemos que hablar sobre
militarismo y guerra, y hacernos algunas preguntas difíciles
como: ¿deberían los cristianos servir en las fuerzas armadas?
En la iglesia primitiva existía una clara transición, reconocida
por la gente cuando se bautizaba, en la que la vieja vida se iba
y aparecía una nueva vida por delante. Eran tan valientes como
para decir que a veces eso significaba un cambio de carrera.
Si uno era escultor de ídolos, trabajaba en la cuestión de las
luchas de gladiadores, dirigía un burdel, o prestaba servicios en
el ejército, tenía que reconsiderar su trabajo. Nosotros somos
más tímidos; o corteses. Seguramente que si alguien tiene un
negocio de pornografía le diremos que necesita encontrar una

nueva línea de trabajo. Pero frecuentemente no les decimos eso a personas que trabajan para compañías conocidas por no respetar los derechos humanos, o empresas como Lockheed Martin, que han hecho de la guerra un negocio. Así que las personas acaban atascadas en medio del intento de servir a Dios y ganarse la vida. Y en especial los soldados cristianos, que pueden terminar en un conflicto interior y una crisis de identidad. Muchos hombres y mujeres que han participado de las guerras de Estados Unidos sufren colapsos emocionales y desórdenes psicológicos, adicción a las drogas y desarraigo.

Y la tasa de suicidios entre los veteranos y los soldados resulta alarmante, a veces por encima de los doce suicidios al día.[1] Más soldados mueren por suicidios que en combate.[2] En verdad vemos que se cumple el patrón sobre el que Jesús nos advirtió: «Toma la espada, y a espada morirás». No solo los niños inocentes sufren eso como un daño colateral, sino aquellos que toman la espada. Hemos aprendido muy bien esta lección. No hemos sido hechos para matar. Así que cuando lo hacemos, eso mata una parte de nosotros. La buena noticia es que Dios puede sanar todas las heridas y perdonar todas las transgresiones.

Nunca olvidaré a un muchacho que se acercó a mí en una universidad después de que acabé de hablar. Con lágrimas corriéndole por el rostro me contó que había arrojado bombas en Irak y no podía vivir con todo lo que había visto y con lo que había hecho. Tenía diecinueve años; no era lo bastante mayor como para comprar alcohol, pero sí como para arrojar bombas. Oramos juntos, y pude sentir que la carga que llevaba sobre sus hombros se desvanecía. Entonces se quitó las placas de identificación, me las entregó, y me dijo: «Necesito liberarme de estas cadenas. Me han tenido cautivo demasiado tiempo».

TONY: Muchos muchachos y muchachas que van a Afganistán o a Irak terminan diciendo algo así: «¿Qué es todo esto? Se supone que estoy haciendo esto en el nombre de Dios y de mi país, pero no estoy seguro de que Dios y el país necesariamente vayan juntos cuando se trata de esta guerra. Siento que la gente de esta tierra no quiere que yo esté aquí. ¿Mi patriotismo es tal que me lleva a no hacerme preguntas sobre lo que estoy haciendo?». Cuanto más se hacen estas preguntas, tanto más se arraiga su conflicto interior.

SHANE: Con este casamiento entre Dios y el país, no es solo la reputación de Estados Unidos lo que está en juego, sino el testimonio cristiano. Están muy íntimamente asociados en la mente de mucha gente. Recuerdo haber visto a una mujer sacudir sus manos y decir: «He acabado con Dios». Cuando hablé con ella un poco más, me explicó que había sido criada como musulmana, y que se había comenzado a acercar al cristianismo debido a su mensaje de gracia. Pero al presenciar la guerra, había llegado a perder la fe en un Dios que bendecía las bombas y las muertes. Según sus propias palabras: «Mi gobierno y el suyo están los dos haciendo lo mismo: creando una terrible violencia y pidiéndole a Dios que la bendiga. No quiero tener nada que ver con ese Dios».

TONY: Cuando era joven, pastoreaba una iglesia que lindaba con Fort Dix y fui testigo del proceso de alistar a los soldados para la Guerra de Vietnam. La primera cosa que tenían que hacer era conseguir que los soldados deshumanizaran al enemigo, que no vieran a esa gente como seres humanos. A los soldados se les enseñaba que, al llegar a Vietnam, llamaran a los del Viet Cong «bichos raros» y «porquería». Se los condicionaba para que no vieran a los soldados enemigos como seres humanos, porque si lo hacían eso entorpecería su capacidad de matarlos.

No es suficiente con estar en contra de la guerra. Tenemos que hacernos algunas preguntas en verdad difíciles, como qué hacer con el mal.

SHANE: El mal es algo real que debemos tomar con seriedad, y muchos activistas no ofrecen alternativas válidas con respecto a qué hacer con el mal.[3] La misión de librar al mundo del mal resulta cautivadora. Cantidad de películas y presidentes han abogado por ella. Es algo que resuena profundamente, creando ansias de que el bien triunfe sobre el mal y que al final los malos sean los perdedores. La gente festejó que se matara a Osama bin Laden. Pero los cristianos tenemos una extraña manera de leer la historia y de mirar el mal. Jesús nos dice que no debemos tratar de librar al mundo del mal ni de arrancar el trigo de entre la maleza; hay un Dios que se encarga del juicio y la venganza (Mateo 13.24–30). Y Dios es mucho más confiable que nosotros en esas cosas.

Jesús nos muestra cómo tratar con el mal. Si queremos descubrir la cara del amor cuando miramos al mal de frente, solo necesitamos echarle una mirada a la cruz. Podemos notar allí el triunfo del amor sobre el odio. Pero la cruz no se ve triunfal al principio. Es un llamado a sufrir.

A eso nos invita Cristo: «Nadie tiene amor más grande que el dar la vida por sus amigos» (Juan 15.13). Eso está en el mismo centro de lo que significa ser cristiano. Los cristianos primitivos decían: «Por Cristo podemos morir, pero no matar». Cuando comenzamos por matar a alguien para proteger a otro, puede parecernos que hicimos lo correcto. Puede resultar valiente. Puede verse como patriótico. Puede ser generoso y sacrificado. Pero cuando matamos, eso se aparta de lo que es el amor; por lo menos de cómo se percibe el amor en Jesús.

TONY: ¿Es posible leer el Sermón del Monte con todas esas letras rojas fundamentales y no salir comprometidos con una resistencia no violenta al mal? Noten que no estoy haciendo referencia al *pacifismo*. No creo que Jesús jamás nos haya pedido que seamos pasivos, pero él sí nos llama a resistir el mal de una manera no violenta.

SHANE: El escritor y profesor Walter Wink realizó una tarea brillante al demostrar la creatividad de Jesús en su enseñanza del Sermón del Monte sobre aquellos famosos versículos de «poner la otra mejilla». Señala Wink que Jesús no estaba sugiriendo que en forma masoquista le permitiéramos a la gente pasarnos por arriba. Jesús enseñó un amor al enemigo llevado a cabo con imaginación. Nos dio tres ejemplos específicos acerca de cómo interactuar con nuestros adversarios. En cada instancia, Jesús nos señaló algo que desarmaría al otro. Nos enseñó a rehusarnos a resistir el mal en sus propios términos. Nos invitó a trascender la pasividad y la violencia encontrando un tercer camino.[4] Cuando te golpeen en la mejilla, vuélvete y mira a la persona a los ojos.[5] No te acobardes y tampoco le devuelvas el golpe. Asegúrate de que te miren a los ojos y vean tu sagrada humanidad, y se les volverá cada vez más difícil lastimarte.

Solo los pobres estaban sujetos a semejante abuso. Si una persona pobre era demandada y no tenía ninguna posesión, la podían llevar a la corte para quitarle su manto (Deuteronomio 24.10–13), algo que no era infrecuente entre los campesinos que lo perdían todo en beneficio de los terratenientes y recaudadores de impuestos. Así que aquí Jesús les estaba diciendo a los deudores pobres, que no tenían nada más que esa prenda sobre sus espaldas, que se desnudaran y exhibieran la avaricia del acreedor. La desnudez era algo tabú para los judíos; pero la vergüenza caía menos sobre la persona desnuda y más sobre el que miraba o causaba la desnudez (Génesis 9.20–27). «¿Quieres mi manto? Aquí lo tienes. También te puedes llevar mi ropa interior; pero no puedes llevarte ni mi alma ni mi dignidad».

Aquí aparece otra instancia en cuanto a la manera de tratar los problemas de la vida cotidiana: «Si alguien te obliga a llevarle la carga un kilómetro, llévasela dos» (Mateo 5.41). Esta puede parecer una situación extraña, pero para los judíos del primer siglo era un incidente común que algún soldado le pidiera que caminara junto a él un kilómetro. No contaban con vehículos Humvee ni con tanques, así que los soldados viajaban a pie y llevaban gran cantidad de cosas, de modo que dependían de que los civiles acarrearan sus provisiones. Estoy seguro de que había bastantes zelotes escuchando a Jesús, y ellos deben haber sacudido los puños en el aire cuando se les pedía que caminaran junto a un soldado. La ley romana especificaba que los civiles tenían que caminar una milla (1,6 kilómetros), y que eso era todo (de hecho, el ir una segunda milla constituía una infracción al código militar, sin mencionar que sería simplemente un absurdo para un judío mostrarse amistoso con un soldado de la ocupación y desear caminar con él una milla extra). Es hermoso imaginar la escena en la que un soldado pide su mochila de vuelta, pero la otra persona insiste en ir una milla más. Para conocerlo no como un enemigo, sino como persona. Hablar con él y tratarlo con amor.

En cada una de esas instancias, Jesús enseña el «tercer camino». Es aquí que vemos a un Jesús que aborrece tanto la pasividad como la violencia forjar un tercer camino, que no es ni la sumisión ni la agresión, ni la pelea ni la huida.[6] Pero todo esto solo tiene sentido si nos damos cuenta de que Jesús no habla sobre la mejor manera de ganar exitosamente la antiquísima batalla para refrenar el mal. Él reencauza ese deseo diciendo: «No resistan al que les haga mal»; tiene una manera completamente diferente de visualizar la maldad (Mateo 5.39). Es este tercer camino el que nos enseña que «el mal puede enfrentarse sin necesidad de replicarlo... que a los opresores se los puede resistir sin emularlos... que a los enemigos se los puede neutralizar sin destruirlos».[7] Esta es la imaginación profética que puede interrumpir la violencia y la opresión.[8] Si este peculiar pueblo de Dios tuviera que transformar el mundo a través de fascinarlo, me parece que estas enseñanzas asombrosas resultarían centrales. Entonces podríamos mirar a los ojos a un centurión y no ver a una bestia, sino a una criatura de Dios, y luego caminar con esa criatura por un par de millas. Miraríamos a los ojos a los recaudadores de impuestos mientras ellos nos llevan a juicio en la corte, veríamos su pobreza y les daríamos nuestro manto. Miraríamos a los ojos a las personas más difíciles de soportar, y veríamos a Aquel al que amamos. Porque Dios ama activamente a los buenos y a los malos. Y hasta manda la lluvia para que riegue los campos de los justos y de los injustos (Mateo 5.45). El amor a los enemigos hace a una persona semejante a Dios: perfecta.

TONY: Tenemos que descubrir maneras de difundir el mensaje de Cristo en cuanto a la no violencia. Una mínima forma en la que algunos Cristianos de las Letras Rojas difunden ese mensaje es a través de entregar calcomanías para los autos que dicen: «Cuando Jesús nos mandó amar a nuestros enemigos, probablemente quiso decir que no los matáramos». Hasta las personas más militaristas probablemente sonrían al ver esa calcomanía pegada en un auto en el estacionamiento de una iglesia. Uno se da cuenta de que hay algo disparatado en decir: «Ama a tus enemigos», y entonces concluye que es justificable matar a los enemigos.

Sé que nos es posible describir todo tipo de situaciones reales o hipotéticas en las que la no violencia parece poco razonable. Por ejemplo, a veces me preguntan: «Si alguien irrumpe en tu casa y amenaza con matar a tu esposa y a tus hijos, y la única manera de detener a ese posible asesino es disparándole, ¿lo harías?». No encuentro una respuesta fácil a esa pregunta; para ser sincero, probablemente yo le dispararía a esa persona.

Dietrich Bonhoeffer planteó la pregunta acerca de qué hacer con respecto a gente como Hitler. Al tener que enfrentar esa cuestión en una situación de la vida real, Bonhoeffer se unió a un complot para matar a Hitler. Es fácil burlarse, dadas las convicciones pacifistas de Bonhoeffer, pero nosotros no estuvimos en sus zapatos. No tuvimos que enfrentarnos con lo que él se enfrentó. Y deberíamos saber que aunque Bonhoeffer participó en el complot para matar a Hitler, lo hizo en medio de una gran ambivalencia, admitiendo que demostraba su falta de fe y de confianza en Dios en un momento crucial de la historia de Alemania. Nunca intentó justificar lo que hizo.

SHANE: Bonhoeffer constituye un caso interesante porque en tanto se complotó para asesinar a Hitler, él sabía que eso era pecaminoso. No le pidió a la gente que orara por él o que lo bendijera; de hecho, fue todo lo contrario. Fue como si el dijera: «Me estoy preparando para pecar, pero no sé qué otra cosa hacer y estoy dispuesto a presentarme ante Dios con este pecado entre mis manos». Eso es diferente de la manera en que tendemos a hablar de la violencia y pedirle a Dios que bendiga nuestras guerras y nuestras bombas. Puede ser que no todos estemos de acuerdo en cuanto a la cuestión de si hay o no lugar en el mundo para un mal necesario, pero quizá podamos concordar en siempre llamarlo mal, aun cuando lo consideremos necesario.

TONY: Cuando a los apóstoles el gobierno les pidió que hicieran algo contrario a sus convicciones, lo que básicamente respondieron fue: «Nosotros debemos obedecer a Dios en lugar de hacer lo que ustedes nos piden que hagamos» (Hechos 5.29). Se necesita esa clase de respuesta en estos días y en una época en la que muchos estadounidenses actúan como si debieran apoyar la política exterior de su nación sin que importen los males que algunas políticas conlleven.

SHANE: Muchos de nuestros amigos del ejército sienten que se encuentran en un impasse en el que no pueden reconciliar el tratar de seguir a Jesús con el prestar servicios en el ejército. Muchos de los Cristianos de las Letras Rojas han creado una red de apoyo para unos y otros llamada Asociación de los Centuriones.[9] Está formada por miembros y ex miembros del servicio que tratan de caminar juntos. Están comprometidos a servir a Dios y al país... en ese orden.

TONY: No son los únicos que sufren de una ambivalencia sobre este tema. Tú y yo tenemos la libertad de hablar y escribir con respecto a nuestra oposición al militarismo porque una incontable cantidad de valientes hombres y mujeres estadounidenses han peleado y muerto para concedernos ese derecho. En tanto que tú y yo podemos dar a conocer nuestras opiniones con osadía, debemos estar conscientes de esa realidad.

SHANE: Ron Sider lo dijo mejor cuando habló en la Conferencia Menonita Mundial de 1984. Sus palabras ayudaron al nacimiento de los Equipos de Cristianos Pacificadores, que realizan los trabajos por la paz más redentores y de mayor riesgo en todo el mundo. Son estas: «A menos que estemos preparados para arriesgarnos a sufrir lesiones y muerte en una oposición sin violencia a la injusticia que nuestras sociedades promueven, no nos atrevamos a siquiera susurrar una palabra acerca de pacifismo a nuestras hermanas y hermanos que se encuentran en aquellas tierras desesperadas. A menos que estemos dispuestos a morir para llevar adelante, sin violencia, nuevos intentos por reducir los conflictos internacionales, deberíamos confesar que nunca en realidad hemos querido decir que la cruz fuese una alternativa a la espada. A menos que la mayor parte de la gente de nuestras congregaciones dentro de la naciones que cuentan con energía nuclear esté dispuesta a arriesgarse a ser desaprobada socialmente y a sufrir el hostigamiento del gobierno por hacer un claro llamado a vivir sin armas nucleares, lamentablemente tendremos que reconocer que hemos traicionado nuestra herencia como pacificadores. Hacer la paz es tan costoso como iniciar una guerra. A menos que estemos preparados para pagar el precio de buscar la pacificación, no tenemos derecho a etiquetarnos en ella o predicar ese mensaje».

Diálogo sobre las deudas nacionales

*Perdónanos nuestras deudas, como también
nosotros hemos perdonado a nuestros deudores.*

MATEO 6.12

TONY: La crisis financiera hace que la deuda esté en la mente de todas las personas. Muchos ciudadanos están complicados por lidiar con deudas personales inmensas, en tanto que nuestra nación enfrenta una perspectiva atemorizante en cuanto a su futuro; perspectiva que preocupa a los Cristianos de las Letras Rojas. Cuando se trata de la deuda nacional, yo busco escuchar los argumentos de los dos lados del pasillo político. Los republicanos dicen que no se pueden crear nuevos impuestos, aunque Estados Unidos tenga que lidiar con dos costosas guerras externas para las que no se ha hecho una previsión de fondos. En realidad dicen que se necesita una reducción de impuestos, a pesar de que los estadounidenses están pagando menos impuestos hoy de lo que pagaban veinticinco años atrás. En aquel entonces pagábamos un promedio del veintisiete por ciento de nuestros ingresos en impuestos. Hoy estamos pagando en impuestos un promedio de solo el veinticinco por ciento de nuestros ingresos.[1] El problema es que sin impuestos adicionales la única manera de deshacernos de esa deuda es recortando los gastos. Ninguno de los partidos parece dispuesto a recortar el abultado presupuesto de defensa, y los republicanos piden que se recorten los «subsidios», que en general incluyen beneficios para los pobres, los discapacitados y los ancianos. Los demócratas, por otra parte, dicen que no van a tolerar recortes en los servicios a los pobres. Esperan eliminar la deuda nacional con un aumento en los impuestos de aquellos que ganan más de U$S 250.000 por año y a través de la eliminación de muchos vacíos legales referidos a impuestos, de los que han disfrutado las grandes corporaciones. Ahora bien, no hace falta ser un genio para darse cuenta de que a fin de recortar la deuda nacional el gobierno tendrá que hacer que ingrese más dinero a través de impuestos y, al mismo tiempo, gastar menos.

Estoy preocupado por la economía de Estados Unidos porque el setenta y uno por ciento de los estadounidenses cree que nuestro país está en una rápida declinación económica y que probablemente nunca se recuperara de ella.[2] No se trata de una estadística aterradora que refleje la retórica de un puñado de opositores apocalípticos. Es el pensamiento general del público estadounidense. Por ejemplo, la mayoría de los jóvenes no esperan ganar tanto como lo que ganaban sus padres. Muchas personas piensan que el sueño americano está llegando a su fin.

Si la economía de Estados Unidos colapsa, eso va a afectar lo que la iglesia pueda hacer. Al disminuir los recursos de la nación, las iglesias tendrán que llevar adelante su misión de evangelizar con sus recursos, y se verá restringida la posibilidad de ayudar y hacerles justicia a los pobres y oprimidos. En el futuro es posible que no podamos sostener la obra misionera y los ministerios de asistencia como Visión Mundial y Compasión Internacional, que ahora se ocupan de niños de los países en vías de desarrollo. Así que la deuda nacional es un tema de preocupación que los cristianos no podemos ignorar.

Por supuesto, las deudas que los estadounidenses enfrentamos no se pueden comparar con las deudas que tienen las naciones en desarrollo.

SHANE: La Campaña Internacional de Jubileo del 2000 atrajo mucho el interés de la gente cuando se presentó. Buscaba llamar nuestra atención a la terrible realidad de que algunos de los países más pobres del mundo están pagando grandes cantidades de dinero a los países más ricos debido a que están paralizados por la deuda. Muchos de ellos han saldado totalmente la cifra original que tomaron prestada, pero en muchas ocasiones continúan pagando los intereses una y otra vez. Este tipo de cosas fue lo que ocasionó indignación en los antiguos profetas, y sin duda es la razón por la que las Escrituras prohíben explícitamente el cobro de intereses. Ese es un pecado del que no se habla lo suficiente. Precisamos exorcizar algunos demonios que hay en los bancos.

Durante los pasados cincuenta años los países ricos como Estados Unidos han prestado dinero a muchos países en desarrollo cuyos dictadores se forraban los bolsillos con él y lo utilizaban para desarrollar fuerzas policiales que mantuvieran a su pueblo en orden. Mucho del dinero recibido en préstamo fue despilfarrado en programas y proyectos que acabaron fracasando o brindaron poco beneficio al pueblo en general. Estados Unidos ha otorgado esos préstamos a pesar de conocer los abusos que se cometían con mucha de nuestra ayuda externa, debido a que durante la guerra fría estábamos ansiosos por lograr que el mundo en desarrollo se volviera dependiente de nosotros, para mantenerlo fuera del bloque comunista y asegurarnos sus votos en la Naciones Unidas.

TONY: En las naciones africanas, consideradas en su conjunto, aproximadamente el cuarenta por ciento de todos los ingresos derivados de los impuestos se gasta en cumplir con las deudas que esos países han contraído.[3] En América Latina la peor situación es la de Ecuador, en donde casi el sesenta por ciento del dinero proveniente de los impuestos se utiliza para cubrir las deudas del país. En realidad, la deuda de Ecuador equivale al veintiuno por ciento del producto bruto interno de esa nación, que es de 72.000 millones de dólares.[4] Esos países en desarrollo, tan endeudados, no pueden proveer cuidados de salud, ni construir los caminos necesarios, ni proporcionarles buena educación a sus niños. Les es imposible crear la clase de infraestructura que requiere una economía que funciona, porque una parte muy grande de sus ingresos por impuestos se utiliza para pagar las deudas.

Eso fue lo que inspiró la Campaña Internacional de Jubileo 2000 de la que hablabas. En el año 2000, algunos cristianos recogieron el tema bíblico del jubileo. Según Levítico 25, es la voluntad de Dios que cada cincuenta años se cancelen todas las deudas. Hubo muchos, líderes cristianos tan diversos como Pat Robertson, del Club 700 y Jim Wallis, editor de la revista *Sojourners*, que en concordancia con la exhortación de Levítico 25, pidieron la cancelación de las deudas del tercer mundo.

En el Reino Unido, el activismo de los jóvenes cristianos constituyó un factor clave en promover la cancelación de las deudas de los países pobres. Clare Short, la secretaria británica de desarrollo internacional del gabinete de Tony Blair dijo que si no hubiera sido por los jóvenes cristianos, la cancelación de las deudas de los países en desarrollo nunca se hubiera puesto en marcha. Cuando las naciones del G8 se encontraron en Birmingham, Inglaterra, en 1998, varios miles de jóvenes cristianos aparecieron para pedir a los jefes de estado reunidos allí a que hicieran algo por eliminar las deudas de las naciones más pobres del mundo. No quemaron nada. No arrojaron piedras. No gritaron, ni aullaron. Simplemente llevaron a cabo una vigilia ininterrumpida de oración de dos días fuera del lugar de reuniones. Se sentaron durante toda la noche con velas encendidas, orando para que esos líderes de las naciones industrializadas más prósperas realizaran las acciones necesarias para cancelar las deudas de los países en desarrollo. Lo llevado a cabo por aquellos jóvenes impresionó tanto a los líderes del mundo, que cuando Bill Clinton presentó la propuesta de cancelación de las deudas de las naciones pobres, los líderes de las otras naciones industrializadas lo apoyaron con entusiasmo. Se había hecho un gran progreso hacia la liberación de deudas de los países en desarrollo. El presidente George W. Bush continuó con el legado de Bill Clinton y siguió cancelando esas deudas. Todavía está por verse cómo continuará esto, a la luz de las enormes presiones financieras nacionales que la recesión mundial ha creado.

El mejor ejemplo del bien que puede producirse por la cancelación de las deudas es lo que sucedió en Uganda. Cuando se canceló la deuda de Uganda, se estipuló que el dinero que Uganda hubiera tenido que pagar para cumplir con sus deudas fuera puesto en un fondo especial a ser aplicado específicamente a la crisis del sida que había en el país. Se planificó un extenso programa de educación para enseñarle a la gente a tomar precauciones y no infectarse de sida.

Se establecieron clínicas en todo el país, y se gastaron grandes cantidades de dinero en medicinas para la gente que ya lo tenía. En consecuencia, en un período de cinco años, las muertes ocasionadas por esa enfermedad decrecieron en un treinta por ciento, y hubo muchos menos casos nuevos.[5]

SHANE: El doctor King hablaba acerca de que todos estamos interrelacionados en la «ineludible red de la mutualidad»[6] y que si miramos con atención, veremos que todos somos interdependientes: tomamos café de Sudamérica en una taza de China, y le agregamos una pizca de cacao traído de África, al que revolvemos con una cuchara de Suecia. King señaló que en el transcurso de nuestro desayuno habíamos dependido de la mitad del mundo. Dios nos ha hecho de esa forma para que nos interrelacionemos. Para que, en vez de explotarnos, nos apoyemos unos a otros. Para que, en lugar de esclavizar la vida, la cultivemos.

En ese sentido, el mundo se ha achicado. Cada vez más gente busca saber de dónde viene su comida y cómo se ha tratado a la gente que cosió sus ropas. Como lo analizamos antes, estas cosas le interesan a Dios. Grandes movimientos han llamado la atención sobre estos asuntos, y algunos comerciantes creativos como TOMS Shoes continúan pavimentado el camino de los negocios misioneros. (TOM les proporciona un par de zapatos a las personas que lo necesitan por cada par de zapatos que vende). Empresas como Ten Thousand Villages crean conexiones comerciales precisamente con las personas reales que producen lo que compramos.

Una de mis empresas misioneras favoritas es una compañía llamada CRED que comenzó en el Reino Unido. Una película llamada *Blood Diamond* [Diamante de sangre] concitó mucha atención por parte del público sobre las cosas terribles que les suceden a las personas que trabajan en las minas de diamantes en África. Así que los joyeros del Reino Unido quedaron perturbados. Al principio se preguntaban si no sería necesario abandonar esa industria, pero eventualmente decidieron sumergirse en aguas profundas e intentar hacer algo sobre esa injusticia. Así que comenzaron a visitar aldeas de gente que trabajaba en las minas de oro y de piedras preciosas, y básicamente los liberaron de aquellos cabecillas que los oprimían; luego iniciaron su propio negocio. Han tenido que ir a visitar esos lugares con regularidad para asegurarse de que se mantuvieran las relaciones correctas. Pero ahora eso constituye un negocio pionero de joyería a través de un comercio justo.

En todas partes este tipo de negocios creativos está transformando la forma tradicional de comerciar. Cuando lanzamos una protesta en forma creativa, le damos voz a la gente que ha sido marginada.

Una de las protestas más poderosas que me ha tocado presenciar fue la realizada en contra de las fábricas clandestinas. Pero esa protesta era diferente. En vez de reunir activistas y oradores, fueron hasta los muchachos de las fábricas clandestinas para que ellos les contaran sus historias. Recuerdo que un muchacho, que tenía una cicatriz que le atravesaba el rostro, dijo: «Esto me lo hizo mi patrón, que me golpea casi todos los días». Agregó luego: «Un día me golpeo tanto que la cara me sangraba, y entonces el tomó un encendedor y me quemó la cara para sellar las heridas y que pudiera seguir trabajando. Todo eso, para que yo pudiera seguir fabricando cosas para ustedes». Esa fue su última frase.

Recuerdo que pensé: *Jesús siente la cicatriz en el rostro que tiene aquel muchacho, ya que cuando le hacemos algo al más pequeño de todos, se lo hacemos a Cristo.* ¿Quiénes son esos patrones que reciben mi dinero, mientras yo ni siquiera soy consciente de lo que pasa?[7]

TONY: Cuando se trata de ocuparnos de lo que le sucede a la gente en los países en desarrollo, hablamos de establecer un libre comercio, y eso nos suena democrático. Tanto los demócratas como los republicanos apoyan el comercio libre en el Congreso, lo que los hace quedar bien. Como sabemos, el libre comercio significa que no se les imponen gravámenes a los bienes que entran a nuestro territorio, provenientes de esos países ni a los que nosotros les enviemos a ellos.

Suena bien, hasta que uno considera la manera en que el comercio libre aumenta la pobreza del tercer mundo. Por ejemplo, los agricultores estadounidenses fueron subsidiados con una suma aproximada a los 285.000 millones de dólares por año a través de una ley de agricultura pasada en el año 2007 por el Congreso de Estados Unidos.[8] Eso significa que los agricultores estadounidenses les pueden vender trigo, algodón y arroz a los países en desarrollo a precios mucho más bajos de lo que cuesta producir las mismas cosas en esos países pobres. Debido a que nuestros agricultores están subsidiados y a que los países pobres no pueden subsidiar a sus agricultores, cientos de campos de cultivo en lugares como Haití y Sudáfrica dejan de existir cada año. No es justo, y por eso los Cristianos de las Letras Rojas deseamos un comercio *justo* y no un comercio libre.

La gente nos pregunta si estamos sugiriendo que a un país como Haití se le permita aplicar impuestos sobre las mercancías que les enviamos en tanto que nosotros no gravemos las mercaderías que ellos envían a nuestro país. Nuestra respuesta es sí. Es justo si nosotros estamos subsidiando nuestros productos y ellos no pueden hacerlo. Todo lo que pedimos es una competencia justa. ¿Qué podría ser más capitalista que eso?

Nuestro deber como cristianos no es simplemente enfrentar los problemas en un nivel personal o individual, sino también en el nivel social. Yo sé que muchos de nuestros lectores van a decir que parecemos comunistas. Tenemos que recordarles que un obispo de América Latina, en respuesta a una acusación semejante, dijo: «Cuando les doy comida a los pobres, me llaman santo. Cuando pregunto por qué la gente no tiene comida, me llaman comunista».[9]

SHANE: Siempre me ha gustado este dicho: «Una vez que realmente intentamos amar a nuestro prójimo como a nosotros mismos, el capitalismo tal como lo conocemos no resulta posible, y el comunismo no es necesario». Después de todo, la mayor parte del mundo despierta por la mañana en el costado errado del capitalismo.

Diálogo sobre el
Oriente Medio

*Porque se levantará nación contra nación, y reino
contra reino... principios de dolores son estos.*

MARCOS 13.8, RVR60

TONY: Me perturba el hecho de que algunos evangélicos de este país estén tan tremendamente comprometidos a apoyar al estado de Israel que han perdido de vista la necesidad de levantarse a favor de que se les haga justicia a los palestinos, incluidos aquellos que son sus hermanos y hermanas en Cristo. Notemos que me he referido al *estado de Israel.* Una cosa es amar a los israelíes, deseando que sus fronteras sean seguras y que sus hijos vivan sin temor a que haya terroristas que bombardeen sus buses escolares, y hacer un llamado a que cese el lanzamiento regular de cohetes sobre territorio israelí por miembros furiosos de Hamas desde la Franja de Gaza. Y algo muy distinto es decir que estamos comprometidos con *las políticas del gobierno israelí,* sin tener en cuenta lo que eso le cause al pueblo palestino. Me siento frustrado cuando escucho a algunos evangélicos decir que cualquiera que critique las políticas del gobierno israelí se opone a Dios. Generalmente citan la Biblia y dicen: «Cualquiera que bendiga a Israel será bendecido por Dios, y cualquiera que maldiga a Israel será maldecido por Dios» (Génesis 27.29, paráfrasis).

No hay muchas dudas en cuanto a que la mentalidad pro gobierno israelí (que no cuestiona nada) que existe entre los evangélicos sionistas aquí en Estados Unidos se ha convertido en una barrera importante para lograr la paz en Medio Oriente.

SHANE: Cuando estuve en Tierra Santa el año pasado, un sacerdote le dijo al grupo que si Jesús hubiera intentado caminar desde Betania hasta Jerusalén hoy, no habría logrado pasar por los puestos de control. Lamentamos juntos que haya un muro que divida de forma tan terrible a la Tierra Santa en lo que un líder israelí llamó «el sistema de apartheid más sofisticado que el mundo jamás haya visto».

Al caminar siguiendo las huellas de Jesús a través de esa tierra, recordé una historia que él contó sobre un hombre rico que construyó una pared y dejó a los pobres afuera, historia conocida como «el rico y Lázaro» (Lucas 16.19–31). Según esa historia, el hombre rico creó un barrio cerrado, y dejó afuera de las puertas al mendigo pobre, de nombre Lázaro. El disfrutaba de la vida dentro de las paredes mientras el hombre pobre sufría del otro lado. Al avanzar la historia, ellos murieron. A Lázaro lo rescataron los ángeles y lo llevaron al paraíso, junto a Abraham. El hombre rico acabó en las llamas del infierno, rogando que el mendigo le diera un sorbo de agua. Pero Abraham le dijo que él había recibido buenas cosas en esta tierra mientras Lázaro sufría, y que ahora Lázaro estaba siendo reconfortado mientras él sufría una agonía. Es una historia fuerte y dice mucho con respecto a la lucha de clases.

El único personaje de las parábolas de Jesús al que se lo mencionó por nombre fue a este mendigo. Se llamaba Lázaro, que significa «uno rescatado por Dios». Del hombre rico, por otro lado, no se incluye el nombre. Sin duda ese hombre tuvo un nombre en la tierra; ¡y probablemente hubiera una calle o una empresa que llevara su nombre! Aunque no sabemos cómo se llamaba, sí sabemos que el hombre rico era religioso. Conocía a los profetas y se refería a Abraham como «padre». Sin embargo, su religión no hizo nada por derribar la pared que había construido entre él mismo y su prójimo pobre.

El hombre rico se dio cuenta de que su barrio cerrado no solo lo había separado de Lázaro, el mendigo, sino de Dios.

Amar a Dios es también amar a los hijos de Dios más vulnerables. Hemos sido hechos para mostrar compasión.

Con demasiada frecuencia construimos paredes y portones para protegernos, y terminamos descubriendo después que somos nosotros los que estamos allí como rehenes. Creemos que dejamos a los demás afuera al cerrar, pero en realidad nos estamos encerrando nosotros adentro. No solo a los pobres se les roba la comunidad y la compasión, sino también a los ricos. Si el hombre rico hubiera abierto sus puertas, no solo Lázaro se habría librado, sino también él.

Escuché a un rabino decir que las parábolas son como diamantes. Cuando las consideramos bajo una luz diferente, toman nuevas dimensiones. Cuando estuve en el Oriente Medio pude ver esta historia con nuevos ojos. Una de las cosas más importantes que aprendí en Tierra Santa fue que tanto israelíes como palestinos son rehenes; hay muros y portones que los separan. En ambos lados escuché a algunas personas decir que no les importaba que la solución fuera reconocer a uno de los dos como estado, o a los dos, o a ninguno; lo que importaba era que todas las personas fueran tratadas con dignidad y ecuanimidad.

La cuestión importante es que los muros nunca son tan altos como para que no puedan caer, y Cristo nos ha dado las llaves que abren las puertas que nos mantienen como rehenes. Una de las promesas de Jesús en los evangelios es que las puertas del infierno no prevalecerán. Hay muros y puertas que mantienen cautivas a las personas hoy, y nosotros deberíamos atacar esas puertas del infierno para rescatarlas. Debemos tomar coraje pensando que Dios tiene todo un historial en cuanto a derribar muros y dejar libres a las personas. Cuando las paredes caen, descubrimos que tanto Lázaro como el hombre rico se hallan en mejores condiciones. Como Cristianos de las Letras Rojas, tenemos que esforzarnos por derribar todos los muros y eliminar ese infierno en la tierra.[1]

TONY: Llamar a Israel y a Palestina «Tierra Santa» es darles un nombre poco apropiado cuando lo que sucede allí es tan poco santo.

Los cristianos evangélicos de nuestro país no están al tanto de que solía haber una gran comunidad cristiana entre los palestinos, que ha disminuido drásticamente. Muchos cristianos se han ido de Palestina debido a que las restricciones y dificultades impuestas sobre ellos por el gobierno israelí han hecho que su vida en Palestina sea algo que no pueden manejar. La ciudad palestina de Belén era cristiana en un ochenta por ciento hace veinticinco años. Hoy cuenta con un quince por ciento de cristianos.[2] Miles y miles de cristianos palestinos han huido de Belén debido a que ya no pueden vivir libremente en la ciudad en la que han crecido. Para ellos Belén es una ciudad tomada. El hostigamiento y las dificultades que implican entrar y salir de Belén a través de los puestos de control israelíes es precisamente una de las cosas que hace que su vida allí resulte insoportable.

Las resoluciones de las Naciones Unidas (UN por sus siglas en inglés) llamando a poner fin a la ocupación israelí de tierras palestinas han sido sistemáticamente ignoradas por el gobierno israelí. Eso resulta significativo porque el estado de Israel no hubiera existido si la UN no hubiera creado la nación de Israel a través de una resolución en 1947. El gobierno de Israel quiere contar con resoluciones de las Naciones Unidas que garanticen la continuidad de la existencia del estado israelí, pero cuestionan aquellas resoluciones de la UN que llaman a una justa devolución del territorio ocupado, a los palestinos. Es política de las Naciones Unidas que cuando finaliza una guerra ninguna nación tenga el derecho a quedarse con las tierras ocupadas durante la guerra como resultado de conquistas militares.

Cuando el presidente Obama dijo que deseaba que las fronteras de Israel y Palestina fueran restablecidas tal y como estaban en 1967, antes de la Guerra de los Seis Días, solo estaba declarando algo legal y justo, de acuerdo con las leyes internacionales. Sin embargo, la propuesta del presidente causó turbulencia en todo nuestro país. Aquellos que protestaban provenían del liderazgo de ambos partidos políticos. Los miembros del congreso sabían que tendrían a los sionistas evangélicos estadounidenses (cuyo número asciende a millones) sobre sus espaldas si hubiera el más mínimo indicio de que se pediría a Israel que entregara la tierra que les había quitado a los palestinos después de 1967.

Hay que tener en cuenta que el presidente Obama no demandó que Israel volviera a las fronteras establecidas por la UN en 1947. Él estaba negociando al decir que los límites deberían ser los que había en 1967, pero eso no resultó aceptable para los cristianos sionistas. Cuando el primer ministro de Israel, Benjamin Netanyahu, le dijo al congreso de Estados Unidos que nunca volvería a los límites de 1967, se lo ovacionó de forma tremenda. Aquellos políticos sabían muy bien lo que esperaban de ellos los sionistas evangélicos, y también una cantidad significativa de cristianos de las denominaciones históricas. Por lo tanto, a pesar de que entendían que aquella era una violación de las reglas de las Naciones Unidas y de la Corte Mundial por parte de Israel, convalidaron al primer ministro israelí. El gobierno de Israel ha establecido una gran cantidad de asentamientos en tierra palestina, y sin embargo, debido a la presión política ejercida por los sionistas cristianos, muchos dentro del congreso no están dispuestos a levantar la voz para oponerse. Más de trescientos mil israelíes viven ahora en asentamientos en la Ribera Occidental y en la Franja de Gaza.[3]

SHANE: Con tres guardaespaldas por cada colono israelí.

TONY: Además de eso, los israelíes han construido rutas adecuadas desde el territorio de Israel hasta cada uno de esos asentamientos. Los israelíes han edificado vallados y muros a lo largo de esas rutas para que los palestinos no las puedan atravesar libremente (aun para visitar a parientes que vivan a una pequeña distancia de menos de cien metros del otro lado de ellas) sin tener que pasar por un puesto de control en territorio de Israel y luego volver por el otro lado de esas rutas valladas y amuralladas.

No hace mucho hablé en una conferencia en la universidad Bethlehem Bible College y tuve la oportunidad de conversar con cristianos palestinos cuyos hogares habían sido derribados por topadoras israelíes para hacer lugar para los asentamientos ilegales. En varios de los casos, las casas fueron construidas en terrenos que habían pertenecido a la familia por generaciones. Eso es, muy simplemente, robo de tierras y destrucción ilegal de la propiedad privada. Sin embargo, la dolorosa realidad es que los cristianos estadounidenses raramente se preguntan qué clase de justicia es esa.

SHANE: Mientras estaba en Palestina, el grupo con el que viajaba visitó un asentamiento para escuchar cuál era su perspectiva. En esencia, lo que dijo uno de los colonos fue: «Dios nos dio esta tierra. Y cualquiera que tenga un problema con eso necesita tratar el asunto con Dios». Fue lo bastante amable como para aceptar preguntas, así que le pregunté qué decía todo eso sobre el carácter de un Dios que parecía preocuparse más por las personas de uno de los lados de la pared que por las que estaban del otro.

Le expresé que el Dios que yo conocía era un Dios que había escuchado el clamor de los israelitas en su cautiverio cuando eran esclavos, y que continúa escuchando el clamor de los que sufren. E intenté mencionar a Jesús, pero él me detuvo, diciendo: «Yo no soy cristiano». Sin embargo, la regla de oro de «amar al prójimo como a uno mismo» no está solo en el Nuevo Testamento (ver Levítico 19.18). Es una regla de la Torah también. Y cuando nuestra teología interfiere con la forma en que amamos a nuestro prójimo, es momento de repensar nuestra teología.

TONY: Lo que resulta interesante sobre esta teología es que muchos cristianos evangélicos apuntan a Génesis 12 y 18 y dicen: «Ven, esta tierra fue prometida a la simiente de Abraham». Un palestino musulmán me señaló que si los judíos eran la simiente de Abraham, los árabes también. Abraham tuvo un hijo llamado Isaac con su esposa Sara y otro hijo llamado Ismael, cuya madre fue Agar. Los judíos son descendientes de Isaac, y los musulmanes descendientes de Ismael, pero ambos pertenecen a la simiente de Abraham.

Ismael fue reconocido como Hijo de Abraham y sus descendientes se citan como descendientes de Abraham (Génesis 25.12–17). Ambos eran de su simiente, así como lo serían sus hijos y todos los nacidos dentro de las dos familias en las generaciones que siguieran.

Sé que hay otros pasajes de las Escrituras que señalan que únicamente los descendientes de Israel tienen derecho a aquella tierra. Pero las Escrituras dejan en claro que Jacob no cumplía con las profecías de la restauración de Israel sin la reconciliación con su hermano Esaú. Con certeza Jesús declara que si hay un problema de enemistad con un hermano, la reconciliación debe tener lugar antes de que pueda haber ningún tipo de adoración a Dios (Mateo 5.23). En nuestros días, a nosotros se nos ha dado un ministerio permanente de reconciliación (2 Corintios 5.18), y a ese fin debemos trabajar para acercar a judíos y árabes, logrando justicia para ambos grupos.

Para muchos cristianos, el futuro del pueblo judío tiene que ver principalmente con una relación con Jesucristo; las Escrituras dicen que todos serán uno en Cristo Jesús (Gálatas 3.26). El futuro de los gentiles y su salvación están en Jesucristo y la salvación de los judíos también está en Cristo Jesús. A través de Cristo, todos nos convertimos en parte de la misma familia de la fe. Dios desea para el pueblo judío lo que desea para el pueblo palestino. Como cristianos nosotros nos hacemos uno con los judíos, y juntos nos convertimos en el nuevo Israel (Romanos 9.25–29, 10.10–13). Deberíamos reconocer también que hay otros cristianos que creen que Dios no incumple sus promesas, que el pacto que Dios hizo con Israel todavía sigue en pie, y que por lo tanto los judíos no precisan perder su identidad como pueblo para experimentar la salvación. Yo sigo creyendo que los judíos tendrán un lugar especial en el «fin de los tiempos», de acuerdo con los planes de Dios, pero todavía estoy tratando de imaginar cuál será ese lugar.[4]

SHANE: ¿Tienes alguna sugerencia en cuanto a posibilidades realmente concretas? Obviamente, como los de afuera, no es nuestro papel prescribir todas las respuestas, pero ambos conocemos gran cantidad de personas en aquel territorio, y tú te has involucrado activamente en las negociaciones durante décadas. ¿Tienes idea de algún camino que nos lleve adelante y ayude a solucionar los problemas entre los judíos y los palestinos?

TONY: Hay dos temas dominantes que evitan que se establezca la paz en el Medio Oriente. Primero, el problema de los refugiados palestinos que viven en la Franja de Gaza y en Cisjordania (o Ribera Occidental). Ellos desean lo que llaman «el derecho al regreso». Entre las dos guerras de 1948 y 1967, muchos palestinos huyeron a Cisjordania y a la Franja de Gaza cuando el ejército israelí avanzó y tomó sus tierras. Las aldeas palestinas y sus viñedos les fueron quitados. Una de las demandas palestinas es el derecho a volver a vivir en la tierra que en un tiempo fue de ellos y reposeer los hogares que ellos entienden que les fueron quitados ilegalmente.

El gobierno israelí dice, con razón: «No podemos permitirles a los palestinos regresar. ¡No ahora! Durante los últimos cincuenta años se han reproducido a una tasa de nacimientos tan alta, que si regresaran a esas tierra que están ahora dentro de los límites de Israel, ellos sobrepasarían en número a los judíos, y por lo tanto, podrían votar la desaparición del estado de Israel». Para los israelíes esa constituye una preocupación real y comprensible.

En segundo lugar, la otra barrera importante que impide la paz es que los palestinos de la Franja de Gaza y de la Ribera Occidental demandan que los asentamientos judíos ilegales sean desmantelados y que los colonos israelíes sean enviados de vuelta al lugar del que vinieron. Pero el actual gobierno israelí no está dispuesto a devolver nada de esa tierra. Los israelíes no están pensando en desmantelar la gran cantidad de viviendas que han construido en aquella tierra, ni están dispuestos a retirar de sus hogares a los más de trecientos mil judíos que viven en aquellas casas.

SHANE: Solo devolverles a los palestinos las llaves de sus casas, ¿correcto? ¿O quizá las llaves de los asentamientos?

TONY: Aquí va una propuesta delineada por el departamento de ciencias políticas de la Universidad de Princeton; se la denomina «Solución del Condominio».[5]

En primer lugar, señala que debería ser una solución para los dos estados. Propone que Israel tenga un estado con fronteras seguras y confiables; y que Palestina también tenga un estado con fronteras seguras y confiables. Además, cada estado debería tener un gobierno plenamente reconocido. Esas dos naciones tendrían sus capitales en Jerusalén. Hay un sector de Jerusalén, al que ahora se hace referencia como Jerusalén Oriental, que les pertenece a los palestinos, y ese sector de la ciudad debería considerado como la capital de ese nuevo estado de Palestina. Los israelíes tendrían el resto de Jerusalén como su capital.

En segundo lugar, a todos los descendientes de judíos se les requeriría que fueran ciudadanos del estado de Israel, sin que importara dónde vivieran. Sea que esos judíos vivieran propiamente en Israel, en la Ribera Occidental, o en la Franja de Gaza, los que tuvieran ascendencia judía tendrían que ser ciudadanos de Israel.

Por otro lado, todas las personas descendientes de árabes deberían convertirse en ciudadanas del nuevo estado de Palestina. Eso significaría que los árabes que vivieran dentro de las fronteras legales de Israel y que tuvieran una ciudadanía israelí, deberían renunciar a ella y convertirse en ciudadanos del estado de Palestina. Esto les resultaría difícil a los árabes que actualmente son ciudadanos israelíes, ya que han disfrutado de muchos beneficios por ello.

Tercero, y más importante, tanto los judíos como los árabes podrán vivir en cualquier lugar que desearan en Tierra Santa. Eso significa que los árabes podrían regresar a su tierra en territorio de Israel y los judíos podrían continuar viviendo en los asentamientos. Dado que los judíos y los árabes podrían mezclarse y vivir unos al lado de los otros, probablemente Hamas tendría que dejar de lanzar cohetes al territorio israelí, porque al hacerlo tendría las mismas posibilidades de matar a su gente que a sus «enemigos». Habría palestinos viviendo junto con los judíos dentro de Israel y judíos en la Franja de Gaza y en Cisjordania, junto con los pueblos árabes.

Solo a los judíos se les permitiría votar en las elecciones israelíes, de manera que el gobierno no tuviera que preocuparse de que los palestinos que vivan en territorio de Israel voten por la desaparición del estado de Israel. Así sería la situación aun si los palestinos sobrepasaran en número a los judíos dentro de las fronteras de Israel. Los palestinos solo podrían votar en las elecciones de Palestina, y a los judíos solo se les permitiría votar en las elecciones de Israel, sin tener en cuenta el lugar en el que los judíos y los palestinos residan.

Por supuesto, Estados Unidos tendría que poner mucho dinero para que los palestinos compraran nuevamente la tierra y los edificios que los israelíes han levantado de una manera maravillosa durante los últimos cincuenta años, pero eso costaría mucho menos de lo que ahora estamos gastando para hacer del ejercito israelí el cuarto ejército más poderoso del mundo y para cubrir a la Organización para la Liberación de Palestina. Lo que es mejor aún, las Naciones Unidas deberían asumir algo de esta carga económica, dado que fue quien creó el problema en primer lugar.

Cuando les presenté este plan tanto a los funcionarios del gobierno israelí como a los funcionarios palestinos electos, tuve la sensación de que veían el plan como plausible. Si nosotros hemos sido llamados a ser agentes de reconciliación, simplemente no podemos permitir que las posturas endurecidas que exhiben diferentes grupos cristianos en relación con el conflicto israelí-palestino sigan firmes en su lugar. Como Cristianos de las Letras Rojas tenemos el llamado a aparecer con propuestas que les ofrezcan a estos dos grupos una solución al conflicto que cada uno de ellos pueda considerar viable.

SHANE: Otra razón por la que Estados Unidos está tan profundamente involucrado con el conflicto palestino-israelí es la cuestión bíblica de los tiempos finales. La palabra *escatología* significa el estudio de *ésjaton* (en el griego), o sea, del fin de los tiempos. Ese es el telón de fondo de gran parte del conflicto palestino-israelí. De hecho, Israel es el mayor destinatario de la ayuda exterior de Estados Unidos. Es casi como si estuviéramos almacenando armas y preparándonos para el apocalipsis.

Es una cuestión interesante, porque por un lado las personas dicen: «Amamos a los judíos. Dios bendiga a Israel». Pero luego, si uno los presiona un poco, esas mismas personas declaran: «Pero si no se hacen cristianos, entonces van a ir al infierno».

TONY: Estuve en un programa de radio en Nueva Zelandia con un cristiano sionista que cree que Cristo no puede regresar hasta que los judíos estén en total posesión de Tierra Santa. Recuerdo que le dije: «¡Espera un momento! ¿Te das cuenta de que la tierra que le fue prometida a Abraham abarca desde el Éufrates hasta el Nilo? Eso es lo que leemos en el libro de Génesis. Quiero decir que no estamos hablando solo sobre lo que nosotros ahora llamamos el estado de Israel, y ni siquiera de la tierra ocupada por los palestinos. Hablamos de toda la tierra que se extiende desde el Éufrates hasta el Nilo. Eso incluye una buena parte de Jordania, todo el Líbano, una buena parte de Egipto, y una buena porción de Siria. Todas esas tierras deberían ser despejadas de los no judíos, según tus creencias, y solo a los judíos se les permitiría vivir allí. ¿Qué propones que se haga con toda la gente que vive en esas tierras en este momento?».

Él dijo: «Bueno, ellos tienen que irse; y si no se van voluntariamente, deben ser obligados a hacerlo. Y si no quieren hacerlo, habrá que matarlos».

Estupefacto, y no pudiendo creer lo que acababa de oír, le pregunté: «¿Estás hablando de genocidio?».

Su respuesta fue: «Bueno, ¿no ordenó Dios un genocidio cuando los judíos entraron en la Tierra Prometida por primera vez? ¿No se les ordenó a los judíos matar a todo hombre, mujer y niño, y a todo animal? ¿No se los llamó a ejecutar un genocidio en ese entonces? El Dios que ordenó un genocidio cuando Josué invadió la Tierra Santa es el mismo Dios que tenemos hoy».

Tuve que decirle a ese cristiano que mi comprensión de Dios, tal como ha sido revelada en Jesucristo, supera todo lo que se pensaba acerca de Dios en los días del Antiguo Testamento. No creo que el Dios que se revela en Jesús sea un Dios que desee el genocidio. «Si tú y yo mantenemos posturas opuestas sobre esto», le dije, «no estoy seguro de que adoremos al mismo Dios».

Cuando los cristianos sionistas creen que Cristo no puede regresar hasta que los judíos estén en posesión total de la Tierra Santa, convierten a Pablo en un hombre equivocado. Pablo dijo que a partir de ese momento todo cristiano debería vivir cada día y cada hora con la expectativa del retorno inmediato de Cristo (1 Tesalonicenses 5.1–11). Si Pablo estaba en lo cierto, entonces digámosle a cualquiera que lea este libro que podría sonar una trompeta antes de que acabara este párrafo y que Cristo podría volver, sea que los judíos fueran los únicos propietarios de la Tierra Santa o no. Negar eso sería negar lo que enseñan las Escrituras.

Casi dos mil años atrás Jesús les dijo a sus discípulos: «Les aseguro que no pasará esta generación hasta que todas estas cosas sucedan» (Mateo 24.34). ¿Estaba mintiendo Jesús? Sus palabras llevaron a que muchos en la iglesia primitiva fijaran su atención en Juan. Él era el último discípulo sobreviviente, así que ellos imaginaban que la segunda venida de Cristo tendría que ocurrir antes de que él muriera. Los cristianos primitivos vivían con la expectativa del retorno de Cristo en el futuro inmediato. No conozco ningún teólogo o erudito bíblico que discuta el hecho de que la iglesia primitiva, luego de la resurrección de Cristo, esperara el regreso de Jesús en cualquier momento. ¿Los cristianos sionistas entonces nos quieren decir: «Oh, esos cristianos primitivos estaban errados. Se equivocaron porque ya han pasado más de dos mil años y Cristo todavía no ha regresado»? ¿Sugieren ellos que Jesús engañó a sus discípulos y que Pablo cometió un error cuando desafió a la iglesia a vivir en la expectativa de un Cristo que podía regresar en cualquier momento? Yo digo que pensar así es una blasfemia.

Las Escrituras hablan sobre el *ésjaton* (la conclusión de la historia) en que Cristo regresará. Los cristianos no deberían hablar como si la tierra fuera a terminar siendo quemada por el fuego. La Biblia nos dice que habrá un nuevo cielo y una nueva tierra (Isaías 65.17; Apocalipsis 21.1).

Isaías 65 describe a este mundo de una manera maravillosa. Dice que cuando llegue el gran día, todos tendrán una casa decente en la que vivir. Isaías nos dice que todos tendrán un empleo y que cada uno recibirá un pago justo por sus labores. Eso significa que no habrá en Tailandia niños que fabriquen calzado deportivo, recibiendo como paga solo un dólar diario, para que nosotros podamos comprar ese calzado a precio de oferta en Walmart y en Target.

Los niños ya no morirán en su tierna infancia, y los ancianos vivirán sus largas vidas en salud y bienestar. Esa es una visión del ésjaton que implica «buenas nuevas». Es una visión del futuro que me desafía a trabajar en el aquí y ahora para lograr esos fines.

SHANE: Una de las señales más claras de esperanza que he visto la recibí en la Ribera Occidental este año; tuve que visitar a una familia, la familia Nassar.[6] Ellos son mis nuevos héroes. Le pusieron nombre y rostro al conflicto. Son palestinos cristianos que han llevado vidas simples labrando la tierra por generaciones, hasta hace muy poco. Se construyeron asentamientos israelíes alrededor de ellos, y el gobierno israelí trató de quitarles su tierra. A diferencia de la mayoría de las familias que vivían con acuerdos comunales sellados por un apretón de manos en cuanto a la transacción de tierras, ellos en realidad tenían escrituras con una antigüedad de más de cien años, que probaban que eran los dueños de su tierra, lo que le complicó las cosas al gobierno israelí.

Como la familia Nassar continuaba viviendo en su tierra, desarrollaron una nueva estrategia: el hostigamiento. Les arrancaron los olivos. Les apilaron rocas en el camino que conducía a su casa, para que no pudieran entrar y salir con ningún vehículo. Aunque eran propietarios de la tierra, se les denegaron los permisos para la electricidad y el agua. Como los sacaron de la red eléctrica tuvieron que utilizar energía solar, Y recoger agua de lluvia. Cuando les rehusaron los permisos para construir la estructura de su casa, comenzaron a construir clandestinamente, y allí fue donde los visité.

Es una de las historias más inspiradoras que he escuchado jamás en cuanto a mostrar un amor persistente y una no violencia guiada por Cristo. Delante de su propiedad hay un cartel que dice: «Nos negamos a ser enemigos». Después que les arrancaron los olivos, un grupo de judíos escuchó rumores acerca de esto y vino a ayudarles a replantar los árboles. Hubo una historia tras otra de reconciliación. Luego se llevó a cabo un intento final por comprarles la tierra, y el gobierno israelí les ofreció un cheque en blanco, pidiéndoles que pusieran el precio, aunque fueran muchos millones de dólares los que quisieran por su tierra. Pero la familia Nassar les dijo: «No tenemos un precio». Continúan viviendo allí y han llegado a conocer a sus vecinos. En cierto momento invitaron a una de las mujeres israelíes a cenar. Cuando ella entró a la casa, comenzó a llorar y dijo: «Ustedes no tienen agua, y nosotros contamos con piscinas. Algo está mal». Y cuando les preguntó cómo mantenían la esperanza en medio de tanta injusticia, ellos simplemente le contestaron con una sonrisa: «Por Jesús».

Diálogo sobre la iglesia global

Sobre esta piedra edificaré mi iglesia.

MATEO 16.18

SHANE: Hablemos sobre la iglesia. No me refiero a los edificios ni a las reuniones, sino a la familia global de los seguidores de Cristo alrededor de todo el mundo. La iglesia es más bien una organización y no un organismo. La gente dice que está en baja, que le gusta Jesús pero no la iglesia.[1] Las instituciones sangran de muchas maneras. Tenemos un desastre en nuestras manos. Ya hemos hablado un poco acerca de los dilemas por los que hemos pasado en las últimas décadas referidos a que la evangelización se realiza a costas del discipulado y la formación. Hay algo que resulta inherentemente incompleto cuando encaramos el ganar «creyentes» sin formar discípulos. Pero hablemos un minuto sobre el modelo de crecimiento. Resulta difícil discipular dentro de un grupo grande. Jesús tenía las manos llenas solo con los doce.

En las últimas décadas los cristianos parecen haberse obsesionado con el crecimiento de la iglesia, con la mega iglesia. Debido a que el énfasis ha sido la cantidad por sobre la calidad, hemos perdido el sentido de comunidad en medio de esas multitudes. Y comunidad es aquello que la gente anhela. La mitad del curriculum referido a salir de las mega iglesias tiene que ver con la manera de incluir a las personas en grupos pequeños. ¡Grupos pequeños en las mega iglesias! Es un concepto divertido. Parece que estuviéramos en un péndulo, desplazándonos de la mega iglesia a la micro iglesia. La gente desea formar parte de los grupos pequeños, de la iglesia de hogar. Las personas quieren ver un evangelio que se vive en torno a las mesas del almuerzo o la cena y en las salas. Quiere una comunidad a la que puedan llegar caminando. Y hay algo tremendo en cuanto a eso. Es casi como el regreso a la parroquia, al encuentro local de los cristianos, ni demasiado llamativo ni alucinante, pero que se relaciona con un grupo real de personas que llevan una vida junto a Cristo y a los demás.

TONY: Hay demasiados cristianos que creen que concordar en la teología constituye un prerrequisito para la existencia de una comunidad. Esos cristianos no quieren tener comunión con aquellos que están en desacuerdo con ellos sobre doctrinas como la inerrancia de las Escrituras y sus especificaciones con respecto al cielo y al infierno y a dónde va cada uno cuando acaba su vida. La gente evalúa si otras personas son o no cristianas en términos de si colocan los puntos sobre la «íes», tal como la ortodoxia teológica lo prescribe. Ese énfasis en cuanto a la exactitud teológica nos viene del hecho de que la Reforma nos llegó mayormente de Alemania. En ese país la palabra *espíritu* y la palabra *mente* son exactamente la misma palabra: *geist*. Por lo tanto, la Reforma creó un etos, un sistema de valores, en el que la gente que *pensaba* o *creía* lo correcto era considerada espiritual. Esa intelectualización del evangelio llega hasta el día presente.

Creo que el movimiento pentecostal desafía la idea de reducir el cristianismo a una cuestión mental. Desde principios del siglo veinte, en que un puñado de cristianos se reunieron para un encuentro de oración en Azusa, California, el movimiento pentecostal ha crecido enormemente. Hay aproximadamente una ochocientos millones de cristianos en todo el mundo que se llaman a sí mismos pentecostales. Estos cristianos pentecostales señalan que no es suficiente estar en lo correcto en cuanto a las verdades intelectuales del evangelio. Para ellos no alcanza con tener una declaración de las proposiciones ortodoxas instalada en la mente. Para los pentecostales, el ser cristiano requiere que la persona experimente algo. Ponen el énfasis en tener un sentimiento interior o una experiencia subjetiva de la presencia de Dios.

Y luego está lo que los católicos romanos aportan. Resulta importante para ellos que los cristianos crean las cosas correctas, pero también que experimenten a Dios. Muchos católicos hacen énfasis en desarrollar la vida espiritual interior. Suelen preguntar: «¿Te estás volviendo más santo?». La palabra *santo* es una tremenda palabra para los católicos. Ellos quieren que los cristianos sean transformados interiormente a semejanza de la santidad de Cristo. Y últimamente los protestantes le están prestando cada vez más atención a lo que los místicos católicos nos pueden enseñar con respecto a las disciplinas espirituales que tienen que ver con la santidad. Nos llevan a prestar atención a los escritos de místicos como San Juan de la Cruz, San Francisco, Catalina de Siena, y en especial, San Ignacio y su libro *Ejercicios Espirituales*.

Descubriremos que casi todo seminario protestante tiene ahora al menos un curso sobre formación espiritual. Hay protestantes que van a los retiros de silencio de los católicos, en los que se enfatizan la meditación y la entrega para ser llenos de la presencia de Dios. El cambio hacia lo místico y hacia lo que tiene que ver con una experiencia, que se alejan de la simple intelectualización del evangelio, se evidencia en el espíritu de estos tiempos.

Personalmente creo que todas estas cosas se van uniendo para crear un cristianismo más holístico. Sin embargo, como tú sugieres, no debemos descuidar el lado intelectual. Ser cristiano implica ser una persona con una sólida doctrina, pero también incluye las dimensiones de espiritualidad y de experiencia de la fe. El énfasis sobre tener las creencias correctas que recibimos de las tradiciones de Lutero, Zwinglio y Calvino se está equilibrando por el pentecostalismo y el misticismo católico. Todas estas corrientes del cristianismo se están uniendo, y sin que importe cuál fue la tradición que les dio comienzo, con ilusión comenzamos a darnos cuenta de que hay algo en otras tradiciones que nosotros necesitamos mucho.

SHANE: Los místicos nos muestran un costado de nuestra fe que está lleno de asombro y para el que es difícil encontrar palabras. Sus vidas están llenas de éxtasis, y de un romance divino. Ven cosas que la mayoría de nosotros recién estamos comenzando a divisar: demonios, fuego, ángeles, milagros. Tienen una profunda conexión con la naturaleza y los animales salvajes, muy del estilo de lo que Jesús y los profetas hacían. Pueden enseñarnos mucho.

En un sentido diferente, los menonitas tienen también algunas cosas que enseñarnos. Más allá de una buena teología y un compromiso con las cosas simples y la no violencia, ellos saben cómo construir graneros, hacer colchas, envasar cosas. En una época en la que tenemos toneladas de libros, conferencias y charlas, ellos saben como sobrevivir en realidad, como vivir.

Me parece que cuando se trata de comprender lo que significa ser cristianos en el siglo veintiuno, tenemos tanto que aprender de los Amish como de la mega iglesia. Pensémoslo: si la espiritualidad de la mega iglesia es de un kilómetro de largo por pocos centímetros de profundidad, la de los Amish es de pocos centímetros de largo por un kilómetro de profundidad. Hay muchas cosas que criticarles a los Amish, pero muchas que aprender de ellos también. Y no solo cómo hacer buenos muebles.

Estoy muy seguro de que ellos sobrevivirán a la recesión. ¡Y no se preocupan mucho con respecto al precio de los combustibles! Aunque aparenten ser socialmente poco pertinentes, los Amish se están volviendo cada vez más relevantes con respecto al mundo en el que vivimos. Han mantenido su esencia contracultural y anti imperialista que marcó al cristianismo primitivo. Comprenden lo que significa ser residentes extranjeros, gente peculiar, personas diferentes, que están en el mundo pero no son de él. Así que si los místicos nos pueden enseñar sobre la oración y el contacto con Dios, los Amish también pueden enseñarnos cómo vivir, y a ver nuestra fe como un modo de vida.

TONY: Los Amish pueden ir bastante adelante del resto de nosotros en lo que tiene que ver con abordar ciertas cuestiones sobre el medio ambiente. Ellos nos dicen: «Nosotros no contaminamos como ustedes. Ustedes contaminan la atmósfera a través del caño de escape de sus automóviles, y usan fertilizantes químicos que envenenan el suelo en lugar de usar fertilizantes naturales». Así que, además de aquello con que los reformadores, los pentecostales y los católicos romanos han contribuido a ampliarnos la visión de lo que significa ser Cristianos de las Letras Rojas, tenemos que prestar atención a la contribución de los anabaptistas, porque ellos pueden ayudarnos a ir hacia un cristianismo holístico. Grupos como los menonitas, los Hermanos en Cristo y los Amish hacen un gran énfasis en el estilo de vida simple y tienen un compromiso histórico con la resistencia no violenta, y estos énfasis están cobrando impulso entre los jóvenes de hoy.

Muchos jóvenes de otras denominaciones se están uniendo a las iglesias menonitas en estos días. Están procurando una iglesia que no levante el nacionalismo y el patriotismo a un nivel de idolatría, y están encontrando lo que buscan. También desean una iglesia que se alinee con la resistencia no violenta. Martin Luther King y el movimiento por los derechos civiles los han preparado para esto. Esos jóvenes buscadores están fascinados con Gandhi también, y se preguntan: «¿Dónde podemos encontrar iglesias que encarnen la resistencia no violenta que encontramos en el doctor King y en Gandhi?».

Grupos de jóvenes de iglesias en Estados Unidos con frecuencia van en viajes misioneros de corta duración a los países en vías de desarrollo, y visitan lugares como Haití y los barrios marginales de la ciudad de México, en los que el sufrimiento y la pobreza desborda su imaginación. Vuelven y comienzan a hacer preguntas sobre el estilo de vida que nosotros los estadounidenses abrazamos; en especial, a la gente de sus propias iglesias. Dicen: «¡Nuestra vida resulta ofensiva! Gastamos demasiado dinero en automóviles, casas y ropas. Gastamos demasiado dinero en lujos totalmente innecesarios, mientras la gente que acabamos de visitar se encuentra en una necesidad desesperada».

Uno debe abrazar la vida simple para seguir la línea de las letras rojas de la Biblia y esforzarse por vivir con fidelidad las palabras de Jesús. Es por eso que las tradiciones que la abrazan nos parecen tan atractivas.

SHANE: A los menonitas les gusta la micro iglesia. Con frecuencia simplemente llaman a su congregación por el nombre de la calle en la que está ubicada; nada llamativo. Y cuando una congregación crece, tienden a mandar gente fuera de la colmena, como las abejas. No les gusta que se vuelva demasiado grande. Una congregación con la que estoy conectado aquí en Filadelfia está creciendo muy rápidamente, pero cada vez que se vuelve mayor a doscientas personas, abren una nueva congregación.

Una de las cosas interesantes con respecto a la iglesia Willow Creek Community, a las afueras de Chicago, es que no comenzó como un lugar grande. Empezó con el vecindario. Willow Creek se inició con personas que iban de puerta en puerta, vendiendo tomates, encontrándose con los vecinos y diciéndoles: «Nosotros hemos sido bastante lastimados por la iglesia. ¿Cuál ha sido la experiencia de ustedes? Estamos pensando en comenzar algo nuevo aquí». Esa fue la manera en que empezaron.

Parte del problema es que cuando la gente quiere emular a Willow Creek, solo copian los tambores y las obras de teatro, esas cosas que suceden sobre el escenario, y piensan que van a lograr el mismo tipo de comunidad. La gente en Willow Creek está entre los mayores críticos a eso. Sus imitadores no necesariamente andan de puerta en puerta vendiendo tomates y conociendo a los vecinos. En lugar de ello, comienzan por la pantalla gigante. Eso puede atraer a una multitud, pero no es lo mismo que desarrollar una comunidad.

Willow Creek ha hecho algunas cosas increíbles para mantenerse fiel a la visión original a la que se aferra, tomada de Hechos 2 y 4, e intenta descubrir cómo debe ser una comunidad. Fueron pioneros en darles la primera fila del estacionamiento a las madres solas y en comenzar un ministerio con automóviles en el que mecánicos voluntarios arreglan los autos de la gente.

TONY: No solo arreglan los automóviles de la gente pobre, sino que les piden a los miembros de la iglesia que donen los autos que van a entregar cuando compren otros nuevos. Los mecánicos se aseguran de que esos automóviles donados queden en óptimas condiciones, y luego se los dan a personas pobres, muchas de las que precisan automóviles para llegar a su trabajo.

Durante cualquier semana, Willow Creek cuenta con aproximadamente cuatro mil personas, de entre los suyos, que dedican al menos diez horas de servicio a los pobres del área de Chicago. Eso significa cuarenta mil horas por semana dedicadas al ministerio entre los pobres y necesitados. Nadie puede decirme que la iglesia Willow Creek Community es solo un montón de espectáculos, porque es mucho más que eso. Tanto Willow Creek como Saddleback están haciendo el trabajo del reino.

A veces vemos al Espíritu Santo soplar a través de mega iglesias y a veces lo encontramos en pequeñas iglesias rurales, y también obrando en iglesias de zonas marginales que pasan por situaciones difíciles. El tamaño no es un criterio para determinar la excelencia de una iglesia.

SHANE: Parece que, se trate de una congregación pequeñita o de una inmensa, si solo existe en beneficio propio, implosionará. Tenemos que existir para la visión del reino de Dios que tenía Jesús, para la misión fuera de la iglesia. Si no lo hacemos, entonces nuestras iglesias se enferman y mueren.

Tony, sé que has estado conectado con la Catedral de Cristal. El hecho de que recientemente haya anunciado su bancarrota es una de esas señales que indican que los tiempos están cambiando.[2]

TONY: En el caso de la Catedral de Cristal, la situación puede no ser tan sombría como parece. Si uno va allí para el servicio de adoración del domingo a la mañana que se transmite por televisión, sí es deprimente, porque la congregación que una vez fue inmensa ya no llega ni por mucho a llenar el templo. Pero lo que el gran público no sabe es que los domingos por la tarde la congregación que forma parte del ministerio hispano allí, y que ha crecido muchísimo, llena la Catedral de Cristal hasta solo quedar espacio para personas paradas, aun después de haber puesto sillas en los pasillos. Se está planeando un segundo servicio para aproximadamente tres mil personas porque se espera que la congregación hispana se duplique en los próximos meses. La congregación hispana más grande del Sur de California adora en la Catedral de Cristal, pero pocas personas fuera de Garden Grove, California, siquiera saben que existe porque la mayor parte de la gente solo se enfoca en lo que sucede con el grupo caucásico que ven por televisión los domingos por la mañana.

Están sucediendo cosas en cuanto a crecimiento de la iglesia que la mayoría de los estadounidenses tal vez no perciba. En África se añaden quince mil miembros a las iglesias cada semana. El cristianismo se está extendiendo como fuego fuera de control en ese continente. Y el avivamiento crece en toda América Latina de una manera que supera la imaginación. Estuve en una iglesia en Buenos Aires que no solo estaba colmada, sino que comenzaba nuevas iglesias de unos doscientos miembros cada mes.

La iglesia del reverendo David Yonggi Cho en Corea tiene un millón de miembros. Hay unos setecientos mil que se presentan para los cultos de adoración los fines de semana, y cuenta con múltiples servicios que comienzan el sábado por la noche y continúan hasta tarde el domingo por la noche. Sin embargo, hay algunos problemas serios asociados con estas iglesias de rápido crecimiento.

SHANE: Las luchas no siempre son algo malo. De hecho, cuando queremos encontrar una iglesia viva, buscamos en sitios donde hay luchas. Siempre que hemos logrado triunfar y dominar, nos enfermamos. El cristianismo es mejor cuando se mantiene humilde. Si queremos ver las ruinas de la iglesia, solo necesitamos mirar hacia Europa, donde esta dominó hasta un par de generaciones atrás. Ahora muchas de las catedrales son museos y monumentos, y algunas hasta bares y clubes nocturnos.

En cierta manera, nuestra historia en Estados Unidos todavía es muy joven. Estados Unidos aún es un experimento. El libro de historia recién se está escribiendo. Hay oportunidad de que la iglesia de este país descubra lo que significa volver a ser peculiar, encontrar la comunidad de nuevo, convertirse otra vez en una sociedad que contrasta con la que domina hoy.

Mucho del cristianismo que hemos exportado ha sido enfermizo. Hemos sido depredadores a través del evangelio de la prosperidad. Hemos explotado el anhelo de los pobres por milagros, prosperidad y bendiciones, y les hemos vendido un mensaje narcisista, obsesionado por las bendiciones y centrado en sí mismo.

Hemos capitalizado el sufrimiento y el dolor hasta llegar a una forma de evangelio que en realidad no tiene que ver con las letras rojas; no se parece a lo que Jesús dice. De hecho, no se lo escucha mucho a Jesús en todo aquello. Oímos mucho acerca de *tu* vida, *tu* prosperidad y *tu* bendición, y muy poco sobre el llamado de Jesús a nosotros cuando dijo: «Bienaventurados los pobres... Bienaventurados los misericordiosos» (Mateo 5). A la gente le resulta confuso.

TONY: Cuando como sociólogo intento hacer una distinción entre religión y magia, utilizo como definición operativa que la magia es un intento de manipular las fuerzas sobrenaturales para lograr lo que deseamos; en cambio la verdadera religión es rendirse a lo que Dios desea hacer a través de nosotros. Lamentablemente, hay predicadores que han convertido el cristianismo en una suerte de magia al promover la teología de la prosperidad en la que el cristianismo se vuelve poco más que un intento de manipular a Dios para que nos envíe riquezas y bienestar. Con demasiada frecuencia a la gente pobre de los países en desarrollo se le promete salud y prosperidad como recompensa por dar un diezmo sobre lo poco que tienen a predicadores que disfrutan de un estilo de vida espléndido.

Comparemos la teología de la prosperidad con las palabras de Jesús, que dijo: «Pero ¡ay de ustedes los ricos, porque ya han recibido su consuelo! ¡Ay de ustedes los que ahora están saciados, porque sabrán lo que es pasar hambre!» (Lucas 6.24–25). Jesús les dijo a sus discípulos: «Las zorras tienen madrigueras y las aves tienen nidos, pero si ustedes me siguen, pueden acabar sin un lugar en el que recostar su cabeza» (Mateo 8.20, paráfrasis). Les dijo a sus seguidores: «Los siervos no son más grandes que el amo. Si ellos me han perseguido a mí, los van a perseguir a ustedes» (Juan 15.20, paráfrasis). Se vuelve obvio que en las letras rojas Jesús no promete salud y riquezas a aquellos que siguen sus pisadas.

Me pregunto cómo se las hubiera arreglado el apóstol Pablo en una reunión en la que se predicara la teología de la prosperidad. Lo imagino poniéndose de pie durante el tiempo de testimonio, y diciendo: «Ha sido una maravillosa experiencia seguir a Jesús. Estuve en naufragios tres veces, fui golpeado casi hasta el punto de la muerte cinco veces, estuve enfermo, afligido y abandonado por muerto» (2 Corintios 11.24–26). Sin embargo, Pablo pudo decir: «He aprendido a estar satisfecho en cualquier situación en que me encuentre» (Filipenses 4.11). Qué contraste entre el cristianismo de Pablo y aquello a lo que denominamos teología de la prosperidad. Si la fidelidad y la donación de dinero garantizan las riquezas y el bienestar, resulta difícil explicar el sufrimiento, la pobreza y el martirio que les acontecieron a los doce discípulos originales.

La teología de la prosperidad no constituye el mayor de los problemas para muchos cristianos del mundo en desarrollo. Cuando la comunidad anglicana tuvo su última conferencia Lambeth en 2008, el arzobispo de Canterbury, Rowan Williams, se encontró en una posición difícil con el clero del hemisferio sur que no quería saber nada con que hubiera mujeres en el ministerio. Las mujeres en el sacerdocio y el obispado, con notables excepciones en Malawi y Sudáfrica, les resultaban inaceptables a los anglicanos de África entonces y aún hoy ellos continúan oponiéndose a la ordenación de mujeres y a aceptar mujeres en el liderazgo de la iglesia. Una gran mayoría dentro de la iglesia del hemisferio sur tiene una visión arcaica de las mujeres, que les prescribe un rol de sumisión. Tenemos que respetar a las iglesias del hemisferio sur en lo referido a la evangelización y al celo, pero ellos deberían escucharnos a nosotros cuando se trata del rol de las mujeres en la iglesia.

También están los problemas de homofobia en diversos países africanos, como Uganda, donde los líderes cristianos que han ganado bastante influencia dentro del gobierno han intentado que se aprobaran leyes que impusieran la pena de muerte a los homosexuales o cadena perpetua. Además, ha habido intentos de aprobar una ley que enviara a la cárcel a cualquier persona que no le diera a la policía los nombres de los homosexuales que conociera. ¿Qué clase de cristianismo es ese?

Creo que no solo nosotros, las iglesias del hemisferio norte, necesitamos escuchar lo que las iglesias del hemisferio sur nos dicen, sino que también las iglesias del hemisferio sur precisan escuchar lo que nosotros tenemos para decirles; en especial en lo tocante al rol de las mujeres en la iglesia, y en cuanto al tratamiento de los gays, lesbianas, bisexuales, y transexuales. Hace falte que haya una mutualidad en la que podamos ayudar a los otros a crecer en prácticas al estilo de Cristo. Así, como Jesús lo predijo, vemos que el trigo y la cizaña están creciendo juntos (Mateo 13). El bien y el mal están presentes simultáneamente en las iglesias del hemisferio sur y, debo agregar, en las iglesias de nuestro hemisferio norte también.

En la iglesia global emergente, protestantes y católicos se están juntando. La religión protestante no ofrece salvación, ni tampoco la religión católica. Solo la relación personal transformadora con Jesucristo brinda salvación. Aquello crea mucha confusión sobre cuál rama del cristianismo ofrece una salvación superflua. El movimiento de los Cristianos de las Letras Rojas ignora divisiones tales como las que se establecen entre protestantes y católicos, que resultan tan predominantes en la psiquis norteamericana. Enfatizamos lo que Jesús tiene que decirnos, y si es que estamos dispuestos a seguir a Jesús o no.

Cuando los oradores y los líderes del movimiento de las Letras Rojas se juntan, hay católicos entre nosotros, y con frecuencia son los que irradian la mayor espiritualidad y el más profundo compromiso con Cristo. Creo que concordarán conmigo en que el espíritu de Cristo en ocasiones resulta más evidente en ellos que en muchos de los protestantes que conocemos. Durante los últimos cincuenta años, los cristianos católicos y los cristianos protestantes han encontrado más cosas en común y tenido más comunión los unos con los otros, así que pienso que la división entre ellos gradualmente está comenzando a pertenecer a otro lugar y tiempo.

Tenemos que darnos cuenta de que el cristianismo estuvo vivo y saludable durante cientos de años antes de la Reforma. Cuando ocurrió la Reforma, los reformadores corrigieron mucha de la teología que estaba fuera de orden e hicieron lo mejor que pudieron para re-enfatizar la doctrina de la salvación por gracia a través de la fe, y no por obras para que ninguno se gloríe (Efesios 1.8–9). Ese fue el empuje de las enseñanzas de Lutero, Calvino y Zwinglio. Habiendo dicho esto, luego de la Reforma nosotros los protestantes tal vez no solo nos hemos sacado de encima algunas malas teologías, sino también algunas disciplinas espirituales de los santos católicos basadas en la Biblia. En estos días, nuevos libros como *Common Prayer* [Oración común], que tú me ayudaste a escribir, nos están llevando a redescubrir la validez de muchas de esas disciplinas espirituales católicas.

SHANE: A veces algunos preguntan: «¿Pero los católicos no rezan a María y a los santos?». Los católicos no oran *a* los santos; ellos oran *con* los santos. Le pregunté a uno de mis amigos católicos años atrás: «¿Por qué le pides a los santos que oren por ti?». Él me dijo: «¿No les pides tú a tus amigos que oren por ti?». Ellos creen en la resurrección. Creen que el tiempo, el espacio y la muerte no nos separan de ellos. Así que si les pedimos a nuestros amigos que oren por nosotros, ¿qué hay de malo en pedirles a nuestros amigos que están del otro lado de la muerte? Ellos están vivos y nos alientan. Ellos están adorando del otro lado de la eternidad, pero eso no significa que no estemos conectados.

Con todo, tengo ciertas diferencias con algunas teologías católicas, del mismo modo en que tengo algunas diferencias con algunas teologías protestantes. Deberíamos confesar lo peor de nuestra tradición y buscar lo mejor de las de otros.[3]

Pero el hecho es que muchos católicos han sido mejores Cristianos de las Letras Rojas que muchos de los protestantes, en especial en lo que se relaciona con ver nuestra fe como una manera de vivir y no simplemente como una manera de creer. Los católicos nos han enseñado acerca de las implicancias sociales de nuestra fe personal durante un largo tiempo y le han aplicado palabras como «una ética de vida coherente» a las implicancias del evangelio, mientras que gran parte de nuestro evangelicalismo se ha mostrado inconsistente con sus enseñanzas en cosas como la pena de muerte, la guerra, el aborto, la eutanasia y la pobreza. Tendemos a ser selectivos y a veces somos más pro vida en algunas cuestiones que en otras.

Sin duda, el futuro de la iglesia va a ser influido por el modo en que recordemos el pasado. Necesitamos mirar hacia atrás para avanzar hacia adelante. Una de las críticas que se le hace a la Reforma es que no hemos mirado para atrás lo suficientemente lejos. Así que terminamos rastreando el origen de la caída de la iglesia en el papado en lugar de hacerlo en Constantino. Sin la visión de la iglesia primitiva en Hechos, la Reforma acabó con frecuencia más marcada por aquello de lo que estaba en contra (por eso «*protestante*») que con una visión de aquello de lo que estaba a favor.

Al mirar hacia atrás, podemos ver a Dios obrando en la Reforma y en las renovaciones y reformas a través de las edades. Cada generación necesita una nueva reforma. Pero no podemos desmontar algo que no fue construido para nosotros, que es uno de los peligros que enfrentan algunos movimientos de la generación posmoderna, post cristiana, post evangélica. Deseamos ser la iglesia sin la iglesia, y los cristianos tenían bien en claro que si uno desea que Dios sea su Padre, debe aceptar a la iglesia como su madre, aun cuando en ocasiones sea una mamá tristemente disfuncional.[4]

Diálogo sobre la reconciliación

Permite que alcancen la perfección en la unidad, y
así el mundo reconozca que tú me enviaste y que los
has amado a ellos tal como me has amado a mí.

JUAN 17.23

SHANE: Hay algo poderoso en derribar paredes y conocer a la gente cara a cara. Y recuerdo, Tony, que una de las cosas que resultaron de este último viaje a Irak fue un nuevo movimiento llamado Friends Without Borders (Amigos sin Fronteras) en cuyo lanzamiento estuvimos involucrados tú y yo.

Amigos sin Fronteras es simplemente una visión: crear una red de amigos a través de los muros del conflicto y la guerra. Comenzamos con un sitio web: www.friendswithoutborders. net. Las personas firman un pequeño acuerdo cuado se unen, y luego flamea la bandera sobre aquel sitio cuando se registran. Literalmente tenemos gente de todo el mundo para conocerse unos con otros. La semana pasada nos comunicamos con gente de distintos lugares, de Gaza, Siria, Canadá, Sudán, y mantuvimos una conferencia internacional, solo escuchando la historia de cada uno. Me entusiasma poder decir que hay un montón de cristianos y un montón de evangélicos formando parte de esto, pero también contamos con personas de todos los credos y con otras que no los tienen. Y esa es la idea: no tenemos que sentir temor los unos de los otros.

Pero esto es solo una herramienta para intentar construir puentes en lugar de paredes. La esperanza es crear rampas de acceso que nos conduzcan a amistades verdaderas. Y está sucediendo. Todo es muy informal. Han ido delegaciones a Irak y Afganistán, semejantes a las visitas que yo realicé. Las escuelas primarias han creado amistades por correspondencia entre aulas en Estados Unidos y Afganistán.

Nosotros inauguramos el nuevo año a través de una llamada por Internet, tipo maratón, a través de Skype, con muchachos de Afganistán; la llamada duró veinticuatro horas. A los chicos de mi vecindario los pudieron ver en Afganistán y recibieron el año nuevo juntos. Nuestros muchachos escucharon a los jóvenes afganos contar cómo habían visto matar a tiros a sus amigos y decir que soñaban con un mundo con menos violencia. Fue asombroso. Descubrieron que se parecían mucho más de lo que jamás habían imaginado.

No creo que surja nada malo de desarrollar amistades genuinas, así que la idea es que si deseamos conocer a otros cristianos en Palestina o en Irak, podemos hacerlo. Pero también podemos llegar a conocer a un musulmán, o a un hindú, o a cualquier otro de una creencia diferente, y aprender de ellos. ¿Qué podemos temer de algo así?

TONY: El apóstol Pablo señala con claridad que Dios nos ha dado un ministerio de reconciliación (2 Corintios 5.18), para reunir a diferentes personas de otros grupos étnicos y religiosos y crear una mentalidad unificada en cuanto a la paz del mundo. Para ello, no es preciso hacer concesiones en cuanto a nuestro compromiso con Jesucristo como Salvador del mundo. Esta reconciliación no hace decrecer de ningún modo nuestra lealtad a Cristo, sino que constituye una forma de vivir la verdad: que este Jesús al que amamos nos ha llamado a alcanzar a todas las naciones y a todos los pueblos con su amor. Ante las crecientes tensiones entre las naciones occidentales y el mundo islámico, esta reconciliación no solo es sumamente necesaria, sino crucial para la supervivencia de todos.

El fallecido Samuel Huntington, profesor de ciencias políticas de la Universidad de Harvard, sugiere en su libro *El choque de civilizaciones y la reconfiguración del orden mundial* que a menos que algo se interponga, en las próximas décadas podemos esperar una gigantesca guerra religiosa entre el mundo islámico y nosotros en occidente. Si está en lo correcto, eso significa que nosotros tenemos que hacer todo lo posible para evitar que suceda. Podemos lograrlo reuniendo gente de buena voluntad de los dos lados de esta división ideológica que separa a la comunidad occidental de la comunidad islámica. Por eso resulta tan importante desarrollar Amigos sin Fronteras. Forma parte del proceso de reconciliación del que el apóstol Pablo hablaba. Si no hacemos cosas como esa, el futuro de la humanidad está en grave peligro.

No podemos arriesgarnos a permitir que los fundamentalistas radicales de la comunidad musulmana tomen control de sus propias naciones; tampoco podemos permitir que los fundamentalistas radicales de la comunidad cristiana nos empujen hacia una tercera guerra mundial. No podemos permitir que aquellas personas que desean usar estrategias militaristas para propagar o defender sus propias creencias controlen lo que suceda. Tenemos que conectarnos con otras personas de buena voluntad del otro lado del cerco ideológico. Precisamos tomar para nosotros las palabra de Jesús: «El que no está contra nosotros está a favor de nosotros» (Marcos 9.40). Como «pueblo de Jesús», reafirmemos lo bueno que encontramos en aquellos a los que con demasiada frecuencia nuestra comunidad, cada vez más fóbica contra el Islam, define como enemigos.

Ofrecemos un título en misiones aquí en la Universidad Eastern. Cuando yo enseñaba en ese programa, una de las cosas que trataba de comunicarles a nuestros estudiantes era que la Biblia deja muy en claro en Hechos 10 que Dios ha revelado algo de sí mismo a cada grupo étnico y a cada nación del mundo. Debido a esa declaración bíblica, yo enseñaba que la primera cosa que un misionero debe hacer al interactuar con otro grupo étnico, o vivir en otra sociedad de un lugar distante, es *no* comenzar declarando sus convicciones personales. Más bien el misionero debería escuchar a la gente autóctona del lugar y analizar las maneras en las que Dios ya se ha revelado a ellos. Les decía: «Cuando se conecten con gente en el campo misionero, comiencen desde el punto en el que ustedes disciernan que Dios ya ha llegado a ellos. Luego pueden hablar de Jesús y explicar que él es el cumplimiento de todo lo que espera su propia religión. El misionero no está llevando a Dios a un lugar en el que él no está, sino uniéndose a lo que Dios ya está haciendo en medio de esa gente».

Para mis estudiantes es importante saber que no hay pueblo sobre la faz de la tierra que no sepa nada de Dios. Romanos 2:12–16 nos dice que Dios probablemente haga lugar para aquellos que nunca han escuchado las leyes de Dios o el evangelio que nosotros predicamos. Sin embargo, a causa de lo que «está escrito en sus corazones» somos llamados a buscar a Dios en los pueblos y lugares en los que no esperábamos encontrarlo.

Otra cosa que quería que mis estudiantes aprendieran es que cuando nosotros le hablamos del evangelio a la gente nativa de un lugar, debemos entregar nuestro mensaje con mucha sensibilidad y esforzarnos por desarrollar formas de adoración que encajen con su cultura. Por ejemplo, cuando estuve en Nueva Zelanda, un mes después de que el activista evangélico John Perkins hubo pasado por allí en un viaje de predicación, quedé fascinado al enterarme de lo que sucedió cuando él habló ante un grupo de líderes de la iglesia de ese país. Luego de que John les dijo que deberían estar abiertos a las cosas buenas que se podían encontrar en la cultura maorí (el pueblo maorí es el pueblo indígena de Nueva Zelanda), hizo una sugerencia concreta en cuanto a usar el arte y la danza de esa cultura para la adoración cristiana, y señaló que se debería desarrollar una teología que respondiera a las preguntas que se generaban dentro de la cosmovisión maorí. Su idea era permitirle a este pueblo expresar su fe a través de sus propias formas culturales, con su propia música, y en especial con la utilización de la *haka*, una danza propia llevada a cabo por los hombres. John estaba entusiasmado con la idea de que una iglesia más amplia le permitiera a este pueblo redimir las formas de arte de su propia cultura y utilizarlas como un medio de adoración a Jesús.

Cuando acabó de hacer esta solicitud, uno de los ministros le dijo: «Usted no comprende, el doctor Perkins, que todo lo que tiene que ver con la cultura maorí está permeado por lo demoníaco. No podemos aceptar nada de su cultura, ni permitir que este pueblo cristiano utilice para la adoración nada de lo que incluye su cultura porque tiene demasiada influencia demoníaca».

En respuesta, John le dijo: «¡Probablemente estén en lo correcto! Pero antes de que busquen expresiones de lo demoníaco en la cultura de *ellos*, tal vez deberían buscar expresiones de lo demoníaco dentro de su propia cultura pākehā (la cultura de los blancos de Nueva Zelanda). Entonces, luego de haber echado fuera todas las influencias demoníacas de su propia cultura, pueden comenzar a hablar sobre las influencias demoníacas que noten en la cultura maorí».

El informe sobre su respuesta se esparció por las dos islas de Nueva Zelanda, y para cuando yo llegué allí, las palabras de John Perkins habían producido una especie de cambio radical en el pensamiento del pueblo pākehā, y en especial en la forma en que este pueblo pensaba acerca de sí mismo. Varios cristianos maoríes declararon: «¡Vamos a cambiar! Hemos estado cantando canciones pākehās, y hemos estado adorando al estilo pākehā. Se nos había dicho que no podíamos adorar al estilo por de esta cultura sin someternos a lo demoníaco. ¡Eso era incorrecto! De ahora en más, vamos a adorar a Jesús de formas y maneras que expresen algo de lo que somos como pueblo maorí».

En el libro de Apocalipsis, donde se describen el nuevo cielo y la nueva tierra, dice que había «una gran multitud, la cual nadie podía contar, de todas naciones y tribus y pueblos y lenguas, que estaban delante del trono y en la presencia del Cordero» (Apocalipsis 7.9, RVR60). La palabra *nación* en el idioma original de las Escrituras es la palabra griega *ethnos*, que significa «étnico». La Biblia nos dice que cada grupo étnico estará allí, en el cielo, y que adorará a Dios en la forma nativa de su respectiva cultura.

Aquí, en Filadelfia, tenemos lo que se llama el «Super Domingo» todos los años en octubre. La nuestra es una ciudad compuesta por una diversidad de grupos étnicos, y en los Super Domingos todos están representados en un festival que se lleva a cabo en el boulevard Benjamin Franklin Parkway. Gente de Polonia, Italia, Alemania, Escandinavia e Irlanda están entre los muchos grupos étnicos que se presentan allí. Cada grupo instala su propio pabellón. Hay comida sueca en una mesa, judía en la otra, italiana en la siguiente, palestina en otra, turca más allá, francesa en la que sigue... todo tipo de comidas proveniente de toda clase de grupos étnicos. Cada grupo hace sonar su propia música y sus jóvenes bailan las danzas nativas de su etnia. Es un día maravilloso en el que la gente de Filadelfia puede disfrutar de lo que la gente de cada una de las culturas que viven en la ciudad puede aportar. Como les he dicho con frecuencia a mis alumnos, el Super Domingo bien puede ser un anticipo del cielo, cuando cada grupo étnico contribuirá a la celebración con cosas gloriosas de su tradición cultural.

En el reino de Dios todo lo corrupto de cada cultura se limpiará. Cada una será purificada, y en esa pureza, lo que sea único de cada grupo será disfrutado no solo por su propia gente, sino por todo el pueblo de Dios. Acabaremos disfrutando de aquello con lo que cada grupo étnico contribuya a la gloria de Dios. ¡Esa no es una perspectiva nada mala del cielo ni del nuevo mundo que Dios quiere crear aquí en la tierra!

La única otra visión que tengo de lo que puede ser el cielo en la tierra es aquello que vemos al finalizar las olimpíadas, cuando todos los atletas de cada de una de las naciones participantes desfilan en el estadio olímpico vestidos con el uniforme de sus respectivas naciones, y llevando cada equipo su bandera nacional. Luego hay un momento durante la ceremonia de cierre en que los atletas rompen filas y comienzan a cantar, a danzar y a mezclarse con los demás. De repente vemos gente con todo tipo de vestimentas y banderas, bailando y abrazándose. Es una escena hermosa en la que todos son uno. Sí, todavía mantienen la identidad individual que corresponde a su nación, pero a pesar de las diferencias particulares, se crea una identidad única entre ellos.

SHANE: Pentecostés, que significa «cincuenta días», se celebra siete semanas después de la Pascua (por eso lo de cincuenta). Marca el nacimiento de la iglesia, y se nos dice que el Espíritu Santo cayó sobre la comunidad de los cristianos primitivos como fuego del cielo. Por esa razón muchos cristianos llevan prendas rojas o decoradas en colores relacionados con el fuego. Es también de allí que el fogoso movimiento pentecostal recibe su nombre. Lo que aconteció en Pentecostés corre mucho más profundamente que el fuego, y no tiene solo que ver con orar en un lenguaje carismático de «lenguas de fuego», por hermoso que eso sea.

Lo que sucedió fue que personas de un grupo muy diverso comenzaron a entenderse unas a otras cuando el Espíritu de Dios cayó sobre ellas. Fue un momento divino de reconciliación entre personas de muchas tribus, naciones e idiomas diferentes: un momento de reconciliación que yo diría que el mundo necesita desesperadamente hoy.

Para comprender lo que sucedió en Pentecostés, necesitamos mirar hacia atrás, hacia el relato bíblico de la Torre de Babel, porque eso nos provee el telón de fondo. Después de todo, Babel, según la Biblia, es el lugar en el que obtuvimos los más de seis mil idiomas que hablamos. La historia comienza con la tierra entera hablando un solo idioma (Génesis 11.1). La joven raza humana parece muy impresionada consigo misma y su aparente poder ilimitado, así que la gente se dispone a construir una torre que llegue al cielo. Esto no parece tan terrible en sí mismo, pero las Escrituras hablan de la torre como de un ídolo creado por la ingenuidad humana, que ellos construyeron diciendo «hagámonos un nombre» (versículo 4, RVR60).

Dios no quedó impresionado. Según cuenta la historia, Dios derribó la torre y esparció a la gente... humillándola, devolviéndola a la tierra. Y al esparcirlos a través de la tierra, Dios los confundió al hacer que hablaran muchos idiomas distintos. (Se dice también que es de Babel que recibimos el término *balbucear*). Esta historia se convierte en un comentario central con respecto al tema del poder. De hecho, la Biblia concluye con la «caída de Babilonia», símbolo que constituye la quintaesencia del poder imperial y del falso esplendor del mundo.

Pero aquí está el por qué Babel constituyó un importante telón de fondo para lo que aconteció en Pentecostés. Pentecostés fue la antítesis del proyecto Babel. Según el libro de Hechos, durante el Pentecostés original, unos dos mil años atrás, había gente de «todas las naciones bajo el cielo» (Hechos 2.5, RVR60). El autor continuó el relato especificando los nombres de más de una docena de lugares geográficos, grandes y pequeños, rurales y urbanos, de dónde provenía la gente. Representaban a toda la tierra.

Entonces el Espíritu descendió sobre ellos. Y aun cuando todos hablaban diferentes idiomas, se comprendieron unos a otros. El texto dice que los que conducían mayormente la parte hablada eran «galileos»; pero todos escuchaban lo que los galileos decían en «su propio idioma», en su lengua nativa (Hechos 2.6).

Escuché a algunos eruditos señalar que el nombre *galileos* era un código para referirse a gente rústica de las montañas. Tenían acentos extraños y hablaban en un dialecto distinto. Como los montañeses de Tennessee. Es decir, que los predicadores de ese primer Pentecostés eran campesinos. Los galileos no eran muy bien vistos por muchos, y se los consideraba como faltos de educación, incivilizados, poco sofisticados. Por esa razón, la gente se sorprendía de que Jesús hubiera venido de Galilea, de donde se pensaba que nada bueno podría salir (Juan 1.46).

Pero sin que importara que los predicadores hablasen a la manera de los campesinos, con un estilo británico o, para el caso, en cualquier otro idioma, el punto era que todos comprendían lo que se estaba diciendo como si fuese dicho en su propio idioma.

Eso fue lo opuesto al proyecto Babel, en el que se hablaba una sola lengua y se construía una torre. En Babel Dios dispersó a una raza humana pretenciosa. Y en Pentecostés, Dios reunió a la gente dispersa en una nueva y amada comunidad, no hecha por sus propias manos ni por un solo idioma compartido, sino por el Espíritu de Dios.

Ellos son la nueva señal del Espíritu de Dios: una comunidad tan diversa como la misma creación, tan única como nuestras huellas digitales y el ADN del que estamos hechos. Sin embargo, una comunidad en la que nos comprendemos unos a otros en medio de nuestra diversidad, cada uno como hijo de Dios. Unidad no significa uniformidad. No significa que todos seamos del mismo modo. Solo implica que aprendemos a celebrar nuestras diferencias. No quiero ser «daltónico»; quiero ver los colores. Quiero conocer a las personas, sus historias y sus culturas.

TONY: Y notemos que la Biblia no dice que en el día de Pentecostés todos hablaban el mismo idioma. Dice que la gente *escuchaba* en su propia lengua lo que los otros decían. Cada lengua fue preservada. En la unidad del Espíritu que se creó en ese día milagroso, la gente no perdió su propio lenguaje. Qué hermosa contradicción le presenta Pentecostés a la torre de Babel. En aquel día Dios creó una mutua comprensión sin anular la calidad de único encarnada por el idioma de cada uno de los grupos étnicos reunidos allí.

Diálogo sobre las misiones

*Por tanto, vayan y hagan discípulos de todas las
naciones, bautizándolos en el nombre del Padre
y del Hijo y del Espíritu Santo, enseñándoles a
obedecer todo lo que les he mandado a ustedes.*

MATEO 28.19-20

TONY: Hay muchos Cristianos de las Letras Rojas comprometidos
con los pobres en el nombre de Cristo. Estoy sorprendido de cuántos
de ellos viven este compromiso yendo a países en vías de desarrollo
para ayudar a la gente necesitada. Admiro su celo, pero es tiempo de
analizar la manera en que realizamos la obra misionera.

El terremoto del 2009 en Haití concitó una respuesta inmediata
de parte de muchos cristianos que deseaban correr hacia allí para
ayudar a paliar el sufrimiento de ese país. Lo que siguió, sin embargo,
dejó al descubierto algunas prácticas a las que nosotros, gente de
buenas intenciones que desea brindar ayuda, no les hemos prestado
atención. Nuestro mayor error en Haití fue hacer por los haitianos las
cosas que ellos podían hacer. Si necesitaban un orfanato, los haitianos podían contar con que los cristianos de Norteamérica o de algún
país europeo se los construiría. Si necesitaban edificar una escuela,
siempre parecía haber algún grupo de la iglesia que iría a Haití a
levantarla en una semana. Si necesitaban una iglesia, era probable que
algunos extranjeros la construyeran. No voy a arriesgarme a adivinar
la cantidad de iglesias, orfanatos y escuelas que edificaron en Haití
grupos religiosos de Estados Unidos, pero la pregunta es: ¿podrían
haber construidos esas escuelas, orfanatos e iglesias por ellos mismos?

Por supuesto que la gente pobre de Haití no podría haber conseguido los materiales necesarios para construir, ni los recursos económicos con que comprarlos. Sin embargo, con una tercera parte del dinero invertido en enviar grupos de trabajo, hubieran contado con una cantidad suficiente de dólares como para comprar los materiales y pagarles a los obreros locales que construyeran el edificio. Quizá hubiera resultado útil que algunos extranjeros les brindaran asistencia técnica, o que hubieran ido algunos arquitectos para ayudar en el diseño de edificios que soportaran terremotos, pero deberíamos haberles dejado a los haitianos hacer ellos mismos lo que sí pueden hacer. Detengámonos un momento a pensar cuántos trabajadores que necesitan desesperadamente un trabajo hubieran tenido empleo si nosotros les hubiésemos dado los materiales para lo que hiciera falta edificar y les hubiéramos permitido realizar el trabajo ellos mismos. Al tratar de ayudar, podemos haberles hecho un gran perjuicio.

Muchos de los críticos al trabajo misionero dicen que los grupos de tareas, bienintencionados han despojado de sus derechos a los nativos y han hecho que se vuelvan remisos a solucionar sus propios problemas. Cuando formé parte de la Iniciativa Global Clinton, escuché algo sorprendente con respecto a Haití dicho por el doctor Paul Farmer, que estuvo haciendo un trabajo magnífico allí proporcionando cuidados médicos, construyendo hospitales y clínicas y capacitando a los doctores haitianos. Al doctor Farmer le pidieron que hiciera una lista de la cantidad de organizaciones no gubernamentales (ONG) que operaban desde Puerto Príncipe, muchas de las que se fundamentaban en la fe. Él dio un informe en el encuentro de la Iniciativa Global Clinton, en septiembre de 2010, que incluía 9.943 nombres, y dijo que allí había parado de contar. Aquellas eran las que estaban registradas oficialmente. El doctor Farmer mencionó que probablemente hubiera muchas ONG más de las que no había registros, en su mayoría grupos pertenecientes a iglesias.

Así que en un país de nueve millones de personas existen 9.943 ONG. En la mayoría de los casos, en lugar de fortalecer a la gente y brindarles lo que ellos necesitan para solucionar los problemas de su país, esos grupos han hecho cosas que en realidad han dañado al pueblo haitiano por haberles quitado sus derechos.

Ivan Illich, un especialista en misiones, que sirvió en el Brasil, en resumen dijo: «Mantengan los grupos de las iglesias en su país. No los queremos. Si vienen, por favor vengan a disfrutar de la cultura, a conocer a nuestra gente, a adorar con ellos, a escucharlos, y a aprender de ellos. Pero dejen de hacer lo que ellos pueden hacer por ellos mismos. Dejen de desvalorizarlos».

Una de las cosas que he descubierto en las letras rojas de la Biblia es que Jesús no hace por nosotros lo que podemos hacer solos. En lugar de eso nos dice: «Las obras que yo hago, también las harán ustedes. Y hasta harán obras mayores que yo porque les estoy dando el poder para hacerlas» (Juan 14.12, paráfrasis). Ese énfasis en facultar a la gente debería convertirse en la nueva dirección que adquiriera la obra misionera porque las antiguas maneras, en muchas ocasiones, han probado ser contraproducentes.

SHANE: Las palabras misiones y misioneros en realidad nunca fueron usadas por Jesús. Aunque la gran «comisión» de Jesús fue enviar a los discípulos al mundo para que pasaran el resto de sus vidas cumpliendo con la misión de Dios, fue como si él no deseara circunscribir las misiones a cierta gente en especial o a viajes especiales. Toda nuestra vida es misionera. Todos nosotros somos misioneros. Así que cuando se trata de la palabra misiones, yo digo que si no la asumimos en grande es mejor que nos vayamos a casa. Tenemos que dejar de usar la palabra, o necesitamos comenzar a comisionar a todos como misioneros: a las enfermeras, a los carpinteros, a los choferes de taxi, a los maestros de escuela, a los ingenieros, y hasta al tipo que limpia la suciedad que hace el elefante en el zoológico. Todos somos discípulos en misión. Convirtamos a todos en ministros y misioneros, y enviémoslos a comunicar el amor de Dios y cambiar el mundo.

La forma en que pensamos sobre las misiones y algunas de las maneras en que tradicionalmente las hemos llevado a cabo, como gente que llega de afuera, le ha hecho daño a la gente. Se ve muy diferente desde la encarnación, desde el Jesús que se muda al vecindario.

Nuestro amigo John Perkins, que es un activista por los derechos civiles, con frecuencia recita este gran proverbio: «Vayan a los pueblos. Vivan entre ellos. Aprendan de ellos, Ámenlos. Comiencen con lo que ellos saben. Construyan sobre lo que ellos ya han construido. Finalmente, deseen que la gente pueda decir: "Lo hemos hecho nosotros mismos"».

La caridad puede ser un buen lugar para comenzar, pero es un terrible lugar en el que terminar. La caridad nos debe llevar a la justicia. De eso se trata una misión holística. Salvar almas es parte de ello, pero también asegurarnos de que las familias puedan comer y tener un cuidado adecuado de su salud y una buena educación.

Eso es algo que debemos construir juntos. La trasformación real lleva tiempo. Implica aprender de la gente y hacer nuestros sus sufrimientos y problemas. Nos ganamos así el derecho a ser escuchados por los demás.

Cada persona tiene algo que ofrecer. Todos nosotros tenemos algo que enseñar y algo que aprender. En la Asociación de Desarrollo de la Comunidad Cristiana, hablamos de que para restaurar un vecindario se necesita que tres grupos de personas trabajen juntos. Primero, personas que ya residen en el vecindario, que podrían irse como lo hacen muchos de sus pares, pero que tienen la intención de quedarse para participar de la restauración. Segundo, los que regresan, esas personas nativas del vecindario que se han ido para estudiar y para recibir capacitación laboral y adquirir habilidades que puedan traer al vecindario a su regreso para ayudar a restaurarlo. Finalmente están los que se trasladan, aquellas personas que se mudan al vecindario deliberadamente, con un sentido de misión, para ser parte y ayudar en la transformación. Esos tres grupos son heroicos a su manera. Pero con frecuencia ponemos el énfasis, injustamente, en los últimos, en los que se trasladan; cosa lamentable, porque lo que comunica es que uno tiene que ir a algún otro lado para vivir de forma misionera. Esa mentalidad también resulta problemática porque transmite la idea de que los que se trasladan son misioneros heroicos y sacrificados que dejan de lado todo el confort y los privilegios para vivir en los guetos o barrios marginales. Y es terrible porque les resta valor a los que son de los guetos o de los barrios marginales.

Como lo analizamos en nuestro diálogo sobre racismo, uno de mis buenos amigos es un increíble líder nativo de Filadelfia, alguien que eligió quedarse. Tiempo atrás, él dijo algo que configuró profundamente mi conciencia a este respecto: «Cuando personas como tú se mudan a nuestro vecindario, todos sus pares los consideran héroes. Cuando personas como yo no se van del vecindario, todos sus pares piensan que son un fracaso. Esta es una realidad contra la que tenemos que luchar. Debemos combatir el racismo y el sentimentalismo que le ha dado este giro a las misiones, de tal modo que se celebra a los privilegiados y a los «misioneros» que se trasladan. Y tenemos que combatir la presión apremiante que se ejerce sobre las personas nativas para que se muden y olviden de dónde provienen. Es necesario celebrar a cada uno, y reconocer que todos formamos parte de la solución.

Así que si eres un foráneo que está en el vecindario, tienes algo que ofrecer. Si eres oriundo de ese vecindario, tienes algo que dar. Ese tipo de marco misionero permite que todos se sientan facultados para cumplir funciones vitales.

Eso también afecta la manera en que realizamos los estudios bíblicos. Las personas que tienen un título del seminario y conocimiento del libro no deben ser las únicas que enseñen. Cada uno es un maestro y cada uno es un aprendiz. La sabiduría que viene de las calles es tan valiosa como la sabiduría que llega a través de los libros.

Tenemos algo pequeñito que está funcionando en Filadelfia, a lo que llamamos el Seminario Alternativo. El concepto total es este: cada uno es un maestro y cada uno es un aprendiz. Llevamos adelante algunas clases durante unas cuantas semanas, y otras a lo largo de todo un año. La gente no obtiene títulos ni créditos, y las clases tienden a ser pequeñas y bastante diversas. Podemos tener a alguien que haya vivido en situación de calle y a otro que sea un CEO, un ejecutivo. Hemos tenido clases con personas que no sabían leer junto a otras que habían escrito libros y podían leer la Biblia en los idiomas originales, en hebreo y en griego. Eso constituye una experiencia profunda de aprendizaje.

Teníamos una de las clases en una casa abandonada que estábamos reparando. La clase era sobre la economía de

Dios, y estudiamos diferentes pasajes de las Escrituras que trataban acerca del dinero. Es increíble poder leer la historia del rico y Lázaro junto con alguien que ha sido rico y alguien que ha sido mendigo. Todos vemos entonces el texto con otros ojos. Escuchamos diferentes cosas, según de quién procedan. Comenzamos a tener un sentido de lo que fue la vida de Jesús cuando él tenía un pequeño círculo integrado por prostitutas y fariseos, recaudadores de impuestos y zelotes, pescadores y maestros de la ley; ¡debe haber habido algunas conversaciones interesantes y algunos debates acalorados allí!

Este es un modelo diferente de educación. Un modelo diferente de misiones. Puede ser que hayamos venido para misionar entre la gente, pero estamos seguros de que tenemos que prepararnos para aprender también. Por otro lado, debemos ser cuidadosos de no paralizar a aquellos que provienen de las llamadas clases privilegiadas. Ellos también tienen algo que dar, pero a veces tenemos que deliberadamente tratar de honrar en especial a aquellos que pueden haberse sentido desvalorizados por la razón que fuere. Por ejemplo, cuando pensamos en un estudio bíblico, no siempre organizamos las cosas de modo que alguien que no sepa leer se sienta bienvenido y sea invitado a participar activamente.

TONY: Recientemente he notado muchos cambios importantes en la forma en que están operando las organizaciones misioneras. En Haití, por ejemplo, donde la educación es un gran problema, en lugar de llevar maestros de Estados Unidos, los trabajadores de los Cristianos de las Letras Rojas que están allí han armado programas amplios de capacitación docente. En lugar de lamentarse porque a los maestros de las escuelas de Haití les falta habilidad como profesores y porque algunos apenas saben leer, ayudan a esos maestros a capacitarse y les enseñan las mejores técnicas pedagógicas para que puedan realizar una mejor tarea. La respuesta ha sido increíble. Literalmente, cada año cientos y cientos de maestros pasan por esos programas de capacitación, programas que facultan a los haitianos a enseñar.

Aquí, en Eastern, hemos comenzado con un programa de post grado en el que se capacita a los estudiantes para ir a los países en vías de desarrollo y a los sectores más empobrecidos de las ciudades estadounidenses a promover la creación de pequeños negocios e industrias artesanales que las personas puedan iniciar y llevar adelante por ellas mismas. Hemos orientado a nuestros graduados a que no sean dueños de los negocios, y que ni siquiera den inicio a esos negocios, sino que más bien ayuden a los nativos a organizar esos emprendimientos y ser ellos mismos los dueños. Pero no hace falta ir a los países del tercer mundo para llegar al tercer mundo. Las condiciones del tercer mundo existen aquí mismo, en Estados Unidos. Por ejemplo, en algunas situaciones de las zonas marginales, nuestros graduados pueden buscar personas que tengan capacidades relacionadas con la construcción y reunirlas para alentarlas a que usen sus habilidades. A aquellos que sepan realizar trabajos de electricidad, de carpintería, o de plomería se los puede reunir y animarlos a soñar e imaginar que pueden dar inicio a una empresa de construcción. Nuestros graduados saben hacerles preguntas que tengan que ver con la posibilidad de que esos potenciales emprendedores ya hayan cumplido con los requisitos necesarios como para conseguir una licencia de la ciudad o del estado, si saben cómo acceder a un micro crédito, si tienen un plan de negocios viable, y si comprenden cuál es el equipamiento necesario para establecer una oficina. Les enseñamos a nuestros estudiantes que eviten dar respuestas y que se concentren en hacer las preguntas correctas. De esa manera, los emprendedores principiantes podrán decir: «Esta es la compañía que *nosotros* creamos. Lo hicimos nosotros mismos».

Shane, lo que tú dijiste con respecto a las capacidades que existen pero no son utilizadas en tu vecindario es un tremendo comentario sobre los errores del sistema. A la larga, la única manera de resolver los problemas de la pobreza es a través de la creación de empleos, pero no podemos desvalorizar a las personas en el proceso. Tenemos que animar a la gente a usar sus recursos y capacidades.

SHANE: Tú ya sabes que me encantaría ver a los profesores de economía de ciertas buenas instituciones como la Universidad Eastern salir y encontrarse con los traficantes de drogas. Creo que esa resultaría una interacción poderosa. Algunos estudios han mostrado que la economía de las drogas es la mayor de las economías en las zonas marginales, y también señalan que es una de las más fuertes e innovadoras.[1] Sin duda, se trata de una fuerza destructiva y despiadada, pero muchos de los traficantes son personas increíblemente dotadas. ¿Puedes imaginar lo que resultarían si canalizaran sus dones hacia una misión diferente? He sabido de una traficante, acogida por una amiga mía que notó sus dones y pudo imaginar las posibilidades que ella tenía. Antes de que pasara mucho tiempo, ambas iniciaron un negocio de camisetas que hasta ahora ha ganado decenas de miles de dólares.

Y el proyecto de los murales de arte en Filadelfia nos ha mostrado lo que puede suceder cuando los artistas del graffiti simplemente cuentan con un lugar donde canalizar sus habilidades. Ahora están pintando murales que constituyen algunas de las mejores muestras artísticas del país, y Filadelfia se está haciendo famosa por ellas. Ahora se puede realizar un tour especializado en murales por Filadelfia. Este es precisamente el tipo de cosas que nosotros deberíamos buscar: ¡el modo en que la gente puede usar sus dones para hacer algo hermoso y redentor!

TONY: Conozco una fábrica de camisetas creada por algunos jóvenes en un vecindario pobre de Camden, Nueva Jersey. Diseñaron una camiseta que se ha vendido bien entre los activistas que se oponen a la guerra. En el frente dice: «Los viejos soldados nunca mueren». Y en la espalda se puede leer: «¡Solo les ocurre a los jóvenes!». ¡Qué mensaje envían esas camisetas sobre lo que sucede en las guerras. Y han sido hechas en una fábrica de camisetas de propiedad de gente del vecindario, que llevan adelante ellos solos.

Jesús envió su Espíritu para investir de poder a la gente y que se dieran cuenta de su potencial, y ese debería ser el modelo para todos nosotros al realizar la obra misionera (Hechos 1.8). Cuando confrontamos las situaciones desesperadas con que nos encontramos en los países del tercer mundo y en áreas urbanas y rurales conflictivas de aquí, en Estados Unidos, tenemos que darnos cuenta de que nuestro objetivo debe ser capacitar a la gente y desafiarla a que use *sus* dones y materialice *su* potencial. Tenemos que unirnos a ellos de tal manera que, como tú lo dijiste hace unos momentos, cuando alcancen el éxito, puedan decir: «Lo hicimos por nosotros mismos».

Diálogo sobre
la resurrección

Yo soy la resurrección y la vida.

JUAN 11.25

SHANE: La visión de la Nueva Jerusalén tiene que ver con la resurrección. El quebrantamiento de nuestras ciudades recibe sanidad. No se trata de un regreso al jardín. Es una visión del jardín encontrándose con la ciudad. La ciudad vuelve a la vida. Los jardines ganan sobre el concreto.

Me gusta lo que dice el teólogo urbano Ray Bakke: «La historia de la salvación comienza en un jardín y acaba en una ciudad».¹ La historia concluye con sanidad para la creación, con sanidad para la civilización de la ciudad. El río de vida fluye justamente en medio de la Nueva Jerusalén. Y yo estoy absolutamente seguro de que uno puede comer los peces de ese río y nadar en él, a diferencia del río Delaware, aquí en Filadelfia. El árbol de la vida crece en la Nueva Jerusalén; y sana a las naciones. El Apocalipsis dice que las puertas de la ciudad nunca se cierran (Apocalipsis 21.25). Podemos vivir sin temor, y nadie está encerrado ni es un ilegal. Ah, y uno de los versículos más sutiles dice: «No vi ningún templo en la ciudad» (Apocalipsis 21.22). Podemos escuchar el eco del velo del templo cuando se rasga. No hay necesidad de templo en la Nueva Jerusalén. Dios vive con nosotros otra vez, como lo hizo en el jardín. No hay necesidad de una iglesia: Dios vive en las calles de la Nueva Jerusalén.

TONY: Muchos creen que el fin de la historia será con fuego, y que en aquel día final la tierra será consumida. Vivimos en una era en la que dos tipos de personas anuncian el día del juicio. Están los religiosos que creen, según teologías dispensacionalistas, que el mundo va a ser destruido a causa del pecado. Creen que las perversidades de la raza humana se volverán tan grandes que el Señor tendrá que regresar y llevar todo a un fin. Por el otro lado, están los secularistas y los de la Nueva Era que dicen: «No, somos nosotros mismos los que vamos a destruir el planeta por nuestra irresponsabilidad con respecto al medio ambiente o por comprometernos en la guerra nuclear». No andamos cortos de agoreros por aquí, tanto por el lado de la derecha religiosa como por el de la izquierda secular.

SHANE: Hay dos formas de ver los tiempos finales: una de ellas como historia de muerte y la otra como una historia de resurrección. Una de ellas como fuego y la otra como fiesta. La historia que yo percibo en el Apocalipsis proclama, a través de las palabras y enseñanzas de Jesús, que todo será restaurado. La teología de la resurrección general anuncia que Dios va a restaurar no solo a los seres humanos, sino todo lo que alguna vez fue hecho.

TONY: Yo crecí creyendo que uno nace y luego muere, y que después de morir, si se es cristiano, se va al cielo, donde todo el pueblo de Dios vive junto en amor y armonía. Sin embargo, hay muchos evangélicos, que creen en la Biblia, que sostienen la inerrancia y afirman que no será de esa forma. Esos cristianos creen que habrá un nuevo cielo *y una nueva tierra*. Ellos declaran que después de que Cristo regrese, el mundo será renovado y restaurada la armonía de la naturaleza. El león y el cordero pacerán juntos, y la violencia que marca a la naturaleza hoy ya no existirá más (Isaías 65.25). Creen que cuando Cristo regrese, todo el pueblo de Dios resucitará para vivir eternamente en una comunidad amorosa aquí sobre la tierra. Nótese que todo esto no sucederá en el cielo; será aquí sobre la tierra.

Esta buena noticia sobre el futuro de la tierra es un mensaje cada vez más prevalente dentro de la comunidad evangélica. Cada vez un mayor número de evangélicos cree que, cuando Cristo regrese, la tierra será restaurada y existirá una nueva sociedad integrada por gente fiel que vivirá en este planeta en amor y justicia. Entonces el mundo será como Dios quiso que fuera cuando lo creó.

SHANE: Si la fe es creer en lo que no vemos aún, como lo dice Hebreos, y si realmente creemos en la Nueva Jerusalén, y en que el reino de Dios viene, eso tiene que afectar la manera en que vivimos. Nuestro amigo Jim Wallis dice: «Creemos a pesar de las evidencias y vemos que las evidencias cambian». Conocemos el final de la historia, así que comenzamos a vivirla para que resulte así. Como duerme un niño en el sofá la noche de Navidad y lleva con él leche y galletitas Oreo, nosotros también *hacemos* cosas cuando creemos que en realidad algo está viniendo.

Así sucede con nosotros. Si sabemos que la historia acaba con gente que transforma sus espadas en arados, comenzaremos a hacerlo ahora. Y con toda seguridad no seguiremos produciendo más espadas.

Cuando sabemos que la tierra va a ser sanada, no deseamos continuar causándole nuevas heridas. Venga tu reino a la tierra. Hoy. «Hoy es el día de salvación. El reino de Dios es ahora» (2 Corintios 6.2, paráfrasis).

No tenemos que esperar. Debemos comenzar a vivir esa visión ahora y a ser personas que practican la resurrección. Como lo dijo Robert Kennedy: «Algunos hombres ven las cosas tal como son y dicen: "¿Por qué?". Yo sueño con cosas que nunca han sido y digo: "¿Por qué no?"».[2]

TONY: Filipenses 1.6, dice que Dios, que es el que ha iniciado la buena obra en nosotros y a través de nosotros, la completará hasta el día del regreso de Cristo. La Biblia sugiere que, a través de la gente comprometida con Cristo en el aquí y ahora, Dios está obrando para rescatar la naturaleza, restaurar al planeta, trabajar hacia una justicia social, y aliviar los sufrimientos de los pobres y de los oprimidos.

Saber que participamos con Dios en una empresa que alcanzará su plena realización cuando suene la trompeta y el Señor regrese, nos transforma en personas con esperanza mientras procuramos ganar a los perdidos y cambiar el mundo.

No somos como aquellos que anunciaban el evangelio social en otros tiempos, y creían que podían crear el reino de Dios por ellos mismos. Tampoco somos como los fundamentalistas que dicen que no podemos lograr nada duradero aunque nos esforcemos por hacer de este mundo un lugar mejor. Más bien nosotros, los Cristianos de las Letras Rojas, somos personas que decimos que a través de nosotros Dios está iniciando un cambio en este mundo, pero que la plenitud de aquello que hemos sido llamados a cambiar no sucederá hasta que Cristo venga y se una a nosotros en ese intento.

Cuando explico lo que hemos sido llamados a hacer en espera de la venida de Cristo, suelo usar como ilustración lo que los franceses de la clandestinidad hicieron durante la Segunda Guerra Mundial. Si le hubiéramos preguntado a los miembros de la clandestinidad francesa «¿Qué es lo que tratan de lograr a través de ese puñado de saboteadores harapientos y esos intentos desordenados de luchar por la libertad?», ellos hubieran respondido: «¡Resulta obvio! Intentamos derrotar a los ejércitos nazis que han estado ocupando nuestra tierra».

«Pero ustedes son un pequeño grupo de soldados sin entrenamiento, con unas pocas granadas de mano y algunas ametralladoras», hubiésemos objetado. «Ustedes se han levantado en contra de la máquina militar más grande jamás ensamblada en la historia de la raza humana. No tienen ninguna chance contra ellos».

Sin duda, los miembros de la resistencia hubieran respondido: «Vamos a continuar luchando por liberar nuestra tierra porque sabemos que un día se dará una señal, y una inmensa fuerza invasora, que está siendo reunida ahora del otro lado del Canal de la Mancha, se subirá a los barcos y atravesará el canal para unirse a nosotros. Esa fuerza invasora se conectará con lo que nosotros estemos haciendo y nos llevará a la victoria».

Siempre he sostenido que, hablando figuradamente, nosotros somos la resistencia clandestina de Dios; luchamos por la justicia y trabajamos para rescatar el planeta. Y cuando la gente se burla y nos dice: «Ustedes son demasiado pocos y sus recursos muy limitados», yo simplemente respondo: «¡Pero vamos a ganar. Sé que las cosas no se ven bien ahora, pero más allá del cielo hay una enorme fuerza invasora que está siendo reunida. No sabemos cuándo se dará la señal ni cuando sonará la trompeta, pero un día a la Iglesia Militante (eso es lo que los cristianos somos aquí y ahora) se le unirán Cristo y la Iglesia Triunfante (aquellos que serán resucitados en su venida) y juntos marcharemos hacia la victoria». Trabajamos, como lo dice Pablo con tanta elocuencia, pero no como los que no tienen esperanza, porque creemos en ese gran evento futuro al que llamamos la Segunda Venida de Cristo. Las Escrituras dicen: «He aquí, yo hago nuevas todas las cosas» (Apocalipsis 21.5, RVR60). Nuestro Dios volverá para reingresar en la historia y hacer todas las cosas nuevas otra vez. ¡Qué visión del futuro!

Volviendo a las Escrituras, hago referencia al capítulo trece de Mateo, en el que Jesús describe qué cosas llevarán a su segunda venida. Es importante que construyamos nuestra escatología a partir de Jesús en lugar de derivarla de los libros o películas de nuestra cultura pop. En Mateo 13.24 al 30 y en los versículos 38 al 43, él dice que su reino es como un sembrador que sale a sembrar trigo. El trigo, nos dice Jesús, en verdad simboliza el reino de Dios. Luego señala que mientras el trigo está creciendo viene el maligno y siembra malas hierbas, o, como dice la versión Reina Valera 1960, siembra «cizaña». Resulta claro, por lo que Jesús dice, que aquel que viene y siembra malezas es Satanás, y que las malezas representan el reino del mal. Esos dos reinos, como se menciona, crecerán juntos.

En esta parábola Jesús cuenta que los sirvientes van a su amo y le preguntan: «¿Qué hacemos? ¿Intentamos quitar la cizaña?». El amo les responde: «¡No! Si ustedes hacen eso destruirán gran parte del trigo junto con la mala hierba. Si tratan de arrancar la cizaña, van a estropear el trigo». Y añade: «En lugar de eso dejen que el trigo y la cizaña crezcan juntos hasta el final. Entonces separaremos el trigo de la cizaña» (paráfrasis).

Lo que Jesús deja muy en claro es que el reino del mal (la mala hierba) crece más fuerte y eso se hace más manifiesto cada día. Nunca el mal se había observado en una manera tan destacada en la historia que como en el mundo de hoy, pero no tenemos que desanimarnos. No es solo el reino del mal lo que está creciendo con mucha fuerza y haciéndose más evidente cada día, sino que también sucede eso con el reino de Dios.

Además del fantástico crecimiento del cristianismo en el tercer mundo, consideremos el increíble progreso que, con la ayuda de los cristianos, se ha producido en beneficio de las naciones más empobrecidas del mundo. Según los informes de Bradley Wright, de la Universidad de Connecticut, la pobreza extrema de los países en vías de desarrollo ha sido reducida a la mitad desde la década del ochenta; la expectativa de vida se ha duplicado en todo el mundo durante los últimos 100 años; la tasa de alfabetización se disparó del veinticinco por ciento a más del ochenta por ciento durante las últimas tres décadas; y el porcentaje de gente que pasa hambre a través de todo el mundo ha caído del treinta y ocho por ciento en 1970, al dieciocho por ciento en 2001.[3] Yo podría continuar citando estadísticas sobre el progreso realizado en cuanto a eliminar el hambre globalmente, a proveer viviendas decentes, a mejorar la educación y la salud de los pueblos del mundo. Y en casi todas las instancias citadas, han sido los cristianos los que han jugado un papel preponderante en cuanto a lograr que estas buenas cosas sucedieran.

Esto evidencia que Dios obra en el mundo, ganando gente, a la que convierte en ciudadana del reino de Dios, y transformando las condiciones socioeconómicas en un nivel mundial. Dios está despertando conciencia ecológica para que cada vez más personas se alejen de la energía relacionada con el carbono y se vuelquen a la energía solar. Hoy en día, China es la nación con mayor energía solar del planeta. Tenemos que procurar darle alcance a China; lo haremos. Dinamarca está usando energía térmica y construyendo turbinas de energía eólica a un ritmo fantástico. Todo el mundo está aprendiendo a crear una nueva tierra sin agotar sus recursos no renovables. Cuando generamos energía a partir del viento, cuando intentamos descubrir cómo usar la energía térmica, cuando se utiliza el poder de los océanos para obtener energía, y cuando crece el uso de la energía solar, vemos la aparición de un nuevo reino en nuestro medio, aquí y ahora.

SHANE: Se ha dicho que antes de cada revolución, esta parecía imposible; y luego de cada revolución, esta se veía como inevitable. Quizá Jesús nos esté preguntando hoy: «¿Tienen ojos para verlo? ¿Tienen oídos para oírlo? ¿Tienen la imaginación como para crearlo?».

Recuerdo ese pasaje de Romanos que habla de que toda la creación gime por el reino, y que tiene dolores como de parto (Romanos 8.22). Continúa diciendo que «nosotros también gemimos dentro de nosotros mismos, esperando» (versículo 23). Da una imagen de gemir, sentir dolor, anhelar. Nuestra espera no es pasiva; esperamos con expectativas, como cuando una mujer embarazada espera que su bebé llegue. Se prepara, comienza a hacer ejercicios, a respirar, a practicar. El parto es una imagen interesante porque es algo que nos sucede, pero también algo de lo que participamos. El mundo está embarazado de otro mundo. Y nosotros debemos ser las parteras.

El activista indio Arundhati Roy dijo: «Otro mundo no solo es posible, sino que está en camino. Tal vez muchos de nosotros no estemos aquí para saludarlo, pero en un día calmo, si escuchamos cuidadosamente, podemos oírlo respirar».[4]

TONY: Cuando era niño, una vez caminamos mi madre y yo en el parque Fairmount de Filadelfia en una tarde tranquila de verano. Los pájaros cantaban y podíamos escuchar el zumbido de los insectos. Mi madre me preguntó: «¿Escuchas esos sonidos?». Le respondí que sí, y ella prosiguió diciendo: «Escúchalos cuidadosamente. ¿Te hacen feliz o te ponen triste?

Lo pensé un rato y luego dije: «Mamá, para ser completamente sincero, me ponen triste». Entonces ella me explicó que me sentía de esa manera porque todos los sonidos de la naturaleza están en el modo menor, y cuando una música está escrita en tono menor, produce un sentimiento de tristeza. Cuando Jesús regrese, toda la música de la naturaleza pasará del modo menor al modo mayor. «Y eso», me dijo mi madre, «producirá una música gozosa a través de todo el planeta».

La idea de que el regreso de Jesús transformará la creación de su sufrimiento presente a un sonido gozoso nos llegó como una esperanza emocionante para el futuro. La naturaleza no gemirá más. La naturaleza será levantada de su lamento al regocijo (Salmos 148).

SHANE: Pienso en un antiguo activista católico al que conozco, que ha seguido andando por décadas y décadas. Ha ido a la cárcel, ha participado de protestas, ha formado comunidades, ha hecho de todo. En cierta ocasión alguien le dijo: «Al considerar todo ese sufrimiento, ¿no te sientes desbordado a veces? ¿Cómo puedes seguir andando?». Y él le respondió algo hermoso: «Todas las mañanas me hago un ovillo, me trepo hasta el regazo de Jesús y lo escucho susurrar cuánto me ama». Yo creo que eso forma parte de todo esto. Al leer las Escrituras, y en especial las letras rojas, tenemos la sensación de que hay un Dios que realmente nos ama, y ama al mundo entero lo suficiente como para mandar a su Hijo, y lo ama lo bastante como para resucitarlo.

TONY: Juan 3.16 tiene mucho sentido en referencia a todo lo que hemos estado hablando. Cuando leemos «Porque tanto amó Dios al mundo», deberíamos saber que, en el idioma original de la Biblia, la palabra «mundo» es *cosmos*, que significa literalmente todo lo que existe en el universo. La salvación de Dios no es solo para los individuos. Su salvación es para todo lo que hay en este mundo; para todo lo que hay en el universo entero. Dios ama a las gallinas; ama los árboles; ama las montañas. Mira todo lo que ha hecho y dice: «¡Es bueno!». Declara: «Amo al mundo y a todo lo que hay en el mundo que yo he creado». ¡Este mundo al que Dios ama no será destruido! En lugar de eso, se renovará, y el pueblo de Dios resucitará para vivir en este nuevo mundo.

Un futuro de letras rojas

Al redondear un libro como este, es importante hacer algunas predicciones con respecto al futuro del Cristianismo de las Letras Rojas. ¿Qué tendrá guardado el futuro para este esfuerzo que hacemos por tomar a Jesús en serio y hacer un intento sincero de vivir lo que es su deseo para nuestras vidas?

En primer lugar, digamos que hay una gran cantidad de evidencias de que hay hambre de este tipo de cristianismo. Por ejemplo, el autor de un artículo aparecido en la revista *Newsweek* observó que la gente estaba cansada de las continuas polémicas sobre cuestiones como el matrimonio gay y el aborto (importantes como son esos debates), y en lugar de ello querían enfocarse en las cosas de las que Jesús había hablado.[1] El autor le dio mucha importancia a levantar a San Francisco de Asís como figura heroica a la que cada vez más gente religiosa considera un ideal a ser imitado. La simplicidad de las creencias y prácticas de este santo medieval que intentaba vivir las enseñanzas de Jesús tal como él las expresó en el Sermón del Monte (Mateo 5 y 6), se consideran como un contraste con la complejidad teológica de los líderes religiosos. Un cristianismo que hace del dar a los pobres la principal forma de uso del dinero, que deberían adoptar los seguidores de Jesús en vez de gastarlo en edificios costosos, a los que se les llama iglesias, para honrar a Aquel que dijo que no habitaba en templos hechos de manos (Hechos 7.48).

La atracción de este monje mendicante de otra era parece crecer entre aquellos cristianos que encuentran irrelevantes la burocracia y las jerarquías de la religión institucionalizada. Hay una autenticidad en la vida de San Francisco que le resulta atrayente a un número creciente de cristianos.

En segundo lugar, creo que cada vez más los Cristianos de las Letras Rojas se volverán activistas en pro de la justicia social. Debido a que toman las palabras de Jesús literalmente, eso los conduce a entrar en una relación personal con la gente pobre y oprimida. No solo procurarán responder a las necesidades inmediatas de esos hijos de Dios, sino que también se sentirán atraídos por los movimientos sociales comprometidos a cambiar esas estructuras sociales que contribuyen a la pobreza y a la opresión.

Al alimentar y vestir a los sin techo en las calles de la ciudad, esos seguidores de Cristo inevitablemente se verán involucrados con grupos de activistas que intentan cambiar los sistemas políticos y económicos que han fallado en atender las necesidades de aquellos que están en situación de calle. Un creciente contacto con los cristianos palestinos los llevará a colaborar con aquellos que desean terminar con la ocupación ilegal del territorio palestino, aun cuando trabajen para que Israel tenga fronteras seguras y protegidas. La amistad con individuos gays, lesbianas, bisexuales y transexuales suavizará sus actitudes y los volverá menos propensos a apoyar las prohibiciones que la dirigencia religiosa ha legitimado desde hace mucho tiempo en contra de las personas LGBT.

El considerar los sufrimientos físicos y psicológicos por los que pasan en el ejército los combatientes generará en ellos una fuerte antipatía hacia la guerra y un compromiso cada vez mayor con los intentos de pacificación. La conciencia de los efectos perjudiciales que tiene la degradación medioambiental hará que los Cristianos de las Letras Rojas se unan a organizaciones que constituyan un desafío a los escépticos en lo referido al calentamiento global, y que apoyen muchas de las regulaciones de la Agencia de Protección Medioambiental.

No hay duda de que el vivir las letras rojas en el nivel micro llevará a muchas de esas personas a involucrarse en el cambio de las estructuras sociales en el nivel macro.

Finalmente, esperamos que los Cristianos de las Letras Rojas se orienten significativamente más hacia las disciplinas espirituales. Que aquellos que alguna vez como evangélicos cuestionaron las prácticas de los católicos romanos, lleguen a acoger con entusiasmo los ejercicios espirituales de personas como San Ignacio, Catalina de Siena y San Juan de la Cruz. No sorprende que el libro *Common Prayer* [Oración común], del que Shane es coautor junto con Jonathan Wilson-Hartgrove y Enuma Okoro, no haya sido visto con buenos ojos por algunos de los evangélicos más ortodoxos, que lo juzgan «demasiado católico». Los Cristianos de las Letras Rojas, sin embargo, encuentran en él guías fundamentales para una espiritualidad intensa, tal como fue practicada por muchos de los místicos católicos, junto con las disciplinas espirituales de fuentes protestantes como los pietistas alemanes y los evangélicos pentecostales.

Tal vez no pensemos que este movimiento de los Cristianos de las Letras Rojas se vuelva una forma dominante dentro de la vida religiosa; pero nosotros estamos convencidos de que en una forma u otra le continuará provocando una irritación positiva a una iglesia que tiene la tendencia a adecuarse en forma complaciente a los valores culturales. Esperamos que lo que hemos escrito sea parte de eso y que invite a todos nuestros lectores, tanto jóvenes como ancianos, a unirse a este movimiento. Visiten nuestro sitio web: *www.redletterchristians. org* y descubran cómo hacerlo. Los necesitamos como compañeros en esta Revolución de las Letras Rojas.

Reconocimientos

No había forma de que este libro se volviera realidad sin nuestra editora, Angela Scheff, que tomó los escritos erráticos de ambos, les dio a nuestras conversaciones algo verborrágicas el tamaño indicado que les permitiera caber dentro de estas páginas, organizó nuestras ideas, nos desafió a apoyar las afirmaciones que hacíamos con referencias cuidadosas, y nos alentó a creer que teníamos algunas cosas importantes que decir. Estamos agradecidos al resto del equipo de Thomas Nelson también: Bryan Norman, Jennifer McNeil, y Janene MacIvor. También agradecemos a Peggy Campolo, Katie Jo Claiborne y Brett Anderson, que hicieron la primera lectura de este libro, corrigieron la gramática y la sintaxis de las oraciones y cuestionaron muchas de nuestras hipótesis. Además nos gustaría agradecer a Christine Murrison, Brian Ballard y James Warren, que pasaron horas haciendo investigaciones y ocupándose de los cientos de detalles que acompañan la preparación de un manuscrito para su publicación.

Apreciamos el trabajo de Sarah Blaisdell, que destinó muchas horas a transcribir las conversaciones grabadas que iban y venían entre los dos, que conformaron las primeras etapas de este libro. Su trabajo fue brillante y muy dentro de los tiempos especificados.

Finalmente debemos mencionar a Mark Sweeney, que ha sido nuestro agente. Él negoció los contratos y manejó los distintos asuntos comerciales requeridos dentro del negocio de las publicaciones. Ha jugado un papel importante, y le estamos agradecidos.

A todos los mencionados más arriba, les ofrecemos no solo nuestro aprecio, sino también nuestro amor.

—Tony Campolo and Shane Claiborne

Notas

Introducción: ¿Por qué este libro?

1. Uno de los principales comentaristas religiosos ha llamado al libro de Sider uno de los más importantes escritos de la última mitad del siglo veinte.

Capítulo 1: Diálogo sobre la historia

1. Charles Moore, editor, *Provocations: Spiritual Writings of Kierkegaard* (Farmington, PA: Plough Publishing, 2003), p. 201.
2. «Beliefs, Vision & History», *Willow Creek Community Church Website*, www.willowcreek.org/chicago/about/beliefs.
3. Greg L. Hawkins y Cally Parkinson, *Reveal: Where Are You* (Chicago: Willow Creek Association, 2007).
4. Aquí incluimos un panorama de las cosas que Willow Creek ha realizado en el término de un año: distribución de 1,7 millones de kilos de comida entre los vecinos con necesidad; apertura de 11 clínicas en América Latina, participando con más de 3,1 millones de dólares; instalación de 28 sistemas de agua operados con energía solar y excavación de 106 pozos de agua en África, lo que les permite el acceso al agua a doscientas mil personas; auspicio de una de las mayores exposiciones de comercio justo de Estados Unidos; movilización de dieciséis mil personas para clasificar semillas para el medio millón de paquetes que se enviaron a Zimbabwe; movilización de dieciséis mil personas para empaquetar 3,6 millones de porciones de comida para niños de África; preparación de 18 contenedores de cuarenta pies cada uno para enviar a algunos de los lugares más difíciles de la tierra; preparación de trece mil paquetes de esperanza, con la inclusión de mosquiteros, para salvar vidas en Zambia; provisión de consejería legal gratuita a 893 personas a través de un equipo de abogados voluntarios; visita a cinco mil presos de 8 prisiones locales; donación de 10.728 abrigos a individuos que pasaban frío. En Willow se produjeron más de treinta y cinco mil oportunidades de brindar ayuda voluntaria en 2010. Sin duda estos son algunos de los ejemplos más sorprendentes de compasión que hacen que su confesión de fe resulte más poderosa.

Capítulo 2: Diálogo sobre la comunidad

1. Leo Maasburg y Michael J. Miller, *Mother Teresa of Calcutta: A Personal Portrait* (San Francisco: Ignatius Press, 2010), p. 36.

2. Eberhard Arnold, *The Early Christians in Their Own Words* (Rifton, NY: Plough Publishing, 1997).
3. *The Works of John Wesley*, volumen 11, *An Earnest Appeal to Men of Reason and Religion*, ed. Gerald Cragg (Nashville: Abingdon Press, 1987), p. 31.
4. Lenny Bruce, *How to Talk Dirty and Influence People: An Autobiography* (Nueva York: Fireside, 1992), p. 58.
5. Citado en el libro de Edward W. Bauman *Where Your Treasure Is* (Arlington, VA: Bauman Bible Telecasts, 1980), p. 74.

Capítulo 3: Diálogo sobre la iglesia

1. Para acceder a un estudio reciente, ver «Religion Among the Millennials», de Pew Foundation, www.pewforum.org/Age/Religion-Among-the-Millennials.aspx.
2. Paul Sabatier, *Life of St. Francis of Assisi*, Louise Seymour Houghton, trad. (Londres: C. Scribner's Sons, 1917), p. 317.
3. Adolf Holl, *The Last Christian*, trad. Peter Heinegg (Garden City, NJ Doubleday, 1980).

Capítulo 4: Diálogo sobre la liturgia

1. Shane Claiborne, Jonathan Wilson-Hartgrove y Enuma Okoro, *Common Prayer* (Grand Rapids: Zondervan, 2010).
2. Emile Durkheim, *The Elementary Forms of Religious Life*, trad. Joseoph W. Swain (Nueva York: The Free Press, 1947).
3. Ver www.haitipartners.org.

Capítulo 5: Diálogo sobre los santos

1. Adolf Holl, *The Last Christian*, trad. Peter Heinegg (Garden City, NY: Doubleday, 1980).
2. Lawrence Cunningham, *Francis of Assisi: Performing the Gospel Life* (Cambridge: William B. Eerdemans Publishing Co.), p. 146.
3. Omer Englebert, *Saint Francis of Assisi: A Biography* (Cincinnati: St. Anthony Messenger Press, 1979), p. 95.
4. G. K. Chesterton, *Saint Francis of Assisi* (Nueva York: George H. Doran, 1924) [*San Francisco de Asís* (Barcelona: Editorial Juventud, 1974)].
5. Holl, *The Last Christian*.

Capítulo 6: Diálogo acerca del infierno

1. Viktor E. Frankl, *Man's Search for Meaning* (Boston: Beacon, 2005) [*El hombre en busca de sentido* (Barcelona: Herder, 2004)].
2. El libro de Bill Bright *Las cuatro leyes espirituales* es un texto evangélico clásico distribuido por Campus Cruzade for Christ. La primera ley es «Dios te ama y tiene un maravilloso plan para tu vida».
3. Shane Claiborne, *The Irresistible Revolution* (Grand Rapids: Zondervan, 2006) [*Revolución irresistible* (Miami: Vida, 2011)].

4. Karl Barth, «Evangelical Theology», The Warfield Lectures (Princeton, NJ: Princeton Theological Seminary, 2 al 4 de mayo de 1962).
5. "Larry King Live", CNN, 16 junio 2005.

Capítulo 7: Diálogo sobre el Islam

1. Anne Lamott, *Bird by Bird* (Nueva York: Random House), p. 22.
2. Jitsuo Morikawa, «My Spiritual Pilgrimage» [Mi peregrinaje espiritual] (conferencia ante el Consejo de Beneficios a Ministros y Misioneros de las Iglesias Bautistas Americanas, Lincoln, NE, 23 mayo 1973).
3. Shane Claiborne, *Iraq Journal 2003* (Indianapolis: Doulos Christou Press, 2006).
4. Mi amigo Greg Barrett ha escrito un libro sobre el tema, titulado *The Gospel of Rutba* (Maryknoll, NY: Orbis Books, 2012), y se rumorea que habrá una película. Ver www.thegospelofrutba.com.
5. Lucas 7.2; Marcos 7.26; Juan 4.7 y Mateo 9.10, respectivamente.
6. C. S. Lewis, *Mere Christianity* (Nueva York: HarperCollins, 2001, pp. 208–209 [*Mero cristianismo* (Nueva York: Rayo, 2006)].

Capítulo 8: Diálogo sobre la economía

1. Edward Mote, "My Hope Is Built", 1834.

Capítulo 10: Diálogo en cuanto a ser alguien pro vida

1. Nota de Colleen Curry y Michael S. James, «Troy Davis Executed after Stay Denied by Supreme Court», *ABC News Website*, http://abcnews.go.com/US/troy-davis-executed-stay-denied-supreme-court/story?id=14571862#.T3OS4tV7mSo.
2. Nota de Amnesty International, «Death Penalty in 2011: Alarming Levels of Executions in the Few Countries that Kill» *Amnesty International Website*, www.amnesty.org/en/news/death-penalty-2011-alarming-levels-executions-few-countries-kill-2012-03-27.
3. Ver www.deathpenaltyinfo.org. En este sitio hay una sección titulada «Botched Executions» [Ejecuciones en las que se metió la pata], que incluye en una lista docenas de ejecuciones con malos resultados, y documentación detallada. Esto resulta muy perturbador, en especial para aquellos de nosotros que seguimos a Jesús, ya que él sufrió horrores semejantes al ser crucificado en una ejecución imperial.
4. Ver «Wide Ideological Divide over Death Penalty» [Importante división ideológica sobre la pena de muerte], del Pew Research Center, 9–14 noviembre 2011.
5. Joseph Cardinal Bernardin, «A Consistent Ethic of Life» [Una ética coherente de vida], conferencia de la serie William Wade Lecture Series, Universidad de St. Louis, St. Louis, MO, 11 marzo 1984.
6. Nota de Joerg Dreweke y Rebecca Sind, «Expanding Access to Contraception Through Medicaid Could Prevent Nearly 500.000 Unwanted Pregnancies, Save $1.5 Billion» [Ampliar el acceso al control de la natalidad a través de Medicaid evitaría alrededor de 500.000

embarazos no deseados, y se ahorrarían 1.500 millones de dólares], Guttmacher Institute, 2000, http://www.guttmacher.org/media/nr/2006/08/16/index.html.

7. Madre Teresa, discurso en el Desayuno Nacional de Oración, The Washington Hilton, Washington, D.C., 3 febrero 1994.

8. Ver www.consistent-life.org para acceder a un gran recurso enfocado en la ética de una vida coherente.

Capítulo 11: Diálogo referido a las cuestiones del medio ambiente

1. Erik Reece, Wendell Berry, John J. Cox, *Lost Mountain: A Year in the Vanishing Wilderness: Radical Strip Mining and the Devastation of Appalachia* (Nueva York: Riverhead Books, 2006), p. 227.

2. Michele Ver Ploeg y otros, «Access to Affordable and Nutritious Food—Measuring and Understanding Food Deserts and Their Consequences: Report to Congress» [Acceso a comida nutritiva y de costo módico—Dimensionar y comprender los desiertos alimentarios y sus consecuencias: Informe al Congreso], *Sitio Web del Departamento de Agricultura de Estados Unidos:* www.ers.usda.gov/Publications/AP/AP036/.

3. Hay una cantidad de buenos libros sobre el medio ambiente andando por allí, desde consejos sobre la teología referida al tema, hasta jardinería. Yo recomendaría cualquiera de las cosas de Wendell Berry, los libros de Mathew y Nancy Sleeth, Stepehn Bouma-Prediger, Norman Wirzba, Scott Sabin, y Jonathan Merritt: todas voces maravillosas que conectan el cristianismo con el cuidado del medio ambiente. *The Green Bible* [La Biblia Verde] (Nueva York: HarperOne, 2008) habla acerca de las «letras verdes» tanto como nosotros hablamos de las letras rojas, y coloca en verde los versículos que se relacionan con el medio ambiente.

4. Stephen Bouma-Prediger, *For the Beauty of the Earth: A Christian Vision for Creation Care* (Grand Rapids: Baker Academic, 2010), p. 118.

5. Ver mi libro *How to Rescue the Earth without Worshiping Nature* (Nashville: Thomas Nelson, 1992).

6. Ver un video de mi visita a la granja urbana de Claudio en www.youtube/AVUGuDttq5Pg.

7. Se puede ver el cultivo acuapónico completo aquí: www.youtu.be/fodxcnNsEEo.

8. John Robbious, *Diet for a New America* (Tiburou, CA: H. J. Kramer, 1987), p. 351.

Capítulo 12: Diálogo sobre las mujeres

1. Rena Pederson, *The Lost Apostle* (San Francisco: Jossey-Boss, 2006), p. 29.

2. Christians for Biblical Equality, www.cbeinternational.org.

3. Él continúa diciendo: «No encontraremos una sola frase en Génesis 1 y 2 sobre el silencio o subordinación de las mujeres ante los hombres. Eva es simplemente el complemento necesario y la compañía adecuada para Adán. Lo que encontramos son frases que dejan en claro lo inadecuado

del hombre sin una mujer, que es el corolario de la creación, porque el texto dice "no es bueno que el hombre esté solo". El patriarcado no es algo inherentemente bueno, algo inherente de Dios, y no debería intentarse volverlo algo inmaculado y establecerlo como modelo para el ministerio cristiano». Ver el artículo de Ben Worthington "John Piper on Men in Ministry, and the Masculinity of Christianity", Patheos website, www.patheos.com/blogs/bibleandculture/2012/02/12/john-piper-on-men-in-ministry-and-the-masculinity-of-christianity. Ben también ha escrito otros materiales muy útiles sobre esta cuestión, por ejemplo, con respecto a las mujeres en el ministerio de Jesús.
4. Ver el libro de G. E. Lessing, *The Education of the Human Race*, trad. F. W. Robertson (Londres, 1872), capítulos 1 y 3.
5. Citado por Zoe Moss de «It Hurts to Be Alive and Obsolete: The Aging Woman» en el libro *Sisterhood Is Powerful*, ed. Robin Williams (Nueva York: Vintage Books, 1970), pp. 170 ss.
6. George H. Mead, *Mind, Self, and Society* (Chicago: University of Chicago Press, 1934), pp. 134 ss [*Espíritu, persona y sociedad* (México, D.F: Ediciones Paidós, 1990)].
7. Ver «10 Surprising Statistics on Women in the Workplace», College Blog, www.collegetimes. us/10-surprising-statistics-on-women-in-the-workplace.

Capítulo 13: Diálogo sobre el racismo

1. Tomé esta definición de Beverly Daniel Tatum, que escribió el *best seller* nacional *Why Are All the Black Kids Sitting Together in the Cafeteria?* (Nueva York: Basic Books, 2003).
2. Steven Levitt y Stephen Dubner, *Freakonomics: A Rogue Economist Explores the Hidden Side of Everything* (Nueva York: William Morrow, 2009), capítulo 6 [*Freakonomics: un economista políticamente incorrecto explora el lado oculto de lo que nos afecta* (Barcelona: Ediciones B, 2006)].
3. www.naacp.org/pages/criminal-justice-fact-sheet.
4. Un par de buenos libros sobre el tema son: *The New Jim Crow*, de Michelle Alexander (Nueva York: The New Press, 2012) y *Slavery by Another Name*, de Douglas Blackmon (Nueva York: Anchor Books, 2008). Y mi buen amigo y compañero de los Cristianos de las Letras Rojas, el hermano Chris Lahr, escribe extensamente acerca de racismo en www.missionyear.org/blog/chrislahr.
5. Encuentre más sobre el tema en el artículo de Sophia Kerby «1 in 3 Black Men Go To Prison? The 10 Most Disturbing Facts About Racial Inequality in the U.S. Criminal Justice System», AlterNet, 17 marzo 2012, www.alternet.org/drugs/154587/1_in_3_black_men_go_to_prison_the_10_most_disturbing_facts_about_racial_inequality_in_the__u.s._criminal_justice_system?page=1.
6. Para acceder a más sobre el tema, ver al libro de Douglas Blackmon, *Slavery by Another Name* (Nueva York: Anchor, 2008). Ver también el libro de Michelle Alexander y Cornel West *The New Jim Crow* (Nueva York: The New Press, 2012).

7. Nota de Sara Flounders, «The Pentagon and Slave Labor in U.S. Prisons», Centre for Research on Globalization, 23 junio 2011, www. globalresearch.ca/index.php?context=va&aid=25376.
8. Ver el libro de Howard Thurman *Jesus and the Disinherited* (Nueva York: Abington-Cokesbury Press, 1949).
9. Frederick Douglass, *Narrative of the Life of Frederick Douglass, an American Slave, Written by Himself* (Nueva York: Signet, Nueva York, [1845] 1968), p. 120 [*Vida de Frederick Douglass, un esclavo americano* (Alcalá la Real: Editorial Alcalá Grupo, 2013)].
10. Malcom X junto con Alex Haley, *The Autobiography of Malcolm X* (Nueva York: Ballantine Books, 1973), capítulo 9 [*Autobiografía Malcolm X* (Habana: Editorial Ciencias Sociales, 1974)].
11. Aunque hay infinidad de libros sobre racismo y reconciliación, recomendamos *Radical Reconciliation: Beyond Political Pietism and Christian Quietism*, de Allen Boesak y Curtiss Paul DeYoung (Nueva York: Orbis, 2012).

Capítulo 14: Diálogo sobre la homosexualidad

1. George W. Bush, «State of the Union», 2 febrero 2005. La transcripción del discurso está disponible en http://transcripts.cnn.com/TRANSCRIPTS/0502/02/lkl.01.html.
2. Al enseñar y llevar a cabo investigaciones como miembro del cuerpo de profesores de la Universidad de Pensilvania por un período de más de diez años, entrevisté a gran cantidad de hombres gays, pero solo mantuve una pocas entrevistas en profundidad con lesbianas.
3. Billy Graham, citado en el libro de Andrew Marin *Love Is an Orientation* (Downers Grove: IVP Books, 2009), p. 108.
4. Artículo de S. T. Russell y K. Joyner, «Adolescent Sexual Orientation and Suicide Risk», *American Journal of Public Health* (2001): pp 1276–81.
5. Publicado como libro con el título *UnChristian* por Gabe Lyons y David Kinnaman (Grand Rapids: Baker, 2007) [*Casi cristiano* (Lake Mary, FL: Casa Creación, 2009)].
6. Artículo del Grupo Barna, «A New Generation Expresses Its Skepticism and Frustration with Christianity», The Barna Group Website, 24 de septiembre de 2007, www.barna.org/barna-update/article/16-teensnext-gen/94-a-new-generation-expresses-its-skepticism-and-frustration-with-christianity.

Capítulo 15: Diálogo sobre la inmigración

1. Bob Ekblad, revista *Conspire*, edición 8: Walls and Borders (www.conspiremagazine.org).
2. Sitio web de New Sanctuary Movement of Philadelphia, www.sanctuaryphiladelphia.org. Ver también *Welcoming the Stranger: Justice, Compassion, and Truth in the Immigration Debate*, de Matthew Soerens y Jenny Hwang (Downers Grove: IVP Books, 2009).

Capítulo 16: Diálogo sobre desobediencia civil

1. Elaine Pagels, *Revelations* (Nueva York: Viking Press, 2012), capítulo 4.
2. John Howard Yoder, *The Politics of Jesus*, 2a ed. (Grand Rapids: Eerdmans, 1994), p. 162 [*Jesús y la realidad política* (Buenos Aires: Ediciones Certeza, 1986)].
3. Martin Luther King Jr., *A Testament of Hope: The Essential Writings and Speeches of Martin Luther King, Jr.*, ed. James M. Washington (Nueva York: HarperOne, 1990), pp. 256–57.
4. Recomendamos a Jacues Ellul y León Tolstoy para lecturas adicionales. El ensayo de Tolstoy de 1886 «Writings on Civil Disobedience and Nonviolence» [Escritos sobre desobediencia civil y la no violencia] es un clásico.

Capítulo 17: Diálogo sobre el dar

1. Ver el artículo «New Study Shows Trends in Tithing and Donating», Grupo Barna, 14 abril 2008. www.barna.org/congregations-articles/41-new-study-shows-trends-in-tithing-and-donating.
2. Nota de Ray Mayhew, «Embezzlement: The Sin of the Contemporary Church», Relational Tithe Website, www.relationaltithe.com/pdffiles/EmbezzlementPaper.pdf.
3. En el espíritu del antiguo concepto bíblico del jubileo, leer Levítico 25.10.
4. Madre Teresa y Lucinda Varney, *A Simple Path* (Nueva York: Random House, 1995), xxxi [*Un camino sencillo* (Nueva York: Ballantine Books, 1995)].

Capítulo 18: Diálogo sobre los imperios

1. Dependiendo de que hablemos de combustibles, agua o pañales, las estadísticas varían, pero podemos decir con seguridad que estamos utilizando mucho más de lo que justamente nos corresponde. Dos sitios web que analizan las tendencias de los consumidores son www.mindfully.org y www.worldwatch.org.
2. George W. Bush, "State of the Union", www.washingtonpost.com/wp-srv/onpolitics/transcripts/bushtext_012803.html.
3. Elaine Pagels, *Revelations* (Nueva York: Viking, 2012), capítulo 12.
4. Bill y Gloria Gaither, «There's Just Something About That Name», Hanna Street Music, 1970.
5. Wes Howard-Brook y Anthony Gwyther, *Unveiling Empire: Reading Revelation Then and Now* (Maryknoll, NY: Orbis Books, 1999).
6. Investigación llevada a cabo por el Club of Rome, un grupo de investigación del Instituto de Tecnología de Massachusetts. Ver *The Limits to Growth* (Nueva York: Universe Books, 1972).
7. Stephen Decatur, citado en el libro de Max Boot *The Savage Wars of Peace* (Nueva York: Basic Books), p. 6.
8. La Excepcionalidad Americana es la teoría de que Estados Unidos es un país diferente de los demás y tiene que jugar un papel único y específico.

Con frecuencia se percibe un trasfondo teológico similar al de Roma. Para leer más sobre esto, ver *Jesus for President* (Grand Rapids: Zondervan 2008).

9. Artículo de Jack Healy «Exodus from North Signals Iraqui Christians' Slow Decline», *The New York Times*, 10 marzo 2012.

Capítulo 19: Diálogo sobre la política

1. Por ejemplo, *Jesus for President* (Grand Rapids: Zondervan, 2008).

2. No cabe duda de que esta interacción tiene otras implicaciones. Muchas de las de las monedas traen la imagen del César con la inscripción «Hijo de Dios», lo que resulta profundamente problemático tanto para los judíos como para los cristianos. Jesús continuamente nos confronta por la forma en la que le atribuimos al dinero un poder semejante al de Dios. En un punto, Jesús hasta personifica al dinero dándole un nombre: «Mamón», y diciéndonos que no podemos servir a los dos al mismo tiempo. Las cosas se han vuelto más complicadas en nuestro mundo porque intentamos hacer de los dos uno y el mismo, así que en nuestro dinero dice «En Dios confiamos» mientras que nuestra economía huele a los siete pecados capitales.

3. Instituto Worldwatch, *State of the World 2011: Innovations that Nourish the Planet* (Nueva York: W. W. Norton and Company, 2011).

4. Artículo de Sean Kennedy «Bush Led on AIDS Funds: Will Obama?», Sitio web de CNN, 23 julio 2010, http://articles.cnn.com/2010-07-23/opinion/kennedy.aids.bush.obama_1_pepfar-aids-funds-plan-for-aids-relief?_s=PM:OPINION).

Capítulo 20: Diálogo sobre la guerra y la violencia

1. Artículo de Armen Keteyian, «Suicide Epidemic Among Veterans», sitio web de CBS News, 11 febrero 2009, www.cbsnews.com/stories/2007/11/13/cbsnews_investigates/main3496471.shtml. Ver también el artículo de Pía Malbrán, «Veteran Suicides: How We Got the Numbers», sitio web de CBS News, 11 febrero 2009, www.cbsnews.com/8301-500690_162-3498625.html.

2. Artículo de Jamie Tarabay «Suicide Rivals the Battlefield in Toll on U.S. Military», Sitio web de NPR News, 17 junio 2010, www.npr.org/templates/story/story.php?storyId=127860466.

3. Ver por ejemplo una buena compilación de ensayos que abordan las mejores críticas hechas al pacifismo titulada *A Faith Not Worth Fighting For*, ed. Tripp York (Eugene, OR: Cascade Books, 2012).

4. Artículo de Walter Wink, «The Third Way», sitio web del Chicago Sunday Evening Club, Archivo de Sermones, www.csec.org/csec/sermon/wink_3707.htm.

5. Dentro de la cultura ordenada de los judíos, se golpeaba con la mano derecha (en algunas comunidades judías el golpear con la mano izquierda significaba ser excluido por diez días). Y para poder golpear a alguien en la mejilla derecha con la mano derecha era necesario darle la bofetada con

el dorso de la mano. Resulta claro que Jesús está describiendo un sopapo con el revés de la mano, como lo haría un marido abusivo con su esposa o un amo con su esclavo. Era una bofetada para insultar, para degradar y humillar, no dirigida a un igual, sino a alguien inferior: una bofetada para «ponerlo en su lugar». Al volverle la otra mejilla, la persona hacía que el abusador la mirara a los ojos, y solo podía golpearla como a un igual. Al volverle la otra mejilla, esa persona estaba diciendo: «Yo soy un ser humano, hecho a imagen de Dios. Y no puedes destruir eso».

6. Se podría argumentar que el mandato de Jesús a los discípulos acerca de que *huyeran* de la ciudad y «corrieran hacia las montañas» en el día del desastre de Israel (año 70 A.D.) fue una idea prudente en cuanto a la no violencia, porque si no ellos hubieran sido masacrados al luchar contra los romanos. Siguiendo las enseñanzas de Jesús, los cristianos no pelearon en los setenta en la Guerra de los Judíos, sino que huyeron a ciudades como Pella.

7. Walter Wink, *The Powers That Be* (Nueva York: Doubleday, 1998), p. 111.

8. Frase acuñada por Walter Bruggeman en su libro *The Prophetic Imagination* (Minneapolis: Fortress Press, 2001) [*La imaginación profética* (Santander: Editorial Sal Terrae, 1986)].

9. Ver www.centurionsguild.org. Nuestro amigo Logan Mehl-Laituri, un veterano de Irak, ha escrito un libro increíble titulado *Reborn on the Fourth of July* (Downers Grove, IL: IVP, 2012). Logan también recomienda estas películas sobre la guerra: *The Ground Truth* (NBC Universal, 2006, DVD), *Why We Fight* (Sony Pictures Home Entertainment, 2006, DVD), *The Conscientious Objector* (Cinequest, 2010, DVD), *Soldiers of Conscience* (New Video Group, 2009, DVD), *The Fog of War* (Sony Pictures Home Entertainment, 2004, DVD), *This Is Where We Take Our Stand* (thisiswherewetakeourstand.com), y *Winter Soldier* (Oscilloscope Laboratories/Milestone Films, 2009, DVD).

Capítulo 21: Diálogo sobre las deudas nacionales

1. Nota de Jeanne Sahadi, «Taxes: What People Forget about Reagan», sitio web de CNN Money, 12 septiembre 2010, http://money.cnn. com/2010/09/08/news/economy/reagan_years_taxes/index.htm.

2. Artículo de Mark J. Penn, «The Pessimism Index», *Time*, 30 junio 2011, www.time.com/time/nation/article/0,8599,2080607,00.html.

3. Nota de Hans Blommestein y Perla Ibarlucea Flores, «OECD Statistical Yearbook on African Central Government Debt», *OECD Journal* 2011 (2011), edición 1:1–4.

4. Mercedes Alvaro, www.dowjones.com/djnewswires.asp.

5. Nota de Charlayne Hunter-Gault, «Uganda's Successful Anti-AIDS Program Targets Youth», sitio web de CNN World, 3 septiembre 1999, http://edition.cnn.com/WORLD/africa/9909/03/uganda.aids/.

6. Martin Luther King, 24 diciembre 1967, sermón en Ebenezer Baptist Church, «A Christmas Sermon on Peace», 1967.

7. Para ver un video que ilustra el lugar del que proceden las cosas que consumimos, ir a www.youtube/gLBE5QAYXp8 y www.storyofstuff.org.

8. Nota de Ellyn Ferguson, «House Panel Juggles Competing Interests to Write Farm Bill», sitio web de *USA Today*, 17 julio 2007, http://www.usatoday.com/news/washington/2007-07-15-farm-bill_N.htm.

9. Dom Hélder Câmara, *Dom Helder Camara: Essential Writings*, ed. Francis McDonagh (Maryknoll, NY: Orbis Books, 2009), p. 11.

Capítulo 22: Diálogo sobre el Oriente Medio

1. Ver más de «Tearing Down the Walls» [Derribando las paredes] de la Ribera Oriental en www.vimeo.com/38585835.

2. Una entrevista con Alex Award, decano de los estudiantes, Bethlehem Bible College, 8 marzo 2012.

3. Agencia Central de Inteligencia, artículo «The Middle East: West Bank», en *The World Factbook*, 21 marzo 2012, *CIA Website*. www.cia.gov/library/publications/the-world-factbook/geos/we.html.

4. Ver *Jesus and the Land*, de Gary M. Burge (Grand Rapids: Baker Academic, 2010).

5. Artículo de Russell Nieli, «The Marriage of a One-State and Two-State Solution», *Tikkum* (julio/agosto 2009): 33.

6. Para ver más de la visita de Shane a la familia Nassar, ir a www.youtu.be/3TkPkxDj8Kl.

7. Nuestro amigo Porter Speakman ha hecho unos pocos filmes sobre el conflicto del Medio Oriente. *Tent of Nations*: www.vimeo.com/37434264; *Checkpoint*: www.vimeo.com/37416952; *Wall*: www.vimeo.com/36911218.

Capítulo 23: Diálogo sobre la iglesia global

1. A la gente le gusta Diana Butler Bass en *Christianity after Religion*, (San Francisco: HarperOne, 2012), Jimmy Dorrell en *Dead Church Walking* (Downers Grove: IVP Books, 2011), y Phyllis Tickle en *The Great Emergence* (Grand Rapids: Baker Books 2008), para empezar.

2. La Catedral de Cristal, de California, tiene en su edificio diez mil ventanas; un carillón con cincuenta y dos campanas; puertas gigantes, de más de veintisiete metros de alto detrás del púlpito, que se abren electrónicamente, una cruz de oro de 18 quilates de más de cinco metros de alto; y una pantalla de cine para los adoradores que participan desde dentro de sus automóviles. Ver www.crystalcathedral.org.

3. Nuestro amigo Chris Haw, que fue coautor de *Jesus for President*, junto con Shane, ha escrito un libro brillante sobre su travesía de fe, desde su crecimiento en Willow Creek (donde se conoció con Shane), para acabar ahora como católico. Se titula *From Willow Creek to Sacred Heart* (Notre Dame, IN: Ave María Press, 2012).

4. Un buen libro sobre este tópico es *Unlearning Protestantism*, de Gerald Schlabach (Grand Rapids: Brazos Press, 2010).

Capítulo 25: Diálogo sobre las misiones

1. Basados en un estimativo acerca de cuánto dinero pasa a través de los espacios de Filadelfia del Norte en los que se venden drogas, podríamos decir que el tráfico de drogas es el segundo mayor negocio, solo detrás de la asistencia pública. Pueden ver más cosas de nuestro amigo Coz Crosscombe y de Common Grace, Inc., en www.crosscombe.com.

Capítulo 26: Diálogo sobre la resurrección

1. Raymond J. Bakke y Jim Hart, *The Urban Christian* (Downers Grove: IVP Academic, 1987), p. 78 [*El cristiano en la ciudad* (México, D.F.: Editorial Kyrios, 1993)].
2. Robert Kennedy, citado en el libro de Edward Moore Kennedy *True Compass: A Memoir* (Nueva York: Hachette, 2009) [*Los Kennedy: mi familia* (México, D.F.: Editorial Planeta Mexicana, 2011)].
3. Bradley R. E. Wright, *Upside: Surprising Good News About the State of Our World* (Ada, MI: Bethany House, 2011), capítulo 1.
4. Arundhati Roy, *War Talk* (Cambridge: South End Press), p. 75.

Conclusión: Un futuro de letras rojas

1. Artículo de Lisa Miller, «The Religious Case for Gay Marriage», *Newsweek*, 5 diciembre 2008.

Sobre los autores

Foto por Gabe Wicks

TONY CAMPOLO Es autor de libros de gran venta, profesor emérito de sociología en la Universidad Eastern, ex miembro del cuerpo de profesores de la Universidad de Pennsylvania, y fundador y presidente de la Asociación Evangélica para la Promoción de la Educación. Tony diserta unas trescientas veces por año en Estados Unidos y en todo el globo. Ha sido comentarista de una diversidad de medios de comunicación, ha escrito más de treinta y cinco libros y se conecta regularmente a través de uno de sus sitios en la red: redletterchristians.org.

SHANE CLAIBORNE Es escritor de libros de gran venta, reconocido activista, un orador muy solicitado, y un auto proclamado «pecador en recuperación». Shane escribe y habla en todo el mundo sobre la pacificación, la justicia social y sobre Jesús. Es autor de numerosos libros, incluyendo *The Irresistible Revolution* y *Jesus for President*. Es el líder visionario de The Simple Way en Filadelfia, y su obra ha sido presentada por Fox News, *Esquire*, la revista *SPIN*, el *Wall Street Journal*, NPR y CNN. Su sitio en la red es: thesimpleway.org.

Printed in the USA
CPSIA information can be obtained
at www.ICGtesting.com
LVHW051535210724
785408LV00010B/146